サンスクリット版全訳

維摩経

現代語訳

植木雅俊＝訳・解説

角川文庫
21737

サンスクリット版全訳

維摩経

＝現代語訳＝

विमलकीर्तिनिर्देश

vimalakīrti-nirdeśa

ヴィマラキールティ（維摩詰）の所説

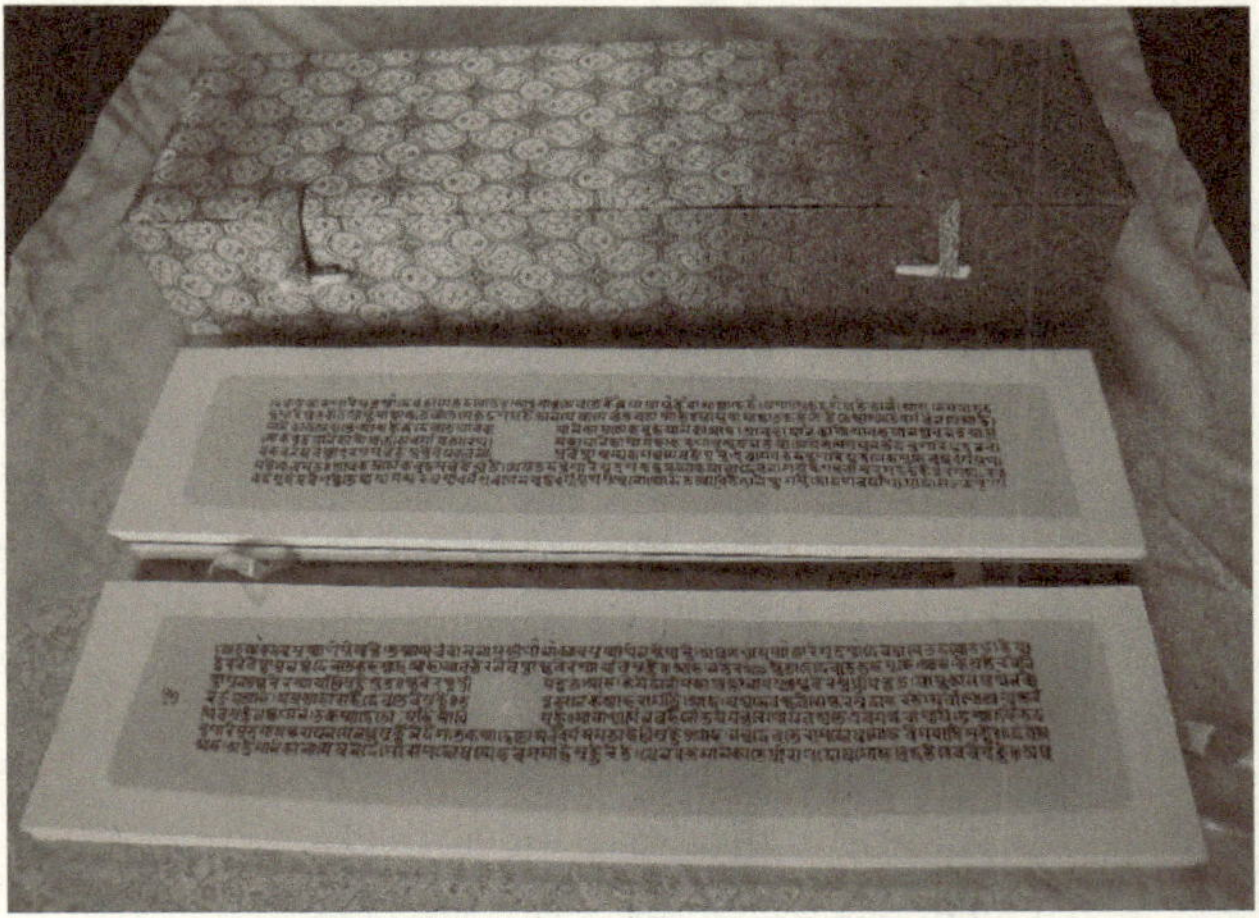

『維摩経』梵文写本影印版

目次

尊敬する中村元先生と
三枝充悳先生、そして
ケネス・K・イナダ先生に捧ぐ

凡例

一、本書は、拙訳『梵漢和対照・現代語訳　維摩経』（岩波書店）の現代語訳の部分を基にしたものである。

一、『梵漢和対照・現代語訳　維摩経』では、日本語として理解できるぎりぎりの範囲内でサンスクリット語の原文のニュアンスを残すという訳し方をした。それに対して本書は、日本語としての読みやすさを重視した文章に改めた。特に関係代名詞は、「〜であるところの…」という訳し方を貫いていたが、本書では「ところの」をすべてはずして「〜である…」とした。

一、『梵漢和対照・現代語訳　維摩経』では、チベットのポタラ宮で発見された『維摩経』のサンスクリット貝葉写本の校訂と、詳細な文法的な分析、漢訳やチベット語訳との比較を行ない、それぞれについて綿密な注釈を施すこととなった。その結果、全六百二十頁のうち半分の頁数を注釈が占めることとなった。余りにも膨大な頁数のために、本書には代表的なものしか収めることができなかった。詳細は、『梵漢和対照・現代語訳　維摩経』を参照していただきたい。

一、本書の注釈は、主だった仏教用語や、人物、地理的なことなど、初めて読む人にとって必要かと思われるものに施した。

一、漢訳語は、次のようにできる限り砕いた表現に改め、その初出語の後に（ ）内に漢訳語を表示した。

「善根」→「善い果報をもたらす立派な行ない（善根）」

「般若波羅蜜」→「智慧の完成（般若波羅蜜）」

「悪趣」→「悪しき境遇（悪趣）」

一、鳩摩羅什訳『維摩経』との対応を考えて、各章のヘッダーの章名の後に、鳩摩羅什訳の品名を（ ）内に入れた。

一、略号は以下の通り。

â, î, û, ê, âi, ô, âu：もともとの長母音を ā, ī, ū, e, ai, o, au と表記するのに対して、連声の結果、長母音になったことを示す。

VKN.：『梵文維摩経――ポタラ宮所蔵写本に基づく校訂』、大正大学綜合佛教研究所梵語佛典研究会編、大正大学出版会：*VIMALAKĪRTINIRDEŚA*.

√：動詞の語根（root）であることを示す。

§：ベルギーのÉ・ラモット博士による段落番号を示す。

<：語の変化・由来・派生などを表す。（例：batême < bata + ime は、bata と ime の連声したものが batême であることを意味する）。

（ ）：言葉の言い換え。

〔　〕：筆者による言葉の補足。

〈　〉：『　』の中の会話。

……：引用文の中略箇所。

＊：章末に注を付していることを示す。

高崎校註『維摩経』：高崎直道・河村孝照校註『新国訳大蔵経　維摩経・思益梵天所問経・首楞厳三昧経』、大蔵出版、東京、一九九三年。

中公版『維摩経』：長尾雅人・丹治昭義訳『維摩経・首楞厳三昧経』、大乗仏典インド編7、中央公論社、東京、一九七四年。

貝葉写本：『維摩経』梵文写本影印版。

12　序論——大乗仏教の興起と『維摩経』の思想

『維摩経《ゆいまきょう》』は、『般若経《はんにゃきょう》』に続き、『法華経《ほけきょう》』よりやや先行して著わされた代表的な初期大乗《だいじょう》仏典の一つである。『維摩経』は『般若経』と同様、「空《くう》」の思想を説くものだが、『般若経』に呪術的《じゅじゅつてき》なことが多く説かれているのに対して、『維摩経』には呪術性は全くない。「空」なるがゆえに、現実生活において人々のために積極的に行動する菩薩《ぼさつ》の在り方が強調されているという点が際立っている。

在家主義、男女平等といった思想が、極めて戯曲的な手法で展開されていて、その小気味よい痛快なドラマ的展開は中国の文人たちに愛好され、敦煌《とんこう》や雲崗《うんこう》の石窟《せっくつ》の壁画のテーマとしても取り上げられた。わが国においても五三八年に仏教が伝来すると、聖徳太子《しょうとくたいし》（五七四〜六二二年）は、『維摩経義疏《ぎしょ》』（伝六一三年）と題する注釈書を著わした。それは、『法華経義疏』（伝六一五年）、『勝鬘経《しょうまんぎょう》義疏』（伝六一一年）と合わせて『三経義疏《さんぎょうぎしょ》』と呼ばれている。わが国でも、『維摩経』は仏教伝来の当初から重視されてきた。

この経典の主人公はヴィマラキールティ（vimalakīrti）という名前であり、支謙《しけん》（二～三世紀）と鳩摩羅什《くまらじゅう》（三四四～四一三）は「維摩詰《ゆいまきつ》」と音写した。vimalakīrti は、vimala と kīrti の複合語である。その vimala は、vigata-mala の省略形で「汚れ（mala）を離れた（vi-gata）」を意味し、kīrti（名声）とともに所有複合語を形成して「汚れのない名声を持つもの」という意味になる。これを、吉蔵《きちぞう》（五四九～六二三）はその注釈書で「浄名《じょうみょう》」と称し、玄奘《げんじょう》（六〇二～六六四）は「無垢称《むくしょう》」と漢訳した。

『維摩経』の舞台は、ガンジス河中流域の北方、ヴァッジ国の首都ヴァイシャーリー（毘耶離《びやり》）という都城で、マガダ国の首都パータリプトラ（現在のパトナ）から北へ五十キロメートルほど離れたところに位置している。

鳩摩羅什は、その注釈で「彼《か》の国に王無し。唯《ただ》、五百の居士《こじ》、共に国政を治む。今、主と言うは衆《しゅ》の推《お》す所なり」（僧肇《そうじょう》撰『注維摩詰経』）と記している。原始仏典の『大パリニッバーナ経』（中村元《はじめ》訳『ブッダ最後の旅』、一一頁）によると、ヴァッジ国では、釈尊《しゃくそん》のころから共和制によって政治を行なっていたことが知られているが、この注釈からすると、合議制で国が運営され、国主は選挙で選ばれるということが行なわれていたようである。

ヴァイシャーリーは商業都市で、種々の民族が集い、自由主義的な気風に満ちていた。釈尊滅後百年たったころヴァイシャーリーで行なわれた第二回仏典結集《ぶってんけつじゅう》（編纂《へんさん》会議）において、ヴァイシャーリーの出家者らが十事（十項目の戒律の緩和）を要求したことが記録に残っている。『維摩経』は、ヴァイシャーリーのこうした自由主義的な気風を受けて、伝統的・保守的仏教への批判と、大乗仏教を宣揚するものとして編纂されたといえよう。

ヴィマラキールティは、菩薩とはいっても、商業都市ヴァイシャーリーに住むリッチャヴィ族の資産家（居士《こじ》）であり、在家の身である。けれども、第二章の冒頭では「智慧の完成（般若波羅蜜《はんにゃはらみつ》）から生まれたもので」「巧みなる方便に通達し」「雄弁さを具《そな》え」「衆生の意向と行ないを熟知し」「衆生の能力の高低を知ることが完成されていて」「それぞれの衆生に適切な法を説くもの」とされ、「ブッダと同じ行状に立っていて」「大海のように広くて深い最も勝《すぐ》れた覚りに入っていた」「白い衣服を着ている在家であり」ながら、出家した修行者である沙門《しゃもん》の行状を完全に具えている」とまで描写されている。

サンスクリット写本の発見と諸翻訳間の異同

『維摩経』の漢訳は七種類あったようだが、現存するのは次の三訳である。

①『維摩詰経』二巻、呉・支謙訳（二二二～二二九年）
②『維摩詰所説経』三巻、姚秦《ようしん》・鳩摩羅什訳（四〇六年）

③『説無垢称経』六巻、唐・玄奘訳（六四九〜六五〇年）

この中で②の鳩摩羅什訳は、『維摩経』と略称され、流麗達意の文章であることから中国、日本で重視されてきた。鳩摩羅什訳の前に支謙訳も含めて五つの漢訳が存在したが、いずれも難解な訳文と訳語の不統一から広く読まれることはなかったようだ。ところが、鳩摩羅什訳の登場で事態は一変した。

鳩摩羅什訳に百八十年ほど先立つ支謙訳には、upāya（方便《ほうべん》）を「権《ごん》」、saṃsāra（輪廻《りんね》）を「生死《しょうじ》」というように現在の漢訳語になじみのないものが見られるが、鳩摩羅什訳は支謙訳を踏襲しているところも見られる。玄奘訳においても、「衆生」を「有情《うじょう》」とするなど一部を改変したところもあるが、鳩摩羅什の訳を踏襲したところが多くある。そうしたところは、拙訳『梵漢和対照・現代語訳　維摩経』の各注釈で指摘しておいた。

①②③は、それぞれ古訳《こやく》（鳩摩羅什の前）、旧訳《くやく》（鳩摩羅什以後）、新訳《しんやく》（玄奘以後）に相当しており、それぞれの時代の訳し方を比較するのに最適である。漢訳のほかには、サンスクリットから逐一直訳したといわれるチベット語訳が存在している。『維摩経』に関連する文献は、高崎直道・河村孝照校註『新国訳大蔵経　維摩経・思益梵天所問経・首楞厳三昧経』（大蔵出版）で詳細に紹介されている。

これまで、サンスクリットの原典は、『シクシャーサムッチャヤ』（*śikṣāsamuccaya*）

などに断片が引用されるだけで、もはや存在しないと言われてきた。ところが、河口《かわぐち》慧海《えかい》の伝統を受け継ぐ大正大学の調査団が、一九九九年にチベットのポタラ宮殿で貝《ばい》葉《よう》写本を発見するという快挙を成し遂げた。発見当初、それは八世紀ごろのものだと報道されたが、文字の書体から十二世紀ごろのパーラ王朝時代の東インドで書写されたものだと改められた。

『維摩経』のサンスクリット名は、鳩摩羅什訳の『維摩詰所説経』から、**vimalakīrti-nirdeśa-sūtra**と推測されてきたが、その貝葉写本は**sūtra**（経）のない**vimalakīrti-nirdeśa**（ヴィマラキールティの所説）となっていた。

その貝葉写本の影印版《えいいんばん》（写真撮影による複製本）を筆者も入手し、校訂およびローマナイズの作業をへて植木訳『梵漢和対照・現代語訳　維摩経』に収めることができた。その結果、サンスクリットの貝葉写本と、チベット語訳、漢訳のそれぞれの章立てを比較すると、各章の順番はそれぞれ対応していた。

特に貝葉写本とチベット語訳は、章立てと章名が全く同じだが、漢訳ではいずれも、サンスクリット写本の第三章と、第十二章を内容を考慮してそれぞれ二つに分けている。章の名前で目だって異なっているのは、サンスクリット写本とチベット語訳で第六章が「天女」となっているのに対して、漢訳では「観衆生品」（鳩摩羅什訳）などとなっていることである。

チベット語訳は、一般に一言一句サンスクリットからの直訳とされるが、発見された貝葉写本と比較すると、チベット語訳と異なっているところが多々あり、チベットのポタラ宮殿で発見されたこの貝葉写本は、チベット語訳（デルゲ版）の底本ではなかったと考えられる。例えば、第八章§11の一節を貝葉写本、チベット語訳、支謙訳、鳩摩羅什訳、玄奘訳から対照して並べると次のようになる。

「これは**快いもの**（sukham）、これは**不快なもの**（asukham）ということ、これが二元的に対立するものです……**あらゆる快さ**（sarva-saukhya）を離れていて……」（貝葉写本）

「これは**快**（bde ba）である、これは**不快**（mi bde ba）である、といったことは二である。……**あらゆる数**（grangs thams cad）から離れており……」（チベット語訳）

「此れは**有数**、此れは**無数**を二と為《な》す。若《も》し**一切**の数を離るれば……」（支謙訳）

「**有為**《うい》と**無為**《むい》とを二と為す。若し**一切**の数を離るれば……」（鳩摩羅什訳）

「**有為**と**無為**とを分別して二と為す。若し諸菩薩、**二法**の性《しょう》皆平等と了知せば……」（玄奘訳）

これを一覧表にすると、次頁のようになる。

	①	②	③
貝葉写本 12世紀ごろ	sukham 快いもの	asukham 不快なもの	sarva-saukhya あらゆる快さ
チベット語訳 9世紀前半	bde ba 快 sukham	mi bde ba 不快 asukham	grangs thams cad あらゆる数 sarva-saṃkhya
支謙訳（これが原型か） 3世紀前半	有数 saṃkhyam	無数 asaṃkhyam	一切の数 sarva-saṃkhya
鳩摩羅什訳 5世紀初め	有為 saṃskṛtam	無為 asaṃskṛtam	一切の数 sarva-saṃkhya
玄奘訳 7世紀	有為 saṃskṛtam	無為 asaṃskṛtam	二法の性

アミをかけたところが原型であろう。

このように並べてみると、十七頁の太字の箇所の前二項（①と②）は、貝葉写本とチベット語訳では「快・不快」と一致しているが、漢訳では「有数・無数」（支謙訳）および「有為・無為」（鳩摩羅什訳と玄奘訳）と異なっている。第三項（③）も、貝葉写本が「あらゆる快さ」となっているのに対して、「あらゆる数」（チベット語訳）と「一切の数」（支謙訳と鳩摩羅什訳）といった違いを見せている。玄奘は、その違いにとらわれず「二法の性」としている。

筆者は、これらのズレを見ながら、支謙訳の底本が原型であり、そこにおいて「有数と無数」の原語はsaṃkhyam（数）とasaṃkhyam（無数）であったのが、類似したsukham（快）とasukham（不快）、あるいはsaṃskṛtam（有為）とasaṃskṛtam（無為）とに次第に誤写されたのであろうと考えている。

玄奘は、鳩摩羅什訳（あるいは玄奘訳の底本）を見て前後の食い違いに疑問を感じたのか、「若し諸菩薩、二法の性皆平等と了知せば」と無難な表現にしている。これは、玄奘訳にしばしば見られる特徴であり、他の訳の間で食い違いがある場合、それぞれを折衷した訳にするやり方である。

以上のことから、この文章に限って言えば、原型と考えられる支謙訳の底本からチベット語訳の底本、さらに貝葉写本へという変化と、支謙訳の底本から鳩摩羅什訳の底本、さらに玄奘訳の底本への変化という二つの流れを筆者は推定している（詳細は、植木訳『梵漢和対照・現代語訳　維摩経』の第八章注40を参照)。ただし、他の箇所については、各底本の間で成立順が複雑に入り組んでいて、一概にどれが先とは言い難い。ただ、支謙訳は他に比べて対応箇所が少なく、付加増広される前のものと考えられ、古い部分が多いと言えそうだ。

インド仏教史の概略

「空《くう》」に通達し、積極的に利他行に専念する在家の菩薩を通して大乗を宣揚するこの『維摩経』の思想を理解するためには、この経が成立するに至るインド仏教史の概略を理解しておくべきであろう。それは、次の六つの項目にまとめることができる。

①釈尊在世(前四六三〜前三八三年)の頃、および直弟子たちによる原始仏教(初期仏教)の時代。

②仏滅後百年たったころ(前三世紀)に行なわれた仏典結集の会議で、ヴァイシャーリーの出家者たちが、戒律に関して十項目について緩やかにすべしと主張して対立し、保守的な上座部《じょうざぶ》と進歩的な大衆部《だいしゅぶ》に分裂した。

③前三世紀末ごろ部派仏教の時代に入る。その中で最有力であったのが説一切有部《せついっさいうぶ》(略して有部、後に小乗仏教と貶称《へんしょう》される)。

④前二世紀ごろ小乗仏教の菩薩（bodhi-sattva）の概念が現れる。
⑤紀元前後ごろに、だれでも菩薩になれるとする大乗仏教が興る（大小併存の時代）。『般若経』の成立。
⑥紀元一〜二世紀ごろ『維摩経』、紀元一〜三世紀ごろ『法華経』が成立。
⑦七世紀以降、呪術《じゅじゅつ》的世界観やヒンドゥー教と融合して密教《みっきょう》が興る。
⑧一二〇三年のイスラム教徒によるヴィクラマシーラ寺院襲撃をもってインド仏教は壊滅。

釈尊の生存年代は、中村元博士の綿密な考察によって、前四六三〜前三八三年とされる。その釈尊は、決して権威主義的であることはなく、自分のことを「人間」であり、「善き友人である私」と語っていた。弟子たちから「ゴータマ」、あるいは「ゴータマさん」「君よ」と呼ばれても、全く意に介することはなかった。在家であれ、出家であれ、男女の区別もなく、すべてが声聞《しょうもん》（sāvaka, sāvikā、仏弟子）とされていた。原始仏典では、ブッダ（buddha、目覚めた人）という語も、特定の一人を指す固有名詞ではなく、普通名詞として複数形で用いられていた。

ところが、釈尊滅後、次第に様相は変化する。釈尊の入滅から約百年ほど経ったころ、ヴァイシャーリーにおける第二回仏典結集《ぶってんけつじゅう》（編纂《へんさん》会議）において、ヴァイシャーリーの出家者たちが、時代や地方によって異なる習慣・風土等に応じて十項目の戒律(十事)を緩和するように要求したことがきっかけで、伝統的で保守的な上座部と、現実的で進歩的な大衆部に分裂した(根本分裂)。それに続いて、紀元前三世紀後半以降、教団は分裂を繰り返し(枝末分裂)、部派仏教の時代に入った。

伝統的・保守的な部派では、教義の緻密《ちみつ》な体系化がなされる一方で、男性・出家者中心主義や、隠遁的《いんとんてき》な僧院仏教という傾向を強め、煩瑣《はんさ》な教理の研究と修行に明け暮れ、遂《つい》には民衆と遊離してしまった。

部派仏教の中で、特にカシュミールを中心に西北インドで勢力を振るっていたのが説一切有部であり、小乗仏教と貶称《へんしょう》されたのはこの教団のことであった。保守・権威主義的な傾向を強め、在家や女性を差別し始め、説一切有部の論書では、釈尊の言葉に仮託して、「私は人間ではない……ブッダである」「私を喬答摩《ゴータマ》と呼ぶものは、激しい苦しみを受けるであろう」とまで語られるようになった。仏弟子を意味する「声聞」から在家や女性は排除され、小乗仏教の男性出家者をさす言葉に限定された。その結果、大乗仏典で非難の対象となる「声聞」は、もっぱら小乗仏教の男性出家者のことであった。

説一切有部の実践論は、釈尊の神格化とともに、①成仏の困難さの強調、②修行の困難さの強調、③歴劫《りやっこう》修行(天文学的な時間をかけた修行)の強調、④仏の十号(十種類の名前）の一つであった阿羅漢《あらかん》の格下げ――などと相まって論じられた。小乗仏教において、遥《はる》か昔の過去の六仏を除いて、未来の仏であるマイトレーヤ（弥勒《みろく》）菩薩が如来となって出現するまでは、ブッダは釈尊一人であり、その釈尊も天文学的な時間をかけて修行した結果、ブッダになったとされた。

そこで、必然的に仏に成る前の修行時代の釈尊のことが論じられることになり、釈尊は、過去のディーパンカラ仏（燃燈仏《ねんとうぶつ》）のもとで成仏の予言（授記《じゅき》）を受けたとされた。その後のブッダになるまでの釈尊について、「覚り（bodhi）を得ることが確定している人（sattva）」という意味で、菩提薩埵《ぼだいさった》（bodhi-sattva）、略して菩薩《ぼさつ》という観念が生じた。それは、紀元前二世紀ごろのことであった。

それに対して、仏の教え（声）を学ぶ（聞く）弟子、すなわち声聞たちは、何度も何度も生まれ変わって修行して、段階的に位を上り詰めていって初めて、彼らにとって最高の阿羅漢の位に到る。けれども決してブッダにはなれないとされた。ブッダの別称であった阿羅漢が、ここで格下げされることになった。

仏の教えを学ぶ声聞という修行者の在り方以外に、独覚《どっかく》という存在も認められていた。それは、縁覚《えんがく》とも言われ、辟支仏《びゃくしぶつ》と音写される。原始仏教のころは、仙人（ṛsi）などの孤独な隠遁的修行生活を送る者のことであり、必ずしも仏教徒とは限らなかった。ところが、仏教に採り入れられると、山野に自活して三昧《さんまい》（瞑想《めいそう》）に没頭して、縁起《えんぎ》の法を内観し覚る者のこととされた。彼らは、独覚果を得ることを目的としていた。

従って、菩薩とブッダは、成道の前後という違いはあれ、釈尊、あるいは未来仏のマイトレーヤのみのことであった。出家者のうちの声聞は阿羅漢《あらかん》に、独覚は独覚果を得るのみで、ブッダになることはできない。声聞《しょうもん》・独覚《どっかく》・菩薩《ぼさつ》の三乗《さんじょう》の進むコースは、それぞれ別々（各別《かくべつ》）で、相互に乗り入れることはなかった。これが、説一切有部《せついっさいうぶ》のいう三乗である。そこにおいて、在家はどんなに徳があり、どんなに学識があっても阿羅漢にすらなれない。女性は穢《けが》れていて、女性であること自体で成仏もできない（女人不作仏《にょにんふさぶつ》）という主張がなされていくのである。

こうした傾向の中で、在家の聖者と、難行の実修者たる出家者との優劣について議論が展開された。この議論は、「在家非阿羅漢」論とも言うべきもので、大乗仏教興起の少し前（紀元前一世紀中ごろ以前）に著わされた『ミリンダ王の問い』などにおいて議論されている。西北インドを支配していたギリシア人の王ミリンダ（弥蘭陀《みらんだ》）が、在家と出家の格差はないと主張し、さらには、在家のままで真理を覚り阿羅漢果の一つ前の不還果《ふげんか》に達した者が数知れず存在するのであるから、出家者の頭陀行《ずだぎょう》は不必要ではないかと迫った。これに対してインド人の僧ナーガセーナ（那先《なせん》）は、教団維持のためか、一貫して「出家者こそ、道の人（沙門《しゃもん》）という地位の主であり、長である」と言い張る。ここに、在家に対する出家の優位を図ろうとした当時の様子をうかがうことができる。（詳細は拙著『差別の超克——原始仏教と法華経の人間観』第四章を参照）。

それに対して、紀元前後に興起した大乗仏教は、仏の説かれた教えを仏弟子（声聞）として学ぶのみの小乗仏教の自利《じり》の修行に飽き足りず、ブッダと同じく菩薩行を修してブッダの覚りを得ること、人々に対して利他行を貫くことを理想とした。彼らは、自らの掲げる教えをマハー・ヤーナ（偉大な乗り物）と称し、特に説一切有部をヒーナ・ヤーナ（貧弱な乗り物）と貶称《へんしょう》した。それぞれ、「大乗」「小乗」と漢訳された。「覚り（bodhi）を得ることが確定している人（sattva）」という意味で小乗仏教が使っていた菩薩（bodhi-sattva）という言葉を、大乗仏教は「覚り（bodhi）を求める人（sattva）」と読み替え、覚りを求めるものはだれでも菩薩であり、菩薩乗によってだれでもブッダの智慧《ちえ》を得ることができると主張した。

その大乗仏教運動の先駆けが『般若経』編纂者たちによってなされた。それは「空」の思想の徹底した展開であり、小乗仏教の男性出家者である声聞、独覚の二種（二乗《にじょう》）に対する批判を伴っていた。二乗は「炒《い》れる種子《たね》」であり成仏のための種子が損じられているとして、「二乗不作仏《にじょうふさぶつ》」（二乗は仏に作《な》れない）と弾呵《だんか》し、否定した。ここでは、小乗仏教の二乗に対して、大乗仏教の菩薩の在り方が理想とされた。『般若経』に続いて一世紀から二世紀にかけて成立する『維摩経』は、『般若経』と同様、二乗を厳しく弾呵《だんか》する立場をとっている。

そして、一世紀末から三世紀初頭の間に成立する『法華経』は、一仏乗《いちぶつじょう》の思想を打ち出して小乗と大乗、すなわち二乗と菩薩乗の対立を止揚《しよう》し、二乗の成仏、一切衆生の成仏を説いた（詳細は植木訳『サンスクリット版縮訳　法華経　現代語訳』、角川ソフィア文庫、第二章の解説を参照）。

中国では、『維摩経』は二乗を弾呵する大乗仏典という意味で「方等弾呵教《ほうとうだんかきょう》」と位置づけられ、一仏乗の思想により二乗と三乗を止揚して一切衆生の成仏が可能であることを説く『法華経』は「万善同帰教《まんぜんどうききょう》」と位置づけられた。

大乗仏教における在家の復権

大乗仏教において重要な役割を果たす在家の地位は、仏教史においてどのようであったのか、その変遷を振り返ってみよう。釈尊の滅後、仏教の教団には徐々にとはいえ、変化の兆しが現れた。その一つが、在家に対する出家の優位の強調であった。セイロン上座部が伝えた『スッタニパータ』（中村元訳『ブッダのことば』）は最古の経典と言われ、詩（偈《げ》）の部分はアショーカ王（阿育《あいく》王、在位前二六八～前二三二年）以前、すなわち部派分裂以前にまとめられたものである。そこには、在家を出家と同等に扱った表現がある一方で、在家を低く見る出家優位の考えの萌芽《ほうが》も見られる。『スッタニパータ』における詩の中でも古いものとされる第134偈には、「目覚めた人（仏陀）を謗《そし》り、あるいはその〔仏陀の〕遍歴行者（paribbāja）や在家（gahaṭṭha）の弟子（sāvaka、仏弟子）を謗る人、その人を賤《いや》しい人であると知りなさい」といった釈尊の言葉が見られる。ここでは、遍歴行者という言葉で示された出家者と、在家者が、ともに等しく「〔ブッダの〕教え（声）を聞く人」（sāvaka）、すなわち仏弟子と見なされている。それは、「声聞」と漢訳されたが、本来は在家と出家をともに含んでいた。ところが、部派仏教の時代になると、出家者たちが仏弟子（声聞）から在家を排除してしまう。大乗仏教徒が「小乗」と呼んだのは、そのような出家者たちのことであった。

「在家」という語は、第90偈にも見られる。その直前の第89偈において、「ずうずうしくて、傲慢《ごうまん》で、しかも偽りをたくらみ、自制心がなく、おしゃべりでありながら、いかにも誓戒を守っているかのごとく、真面目そうに振る舞う出家修行者」のことを「道を汚す者」と述べた上で、釈尊は、第90偈において「智慧を具えた聖なる仏弟子である在家者（gahaṭṭho... ariya-sāvako sapañño）は、彼ら（道を汚す出家者）のことを洞察していて、『彼らは、すべてそのようなものだ』と知っているので、以上のように見ても、その人の信仰がなくなることはないのだ」と論じている。

「道を汚す」出家者の言動を見ても少しも紛動されることなく、自らの信仰を見失うともない在家のことを、釈尊が、「智慧を具えた聖なる仏弟子」と言っていることに注目すべきである。この表現に在家を軽んずる姿勢は全く感じられない。

ところが、その『スッタニパータ』においても徐々に変化が見られる。「教えを聞く人」（仏弟子）から在家を排除するまでには至っていないが、在家を「優婆塞《うばそく》」という語で示すに至り、出家者を指す言葉として「遍歴行者」ではなく「比丘《びく》」を用いるようになるという変化が徐々に現れてくる。

比丘は、bhikkhu を音写したものであり、「食べ物を乞う人」を意味する。優婆塞は、「そばに坐《すわ》る」という意味の動詞 upa-√ās に行為者名詞を作る接尾辞 -aka を付けた upāsaka の音写語で、「そばに仕える人」という意味である。だれに仕えるのかといえば、比丘に対してである。後世には、男性出家者を「食べ物を乞う男」（bhikkhu、比丘）で、男性在家者を「そばに仕える男」（upāsaka、優婆塞）で表し、さらにそれぞれの女性形である「食べ物を乞う女」（bhikkhunī、比丘尼《びくに》）、「そばに仕える女」（upāsikā、優婆夷《うばい》）を加えて、「四衆《ししゅ》」といい、それが仏教徒の総称とされるに至るのである。当初は、男女の別なく出家も在家もともに「仏の教えを聞く人」という関係であったけれども、次第に「食べ物を乞う人」と「そばに仕える人」という関係に置き換えられ始めている。『スッタニパータ』の新層部分に在家と出家の優劣を規定する前兆をうかがうことができる。

原始仏典の『アングッタラ・ニカーヤ』には、多数の仏弟子の中から代表的な人物を四衆ごとに列挙した箇所がある。そこでは、①「男性の仏弟子にして比丘なる者たち」、②「女性の仏弟子にして比丘尼なる者たち」、③「男性の仏弟子にして優婆塞なる者たち」、④「女性の仏弟子にして優婆夷なる者たち」——と前置きして、それぞれの勝れた点と名前が列挙されている。出家者と在家者を示す言葉が、比丘・比丘尼・優婆塞・優婆夷、すなわち「食べ物を乞う男／女」「そば近く仕える男／女」という言い方に変わってはいるものの、いずれの場合にも、「仏弟子」という語が四衆のそれぞれの語の前に付されている。ここでは、在家も出家も、男性も女性も差別なく仏弟子と見なされている点は、まだ変わっていない。

こうした在家と出家の関係の変化は、釈尊滅後、徐々に進行したと思われる。それは、部派分裂を経て顕著になった。本来「仏弟子」を意味していた sāvaka（女性は sāvikā）という語が、部派仏教において、男性のみの sāvaka に限られ、その上、在家を排除して出家のみに限定されてしまうのである。その代表が説一切有部であった。こうした事情によって、大乗仏典において批判の対象とされた声聞は、当然のように小乗仏教の男性出家者を意味している。

ここに、「仏弟子」から在家や女性を排除するという小乗仏教による仏教用語のすり替えの一例を見たが、こうした改竄《かいざん》は小乗仏教によってしばしば行なわれたようだ。その例を「十大弟子」にも見ることができる。この『維摩経』でもそうだが、中国、日本では男性出家者の「十大弟子」しか知られていない。

ところが、先に挙げた『アングッタラ・ニカーヤ』の①〜④の四項目の次に、それぞれの代表的な仏弟子の名前が列挙されているのである。小乗仏教では、不都合な箇所は削除するということも行なっていたので、女性と在家の代表的仏弟子たちの名前も削除されたのであろう。

『アングッタラ・ニカーヤ』には、女性出家者の代表として智慧第一のケーマー尼、神通第一のウッパラヴァンナー尼、説法第一のダンマディンナー尼といった名前が挙げられている。智慧第一のケーマー尼は、合理的思考を徹底して男性修行者たちにひけを取ることはなかったし、説法第一のダンマディンナー尼も、智慧が勝れ男性に向かってしばしば法を説いていたという。在家の男性では、説法第一としてチッタという資産家でマッチカサンディカといわれる人の名前を見ることができるし、在家の女性では、禅定第一としてナンダの母ウッタラーという名前も挙がっている。慈心第一のシャマヴァティー、多聞第一のウッタラーの名前を挙げる原始仏典もある。資産家チッタは、この『維摩経』の主人公ヴィマラキールティのモデルになった人だといわれている。「在家の復権」としては最も適切なモデルである。

出家、十大弟子、弥勒、女性差別への批判

こうした在家の復権においては、当然のように出家の意義も問われてくる。中村元博士は、小乗仏教の出家者たちの姿を次のように要約されている。

正統的仏教諸派は確固たる社会的勢力をもち、莫大な財産に依拠し、ひとりみずから身を高く持し、みずから身を潔しとしていたために、その態度はいきおい独善的高踏的であった。かれらは人里離れた地域にある巨大な僧院の内部に居住し、静かに瞑想し、坐禅を修し、煩瑣な教理研究に従事していた。自分自身だけの解脱……をめざし、……こういう理想を追求する生活は、ただ選ばれた少数者だけが修行僧（ビク）としての生活を送ることによってのみ可能である。

（中村元著『大乗仏教の思想』、中村元選集決定版、第二一巻、三三五頁）

当時の出家は「選ばれた少数」、いわゆるエリートであった。それに対して、ヴィマラキールティは、出家のあるべき姿について次のように語っている。

出家することは無為《むい》になることであり、無為には功徳《くどく》もなければ称讃《しょうさん》もないのだ……出家ということは……他人を害することがなく、悪い法と混じり合うことのないものであり、仏教以外の外道《げどう》を打ち破るものであり、言葉によって概念を設定すること（仮名《けみょう》）を超越するものであり、泥沼における橋であり、世間的な執

着がなく、我がものという執着を離れて、受け入れることがなく、執着を離れていて……自分の心を凝視し、他者の心を守っていて、禅定《ぜんじょう》による心の静止に随順しており、あらゆる面において非難されるべきではないものである。これが、出家と言われるのだ。このように出家する人たちこそが立派に出家した人なのである。（第三章§39）

その上で、出家することを両親が許してくれないという者に対して、ヴィマラキールティは、必ずしも出家という形式にとらわれる必要はないと述べる。

この上ない正しく完全な覚り（阿耨多羅三藐三菩提《あのくたらさんみゃくさんぼだい》）に向けて心を発《おこ》し、修行によって完成するがよい。あなたたちにとって、それこそが出家することであり、それが具足戒《ぐそくかい》を受けること（受戒《じゅかい》）であろう。（第三章§40）

これは、それまでの出家の在り方を根本から覆すものである。受戒の儀式や、頭を丸め、袈裟《けさ》を着るという形式よりも、「この上ない正しく完全な覚りに向けて心を発《おこ》す」ことこそが本質的に重要なことだというのだ。

出家することについて、形式ではなく、心の在り方や、振る舞いが大切であるということは、原始仏典の『サンユッタ・ニカーヤ』において既に指摘されていたことでもあった。それは、出家修行者の在るべき姿と、パーリ語の bhikkhu（比丘《びく》＝食を乞う男）という語とのズレを指摘した次の言葉である。

他人に〔食べ物を〕物乞いするというそれだけで、比丘となるのではない。毒の〔ような〕決まりを受持している限り、〔その人は〕比丘とはならない。この世において、福徳も悪も捨て去って、世間において熟慮して、清らかな行ないを実践する人、その人が実に比丘であると言われるのだ。

この言葉は、「食べ物を乞う」ということ自体が出家者の根本条件ではないことを示していよう。この言葉を採り入れた当初は、仏教の原点を見失うことがなかったから比丘という言葉でもよかっただろうが、時代を経るに従って言葉自体にとらわれて、本義を見失い形式主義に陥ったのであろう。

権威主義に陥った小乗仏教の出家者を象徴する十大弟子の声聞たちが、ことごとく在家のヴィマラキールティからやり込められるという場面が『維摩経』の随所で描かれている。

そして、この一生のみが迷いの世界に縛られて、次に生まれてくる時は仏となる〔一生補処《いっしょうふしょ》〕と予言されているマイトレーヤ（弥勒）菩薩に追及の矛先《ほこさき》が向けられ、「あるがままの真理」（真如）は一切衆生に具わっているのだから「あなたが、そのように予言されたのであれば、〔あなただけでなく、〕あらゆる衆生もまた一生補処を予言されているのだ」（第三章§51）とただされる。マイトレーヤが、この『維摩経』では男性出家者（比丘）とされている（第三章§50）ことも指摘しておかなければならない。

マイトレーヤ信仰が強まるのは、クシャーナ王朝（一〜三世紀）になってからだと思われ、イランのミトラ神の影響を指摘する学者もいる。

マイトレーヤ信仰は、大乗と小乗のいずれにも受け入れられていた。ただし、『雑《ぞう》譬喩経《ひゆきょう》』の冒頭（大正新脩大蔵経、巻四、四九九頁中）には、弥勒菩薩に会いたくて死にきれない高僧の話が登場する。弟子たちから、釈尊の恩を受けていながらどうして弥勒に帰依するのかと諭《さと》されて目が覚め、弥勒菩薩の出現を待つことなく阿羅漢に達して往生《おうじょう》したという話である（詳細は、第三章後半の解説を参照）。

こうした話が記録されているということは、マイトレーヤ信仰に対して仏教徒の中にも疑問を持っていた人たちがいたということであろう。『法華経』も、特に序品《じょぼん》第一（第一章）や涌出品《ゆじゅつぼん》第十五（第十四章）、分別功徳品《ふんべつくどくぼん》第十七（第十六章）においてマイトレーヤに対していささか皮肉を込めた態度を取っている。

『法華経』では八歳の龍女が、小乗仏教の成仏観に囚《とら》われたシャーリプトラにあてつけるかのように変成男子《へんじょうなんし》して成仏してみせるという表現が用いられていたが、この『維摩経』では天女が、シャーリプトラを女性の身体に変えて、うろたえさせ、「男女の違いは空《くう》である」とやりこめる場面がドラマティックに描かれている。ヴィマラキールティは、この天女について、「九十二・コーティもの多くのブッダたちに親近《しんごん》し、神通の智慧によって自在に振る舞い、誓願を満たし、無生法忍《むしょうぼうにん》を得て、不退転の位に入っていて、衆生を〔覚りへ向けて〕成熟させるために誓願の力によって欲するままに、このように天女としてあり続けているのである」（第六章§17）と語る。女性軽視のインドで女性として生まれてくることは、マイナスの条件だが、大乗仏教ではそのマイナスの条件を他者救済の原動力に転じたということが、ここに読み取れる。『維摩経』や『法華経』をはじめとする仏教における女性の地位回復について、筆者は『差別の超克――原始仏教と法華経の人間観』（講談社学術文庫）で詳細に論じているので参照されたい。

積極的な利他行の原動力としての「空」

「空」はシューニヤ（śūnya）を漢訳したものだが、その用い方を『維摩経』で見てみよう。貝葉写本には、まず śūnya-grāma（第二章§11、第三章§11、§64）という複合語が出てくる。これは「だれも住んでいない（śūnya）村（grāma）」を意味する。「村が空っぽ（śūnya）」ということだ。同様の用法は、śūnyaṃ gṛham（第四章§3、§8）で、これは「空っぽの家」である。これらは、ある空間的な広がりの中に、「何もない」「空っぽである」という用法である。インドで発見されたゼロも、śūnya で表される。

ヴィマラキールティのその「空っぽの家」に、マンジュシリーについてきた八千人の菩薩、五百人の声聞、そして幾百・千もの多数の神々、さらに他のブッダの国土から来た九万人の菩薩も、彼らが坐る巨大な師子座《ししざ》もそっくり入ってしまいながらも、何ら圧迫し合うこともなく、邪魔になることもない。このような表現は、単に「何もない」ということではなく、有限と無限の対立を超えているという意味で「空」を暗示したものといえよう。

　このような用法のほかに、この『維摩経』では、「不変の実体がない」という意味でシューニャ、あるいはシューニャター（空の本性）が用いられている。例えば、第八章§17に次の一節が出てくる。

rūpam eva hi śūnyatā（色《しき》こそが、まさに空《くう》の本性なのです）

　これを鳩摩羅什は、「色即是空《しきそくぜくう》」と漢訳した。これは、二世紀から三世紀ごろ成立したとされる『般若心経《はんにゃしんぎょう》』の「色即是空　空即是色」の一節として知られるものである。『維摩経』には、このほか「この身体は空であって、我れ（我《が》）も、我がもの（我所《がしょ》）もないのである」（第二章§11）といった一節も見られる。身体は、諸々《もろもろ》の因《いん》縁《ねん》が仮に和合してできたものであり、不変の実体は存在しないということであり、〝我れ〟なる実体があるのでもなく、〝我がもの〟があるのでもないということである。それにもかかわらず、我々はいろいろと思いをめぐらし、「自己」や「対象」に、さらにはそれを示す「言葉」に執着してしまう。「空《くう》」とは、われわれの認識の在り方という面から、あるいはものごと（諸法《しょほう》）の実体（自性《じしょう》）という面から、執着心を否定するために説かれたといえよう。

それは、「妄想分別《もうそうふんべつ》しないことが、空の本性にとっての空なのです」（第四章§8）、「覚りとは、認識対象をとらえることを離れていることで、心に囚われがないことである」（第三章§52）、「妄想《もうそう》は汚れであり、分別がなく、妄想のないことが「心の」本来の在り方である。顚倒《てんどう》は汚れであり、顚倒していないことが本来の在り方なのである」（第三章§35）という言葉が示している。

「空」の思想に立つが故に、ものごとにとらわれない。ものごとにとらわれないが故に心が自由である。心が自由であるが故に行動も自由、だから菩薩の自由自在の実践が可能となる。

「三輪清浄《さんりんしょうじょう》」という言葉がある。人の行ないには、行為をする「人」と、その行為の相手になる「人」、そしてその行為を媒介する「もの」の三つがあり、そのいずれにも執着しない、とらわれないことを言ったものだ。例えば、布施《ふせ》という行為について言えば、「施者《せしゃ》」「受者《じゅしゃ》」「施物《せもつ》」の三つのいずれにもとらわれない。「空」である。それによって、その布施は清浄なものであるというのだ。逆に「この私が」「あの人に」「何々を」と自慢し、とらわれるような心があれば、それは汚れたものだというのだ。

「空」はあらゆる行為を純粋化するものだ。

「空」に通達したヴィマラキールティは、「賭博《とばく》を行なう家」や「娼婦の館《やかた》」「酒を売る館」をはじめとするあらゆる誘惑に満ちた場所に自在に出入りしている。それでも、それに染まることなく、人々を正しい道へと導いていける。このような自在さが、第二章の§1から§6まで列挙され、「巧みなる方便を用いる無量の知を具えて」いると結論されている。

第四章§18には、「空」に通達して我執にとらわれない「菩薩の智慧」に基づいているが故に、あえて「六道輪廻《ろくどうりんね》」の世界に生まれてきて、それに縛り付けられることなく「衆生に利益をもたらすための活動に専心するということ」ができる。それこそが「方便」なのであると論じられている。第七章第39偈に「いかなる手段によってであれ、衆生が法を喜ぶことになるようにと、大いなる方便を十分に学んでいる菩薩たちは、あらゆる行動を示すのである」とあるように、その「方便」は「あらゆる行動」へと展開するのだ。

以上のことを中村元博士は、次のように結論付けておられる。

理想の境涯は、われわれの迷いの生存を離れては存在しません。……理想の境地をめざす動き、空の実践ということは慈悲行となってあらわれますが、それは現実の人間生活を通じて実現されるものです。この立場を徹底させると、ついに出家の生活を否定して、在家の、世俗の生活のなかに仏教の理想を実現しようとする動きになります。それが『維摩経』のなかに説かれているのです。

（中村元著『『維摩経』『勝鬘経』』、現代語訳大乗仏典3、東京書籍、一五頁）

「空」というと否定的側面が強調されて、現実とのかかわりが弱いと考えられてきたように思われるが、決してそうではない。「空」という否定を経て積極的に肯定的に現実へと還ってくるのである。「空」は西洋哲学で言う「無」や「虚無」ではない。ニヒリズムとは似て非なるものである。

言葉の否定と肯定

仏教においては、言葉もいったんは否定されるべきものであり、「言葉によって概念を設定すること（仮名《けみょう》）を超越する」（第三章§39）ことが強調された。「仮名」とは、名ばかりで実体のないことである。それは、仏典ではしばしば「兎角亀毛《とかくきもう》」という例で示された。「兎の角」「亀の毛」（第六章§1）という言葉は存在するが、その実体はない。この例だけでなく、言葉の本質はすべてそのようなものである。言葉によってわれわれの思惟《しい》において概念が形成され、実体と化す。ヴィマラキールティは、こうしたことを「説法ということ、それは言葉を増大（増益《ぞうやく》）させることである。言葉に〔それを〕聞く人たちもまた、まさに言葉を増大させることによって聞いているのである」（第三章§7）と語っている。

　言葉の「増大する」働きをとらえてプラパンチャ（無益な議論）と表現され、「戯《け》論《ろん》」と漢訳された。ここでも、ヴィマラキールティは、「戯論」としての言葉の「増大する」働きを指摘する。すなわち、過去・未来・現在にわたり恒常不変で、他のものに依存することなく自立して存在するかのごとき実体が、言葉によって想定され、そこからさらにあれこれと分別しては執着することがなされるということであろう。それは、話す側だけではなく、聞く側にも言えることだ。

　従って、ものごと（法）の本来の在り方は、「法は、実に無益な議論（戯《け》論《ろん》）を離れ、言葉（文字）を離れたもの」（第五章§3）としてあるのだ。このように「戯論」としての「言葉」は否定されるべきものであった。

『維摩経』の言語観というと、「維摩の一黙《いちもく》、響き雷《らい》の如し」という言葉が必ずと言っていいほど紹介される。それほどに人口に膾炙《かいしゃ》したものである。それは次の話に基づいている。三十一人の菩薩たちが、それぞれに「不二《ふに》」について言葉を駆使して説明し、それを受けてマンジュシリーが「あなたたちは巧みに語った。しかしながら、言葉で説いた限りで、それ自体が二元的に対立するものだ」と述べ、最後に尋ねられたヴィマラキールティが沈黙によって応《こた》えたという話だ。ここには、「不二」を言葉で説明したことに対して、言葉で説明したこと自体が「二」であると論評したが、その論評自体も言葉で語られたという矛盾がある。そこで、言葉を超えた「不二」ということをヴィマラキールティは「沈黙」という態度で示した。言葉の虚構性を段階的に否定するものであり、菩薩たちの説明、マンジュシリーの指摘が無意味なのではない。それなくして、最初から「維摩の一默」しかなかったら、何のことかさっぱり分からない。言葉の限界を突き、言葉を否定するための段階的処置として、菩薩たちの説明も、マンジュシリーの言葉も必要なものである。

この「維摩の一默」のみを絶賛し、そこで話が終わったかのようにとらえるものが多く見受けられる。それは、「現実が空の否定を経て、新たな意味を獲得して積極的に肯定されてくる」というこの『維摩経』の思想の一端しか見ていないことになるのではないだろうか。「維摩の一默」として言葉の限界を知った上で、今度は衆生に利益をもたらすために積極的に言葉を発するのが、『維摩経』の目指したことではないのか。

天女がシャーリプトラに語った「言葉（文字）は、すべて解脱の特徴を具えています。〔中略〕それ故に、〔中略〕言葉を離れて解脱を説いてはなりません。〔中略〕あらゆるものごと（一切法《いっさいほう》）が平等であることこそ、解脱であるからです」（第六章§9）という言葉などを見ても、筆者の考えの妥当なことが確認される。

「維摩の一默」という一面にのみ囚われていると、ヴィマラキールティと天女からお叱《しか》りを受けるのではないだろうか。

仏教の平和・経済・政治思想

「空」に通達した菩薩の現実生活における行動のいくつかを『維摩経』から拾い出してみよう。

「大戦争の真っただ中にあって、それらの菩薩たちは、〔いずれの側にも〕中立の立場に立っていて、大いなる力を有する菩薩たちは、和平の締結を目指すのである」（第七章第27偈）という一節からは、積極的に行動する平和思想を読み取ることができる。それは、スイス型の中立思想ではなく、国際連合型の中立思想である（拙訳『梵漢和対照・現代語訳　維摩経』第七章の注146参照）。

また、資産家であるヴィマラキールティの経済活動として、「あらゆる商取引に熱心であるけれども、得られた富を自分だけで享受することを願うことはない」（第二章§4）と記述されている。ここには、「富の蓄積を説きながら、その財富をあまねく人びとに享受せしめよと説く」（中村元著『仏典のことば』、岩波現代文庫、八九頁）仏教の経済思想が表れている。

政治との関わりも、在家の菩薩であるヴィマラキールティの行状として、「衆生を守るために、王のなすべきことである政治にかかわっている」（第二章§4）という一節も見られる。

「空」と政治とのかかわりと言うと、意外に思われるかもしれない。しかし、インド仏教史上、「空の哲学」の大成者とされるナーガールジュナ（龍樹《りゅうじゅ》）にしても、政治に無関心でいることはなかったのである。ナーガールジュナの主著は『中論《ちゅうろん》』だが、そこに展開された「空の論理」は、ものごとを固定的・実体的にとらえがちな言語や観念が煩悩の根源であるとする観点から、言語や観念の内包する矛盾を徹底して明らかにするという論法を用いている。例えば、「すでに去ったもの（已去《いこ》）は去らない。また未だ去らないもの（未去《みこ》）も去らない。さらに〈すでに去ったもの〉〈未だ去らないもの〉とを離れた〈現在去りつつあるもの〉（去時《こじ》）も去らない」（中村元訳）といった具合である。このようにあらゆる存在についての自立的実在性（自性《じしょう》）をことごとく否定する。あらゆる存在は自立的に実体としてあるのではなく、縁起《えんぎ》（相互依存）の理法に則《のっと》って相依相関の関係の上で成立している。すなわち一切の存在には、それ自身としての自性はなく、自性は空《くう》である。ナーガールジュナはこのような論理を展開した。その結果、仏教外からだけでなく、仏教内からも〝虚無論者〟と評されたほどだ。

ところが、そのナーガールジュナに『ラトナーヴァリー』（宝行王正論《ほうぎょうおうしょうろん》）といった著作があることはあまり知られていない。その現代語訳は、梶山雄一・瓜生津隆真訳

『龍樹論集』（大乗仏典第14巻、中央公論社）に収められている。『中論』の否定的、消極的な表現にとらわれて、「空に至った後よみがえってきた……縁起《えんぎ》の世界」（立川武蔵著『空の思想史』、講談社学術文庫、一一〇頁）の側面が見落とされがちだが、ナーガールジュナは『中論』の「空の論理」を止揚して、あらゆるものごとの積極的・肯定的な側面に立って、政治という現実面についても発言していた。『ラトナーヴァリー』は、南インドのシャータヴァーハナ王朝のある王に対して説かれた政道論である。このことからしても、ナーガールジュナは〝空理空論〟といった難解な哲学ばかりを論じていたのではなく、現実社会から決して目をそらしていなかったことが理解される。

その第三章の第41偈から第77偈までは、社会福祉、社会的弱者への租税減免、社会的不安の除去、資産の平等などについて微に入り細に入りして現実的で具体的な提言がなされている。特に、国に非常事態が発生したときには、「災厄、凶作、災害、流行病などで荒廃した国にあっては、世の人びとを救済するのに寛大であってください」（第三章第52偈）と述べ、具体的救済策を示して、国民生活の安定化を図るように訴えている。そして、第四章第27偈で、為政者が「名誉のため」「欲望のため」に政治にかかわることを厳しく戒めている。現代的に言えば、決して国民そっちのけのパフォーマンスであってはならないということである。

〝空理空論〟というと、現実離れしたものに対する非難の言葉として用いられるようだが、それは逆で、〝空理空論〟を究めているが故に現実がありのままに見えてきて、真の慈悲の精神に立って衆生を守るために政治にも発言をしていたのである。

こうした政治思想を、実際の政治に生かしていたのが、アショーカ（阿育）王である。その政治思想は、国王といえども「一切衆生の恩」を受けているのであり、「政治はその報恩のために行なわれるべきである」ということであった。また、人民に対して、「一切衆生は皆、我が子である」という思いで接していた。エジプト、シリア、ギリシアなどの諸外国に使節を派遣し、「法に基づく政治」の理念を伝えている。それは、『維摩経』の精神にも通ずるものである。

おわりに

『維摩経』は大乗仏教の標榜《ひょうぼう》する菩薩の行動を「空《くう》」ということから位置づけるものであり、現実の生活にいかに反映するかということが多岐にわたって論じられている。『維摩経』が当時の時代状況に訴えかけたものは、極めて現実的であり、重要な問題提起であった。この『維摩経』に関連して、中村元博士も次のような問題を提起されていた。いささか長くなるが、ここに引用してこの稿を締めくくりたい。

現在の日本仏教の危機は、まじめに考え、まともに解決すべき問題を回避して、ごまかしているということである。

（中村元著『大乗仏教の思想』、中村元選集決定版、第二一巻、一九九頁）

大乗仏教が興起する以前の仏教においては、一般に、出家修行僧の生活のほうがすぐれたものであり、現実社会における世俗的生活のほうが劣ったものであると考えられていた。しかし実際にそうなのであろうか？〔中略〕世俗的生活における仏教の真実義の究明ということは、今後仏教が生きたものとして活動するか、あるいは仏教が死滅してしまうかの岐れ道に相当する。この時期に当たって、特に在家仏教の主張を明示する『維摩経』（ならびにその他の経典）の精神を解明することは、まさに仏教の真理をわれわれのうちに生かすことにほかならない。

（同、二〇〇頁）

本書がその思索の取っ掛かりになれば幸いである。

第一章　ブッダの国土の浄化（仏国品第一）

アームラパーリーの森で

§1　このように私は聞いた。ある時、世尊《せそん》は、ヴァイシャーリー（毘耶離《びやり》*）という町にあるアームラパーリー（菴羅婆利《あんらばり》*）〔という遊女〕の所有する〔マンゴーの〕森で、八千人からなる男性出家者の大集団（比丘僧伽《びくそうぎゃ》）とともに過ごしておられた。

§2　すべてが阿羅漢《あらかん》で、汚れ（漏《ろ》）がなく煩悩《ぼんのう》を断ち、自由自在で心がよく解脱《げだつ》し、すっかり解脱した智慧《ちえ》を持ち、高貴な生まれで、大いなる象であり、義務を果たし、なすべき仕事を成し遂げ、心労（重荷）を除き去り、自己の目的に到達し、生存との結びつきを滅ぼし尽くし、正しい智慧によって心がよく解脱し、すべての心の自在という最高の完成に達していた。

§3　また、三万二千人の菩薩《ぼさつ》たちとも一緒であった。それらの菩薩たちは、すべて勝《すぐ》れた知で知られ、大いなる神通の修行を完成して、ブッダの加護によって守護されていた。

〔それらの菩薩は、〕正しい教え（正法《しょうぼう》）という都城《とじょう》の守護者であり、正しい教えを護持《ごじ》するものであった。その声は、大いなる師子《しし》の咆哮《ほうこう》のように響き、十方に鳴り響いた。頼まれなくてもあらゆる衆生の善き友であり、〔仏《ぶっ》・法《ぽう》・僧《そう》の〕三宝《さんぼう》*の系譜を絶やすことがなかった。

悪魔という怨敵《おんてき》を打ち破っていて、あらゆる反対論者に凌駕《りょうが》されることがなかった。憶念と三昧《さんまい》（瞑想《めいそう》）とダーラニー（陀羅尼《だらに》*）を完成していて、あらゆる障害の発生を断《た》っており、障害のない解脱に熟達していて、滞ることのない弁舌を持ち、布施《ふせ》、および自制・抑制・制御という戒、忍耐、努力精進《しょうじん》、禅定《ぜんじょう》、智慧《ちえ》、方便《ほうべん》を完成していた。

何ものも得ることがなく、何ものも生ずることはないという真理を認める知（無生法忍《むしょうぼうにん》）を具《そな》えており、後退することのない真理の車輪（法輪《ほうりん》）を転じていた。無相《むそう》という刻印を押されていて、あらゆる衆生の能力（機根《きこん》）を知ることに熟練しており、すべての集会において凌駕《りょうが》されることなく、説法における畏《おそ》れることのない力を具えていた。

卓越した福徳と知を積み重ね、〔三十二種類の勝れた〕身体的特徴（三十二相《さんじゅうにそう》*）と、〔八十種類の〕副次的な身体的特徴（八十種好《はちじっしゅごう》）によって見事に飾られた身体を持ち、最高に美しい姿を具えていて、装身具は不要であった。称讃《しょうさん》と名声は、スメール山（須弥山《しゅみせん》*）の頂上がそびえているように際立っていて、高潔なる心は、堅固《けんご》な金剛石のように不壊《ふえ》で、仏法に対する浄信を得ていた。

法の宝石を散じ、甘露《かんろ》の雨を注いで、一切衆生の声や、軽率な声〔に通じ〕、素晴らしい音声、清らかな声を持つものである。深遠な法によって悟入し、有限か無限かという〔二元論的〕見解に住するつながりを断ち切っていた。恐怖を滅し、師子のように声を響かせ、比較できるものと、比較できないものとを超越していた。宝石のように輝かしい法と智慧をたくわえた隊商の偉大なリーダーであり、正しく、量り知れないほどきめ細か（微細）で、繊細で、見難く、知り難い一切の法（真理の教え）に精通していた。〔世界の〕生起と、衆生の意向や性向を熟知し、智慧を対象としており、他には等しいもののの存在しないブッダの知に到る灌頂《かんじょう》の儀式によって灌頂されていた。十種類の智慧の力（十力《じゅうりき》）＊や、〔説法における四つの〕畏れなきこと（四無畏《しむい》）＊、他のものにないブッダに具わる〔十八種類の特別の〕性質（十八不共仏法《じゅうはちふぐうぶっぽう》）＊、高潔なる心を得ており、あらゆる険難の悪しき境遇に堕する溝を駆逐していた。意のままに生存の状態に生まれてくることを示し、偉大なる医者の王であり、あらゆる衆生を教化《きょうけ》する方法を知っており、〔相手に応じて〕適切に法の薬を用いることに習熟していて、無限の徳を生み出す源を具えていて、ブッダの国土に具わる無量の功徳の荘厳によって見事に飾られていた。聞くことと、見ることに誤りがなく、足取りの勇猛ぶりは確実であった。計り知ることのできない幾百・千・コーティ・ニユタ＊

もの劫《こう》*にわたって〔菩薩に具わる以上のような〕徳を称讃しても、徳の流れは尽きることがないのだ。

§4　すなわち、〝平等に見るもの〟という名前の偉大な人である菩薩や、〝平等かつ不平等に見るもの〟〝三昧《さんまい》において神力が自在な王〟〝法を支配する王〟〝法の旗を持つもの〟〝光明の旗を持つもの〟〝光明で荘厳されているもの〟〝大いなる荘厳を持つもの〟〝宝石の集積を持つもの〟〝雄弁の才能が集積しているもの〟〝宝石製の印章を手に持つもの〟〝常に手を挙げているもの〟〝常に手を下げているもの〟〝常に憂えているもの〟〝常に感覚器官が輝き喜んでいるもの〟〝大歓喜の王〟〝神々の王〟〝請願に赴き到達しているもの〟〝滞ることのない弁舌の叫びを獲得しているもの〟〝天空の宝庫〟〝宝石のかがり火を有するもの〟〝宝石の英雄〟〝宝石の輝きを持つもの〟〝宝石を喜ぶもの〟〝インドラ神（帝釈天《たいしゃくてん》*）の網を持つもの〟〝網から光を放つもの〟〝対境のない禅定《ぜんじょう》に入っているもの〟〝智慧の集積を持つもの〟〝宝石を喜捨《きしゃ》するもの〟〝悪魔を粉砕するもの〟〝閃光《せんこう》を発する神〟〝神力が自在な王〟〝特徴の集積を持つもの〟〝特徴の集積を超越しているもの〟〝師子の咆哮《ほうこう》のように轟《とどろ》きわたる声を持つもの〟〝山の頂上を打ち砕く王〟〝芳香ある象〟〝芳香ある牛のように偉大な象〟〝常に奮励するもの〟〝重荷を下ろすことのないもの〟〝勝れた知性を持つもの〟〝よき生まれのもの〟〝紅蓮華《ぐれんげ》のように美しい胎蔵《たいぞう》を持つもの〟〝紅蓮華によって荘厳《しょうごん》されているもの〟

〝自在に観《み》るもの〟（観世音《かんぜおん》）、〝大いなる勢力をかち得たもの〟（得大勢《とくだいせい》）、〝ブラフマー神（梵天《ぼんてん》）＊の網を持つもの〟〝宝石の杖《つえ》を持つもの〟〝悪魔に打ち勝ったもの〟〝国土を荘厳するもの〟〝宝玉でできた日傘（傘蓋《さんがい》）を持つもの〟〝金色《こんじき》に輝く髻《もとどり》を持つもの〟〝宝石のような髻を持つもの〟、マイトレーヤ（弥勒《みろく》）＊や、マンジュシリー（文殊師利《もんじゅしり》）法王子＊という偉大な人である菩薩——このようなものたちをはじめとする三万二千人の菩薩たちである。

§5　結髪《けっぱつ》したブラフマー神、すなわちシキン（尸棄《しき》）梵天《ぼんてん》をはじめとする一万人のブラフマー神たちが、世尊にお会いし、挨拶《あいさつ》し、お仕えし、法《ほう》をお聞きするために、多くの世界の四つの大陸（四大洲《しだいしゅう》）＊からやって来ていた。それらのブラフマー神たちは、まさにその集会の中に集まっていた。また、一万二千人のシャクラ神＊（帝釈天《たいしゃくてん》）が、他の四つの大陸のそれぞれからやって来て、まさにその集会に集まっていた。

同様に、まさにその集会には、偉大な主と称されるそれぞれ他のインドラ神、ブラフマー神、世界の保護者〔である四天王〕、神々、龍、ヤクシャ（夜叉《やしゃ》）、ガンダルヴァ（乾闥婆《けんだつば》）、アスラ（阿修羅《あしゅら》）、ガルダ（迦楼羅《かるら》）、キンナラ（緊那羅《きんなら》）、マホーラガ（摩睺羅伽《まごらか》）＊たちもまた集まっていて、一緒に坐《すわ》っていた。

同様に、男性出家者（比丘《びく》）・女性出家者（比丘尼《びくに》）・男性在家信者（優婆塞《うばそく》）・女性在家信者（優婆夷《うばい》）たちの四衆《ししゅ》＊が、来ていた。

シャーキャム二世尊の説法

§6　その時、世尊は、幾百・千もの多くの聴衆に囲まれ、尊敬されて、法を説かれた。山の王であるスメール山が大海の真ん中から屹立《きつりつ》しているように、世尊はすべての聴衆に向かって、光り輝き、熱を発し、まばゆく輝いて、美しい胎蔵にある師子座に坐っておられた。

ラトナーカラと五百人の若者

§7　その時、リッチャヴィ族の若者でラトナーカラ（宝積《ほうしゃく》）という菩薩が、五百人のリッチャヴィ族の若者たちと一緒に、〔それぞれが〕七宝で造られた日傘を持ってヴァイシャーリーの大都城《だいとじょう》を出て、アームラパーリー〔という遊女〕の園林《おんりん》のあるところ、さらには世尊のおられるところへと近づいて行った。近づいてから、世尊の両足を頭におしいただくことによって敬意を表して後に、世尊の周りを右回りに七度回って礼拝し、その結果、それらの持参した日傘で世尊を覆った。そして、一隅に立った。

§8　それらの宝石でできた〔五百の〕日傘を世尊に差し上げるとすぐ、それらの日傘は、直ちにブッダの神力によって大いなる宝石でできた一つの日傘となってそれが立った。そして、その大いなる宝石でできた一つの日傘によって、この三千大千世《さんぜんだいせんせ》界《かい》*のすべてが覆いつくされるのが見られた。そして、この三千大千世界の中にある広さと大きさも、その大いなる宝石でできた一つの日傘の中にあるのが見られた。

また、この三千大千世界の中にある偉大な山の王であるスメールの山々や、雪山《せっせん》（ヒマラヤ山脈）、ムチリンダ山（目真隣陀《もくしんりんだ》山《せん》）、大ムチリンダ山、ガンダ・マーダナ山（香山《こうせん》）、ラトナ山（宝山《ほうせん》）、あるいはチャクラヴァーダ山（鉄囲《てっち》山《せん》）、大チャクラヴァーダ山の山々、それらのすべてもまた、まさにその大いなる宝石でできた一つの日傘の中にあるのが見られた。この三千大千世界の中にある大海、あるいは池や、湖、大河や小河、あるいは川、それらのすべてもまた、まさにその大いなる宝石でできた一つの日傘の中にあるのが見られた。

この三千大千世界の中にある太陽と月の宮殿、あるいは星の光、神々の宮殿、龍の宮殿、ヤクシャの宮殿、あるいはガンダルヴァ、アスラ、ガルダ、キンナラ、マホーラガの宮殿、あるいは四大王（四天王）の宮殿、あるいは村や、町、城市、王国、王城など、それらのすべてもまた、まさにその大いなる宝石でできた一つの日傘の中にあるのが見られた。

そして、十方の世界において世尊であるブッダたちによって繰り広げられている説法もまた、まさにその大いなる宝石でできた一つの日傘から漏れ出てくるのが聞かれた。

§9　そこで、そのすべての聴衆は、世尊のそばでこのような大いなる奇跡（神《しん》変《ぺん》）を見て、不思議な思いにとらわれ、満足し、心が高揚し、狂喜し、愉悦し、喜悦と歓喜を生じ、如来に対して敬意を表しつつ、瞬《まばた》きもせずに見つめたまま立っていた。

ラトナーカラによる世尊の讃嘆

§10　その時、ラトナーカラというリッチャヴィ族の若者は、世尊のそばで以上のような大いなる奇跡を見て、上衣の左肩を残して右側の一方の肩だけ露《あらわ》にして、右の膝頭《ひざがしら》を地面につけて、世尊のおられるところに向かって合掌して敬礼し、詩（偈《げ》）によって世尊を称讃した。

美しく清らかな青スイレンの花弁のように最も勝れた大きな眼を持ち、清らかな意向を持ち、心の寂静《じやくじよう》（止《し》）によって最高の完成に達しておられ、立派な行ないを積み重ねていて、量り知ることのできない広大な徳を持ち、人々を心の寂静の道へと導く沙門《しやもん》であるあなたに、私は敬意を表します。（1）

さて、牡牛《おうし》のように最も勝れた人である指導者の神力を見て後、人格を完成された人（善逝《ぜんぜい》）の国土の最も勝れた出現が観察され、名高く不死へと赴く最も勝れた法の話、それらのすべてが、その天空から聞かれました。（2）

あなたは、この最も勝れた法の王国を法によって征服しておられます。そして、敵軍を征服した人であるあなたは、法という財産をすべての生き物に与えられます。最高の真理を教示する人よ、法の分類に熟練し、法において自在で、法の王であるあなたに対して、私は、〔あなたの〕両足を頭におしいただいて敬意を表します。（3）

あなたは、次の言葉を告げられました。「実に、ものごとは、存在することもなく、また、存在しないこともない。これらのあらゆるものごと（一切法）は、原因に縁《よ》って生ずるのである。そこにおいては、実に自我もなく、行為者も、あるいは知覚者もない。善い行為も、悪しき行為も決して滅することはない」と。（4）

力のある賢者の中の王であるあなたは、悪魔を打ち負かし遺棄された。至福で、甘露《かんろ》のように和らいでいる最も勝れた最高の覚りを獲得しておられる。そこにおいて、あなたは感受することもなく、心と意が彷徨《さまよ》い出《い》づることもありません。そして、〔仏教以外を信仰する〕悪しき外道《げどう》たちのすべての群衆は、その深淵《しんえん》に到達することはないのです。（5）

そして、あなたは、静穏で本性が清浄である多くの種類の真理の車輪（法輪《ほうりん》）を、三たびにわたって回転させられました。*その時、神々や人間たちが驚嘆すべき法

の王は、〔仏《ぶつ》・法《ぽう》・僧《そう》の〕三つの宝を明瞭《めいりょう》に示されました。（6）

宝石のように輝かしい法によって正しく導いておられる人たちは、妄《みだ》りに分別することなく、さらには常に心が静穏になりました。死と生と老〔と病の四つの苦しみ〕を終わりとなす医者の中で最上の人であり、大海のように無量の徳を具えておられるあなたに、私は、あなたの両足を頭におしいただくことによって敬礼いたします。（7）

あなたは、メール山（須弥山《しゅみせん》）のように不動であって、優遇や歓待を受けることによっても動揺することはありません。破戒の者と持戒の者に対しても平等で、憂いのない慈しみの心を持ち、天空のように輝かしい心を持ち、平等であることを楽しんでいる宝石のような人であるあなたに対して、いったいだれが尊敬しないことがありましょうか？（8）

偉大なる聖者よ、ここに集合したこれらの人々は、澄み切った心をもって、あなたの顔を仰ぎ見ています。しかも、すべての人々は、自分たちの面前で、勝利者を見ています。勝利者であるあなたには、他のものにはないブッダに特有の特徴が具わっています。（9）

世尊であるあなたは、ただ一つの言葉（一音《いっとん》）を発せられます。しかしながら、それを聞いた聴衆は、それを種々に発せられた声として各自に了解します。また人は、各自の能力のままに、意味を理解します。このように勝利者には、他のものにはないブッダに特有の特徴が具わっています。(10)

指導者であるあなたは、語られた一つの言葉によって、ある人たちを輝かせ、他の人たちに告げ知らせ、彼らが追い求めている疑惑を鎮《しず》められます。このように、勝利者には、他のものにはないブッダの特徴が具わっています。(11)

十種の智慧の力（十力《じゅうりき》）を具え、真実の勇敢さを持つあなたに、私は敬礼いたします。恐怖心のない状態に達し、畏《おそ》れることのないあなたに、私は敬礼いたします。〔十八の〕徳性（法）において他のものにはない特徴を具えていることが確実であって、あらゆる人々を導く人であるあなたに、私は敬礼いたします。(12)

煩悩と結びついた束縛を断ち切っているあなたに、私は敬礼いたします。〔迷いの此岸《しがん》から〕向こう岸（彼岸《ひがん》）に達し〔覚りの〕大地に立っておられるあなたに、私は敬礼いたします。生存領域を循環する輪廻《りんね》という在り方に依存しておられないあなたに、私は敬礼いたします。苦しんでいる人の救済者であるあなたに、私は敬礼いたします。(13)

衆生とともにあなたは、深い瞑想に入っておられて、すべての生存領域において心の束縛を解き放つことに通達しておられます。水の中に生ずるもの（蓮）が、水の中で汚されることがないように、紅蓮華《ぐれんげ》のように勝れた聖者であるあなたは、

空《くう》の本性に住しておられます。(14)
あなたは、あらゆるものごとの表面的な特徴(相《そう》)を徹底的に観察して遠離《おんり》しておられ、あなたのどこにも〔それを〕願い求めるということは決して見出《みいだ》されません。ブッダの偉大なる威徳は、考えも及ばないものであって、何ものにも依存することのない虚空《こくう》に等しい人であるあなたに私は敬礼いたします。(15)

菩薩にとってのブッダの国土の浄化

§11　その時、リッチャヴィ族の若者ラトナーカラは、以上の詩によって世尊を讃嘆した後、世尊に次のように申し上げた。

「世尊よ、これらの五百人のリッチャヴィ族の若者たちは、すべてこの上ない正しく完全な覚り(阿耨多羅三藐三菩提《あのくたらさんみやくさんぼだい》)へと出で立っています。しかも、それらの若者たちは、ブッダの国土の完全な浄化について尋ねています。『菩薩たちにとって、ブッダの国土の完全な浄化とはどのようなことなのか?』と。従って、世尊である如来は、それらの菩薩たちにとってのブッダの国土の完全な浄化についてどうか説き示してください」

ラトナーカラからこのように言われて、世尊は、リッチャヴィ族の若者ラトナーカラに感嘆の言葉を発された。

「素晴らしいことである。素晴らしいことである。しかしながら、若者よ、如来にブッダの国土の浄化について尋ねたあなたは、実に素晴らしい。実にそれゆえに、若者よ、あなたは明らかによく聞いて、熟慮するがよい。菩薩にとってのブッダの国土の浄化について、私は、あなたのために説こう」

「世尊よ、素晴らしいことです」

と言って、リッチャヴィ族の若者ラトナーカラと、それらの五百人のリッチャヴィ族の若者たちは、世尊に耳を傾けた。

世尊は、それらの若者たちに次のようにおっしゃられた。

§12「良家の息子（善男子《ぜんなんし》）*よ、菩薩にとって衆生《しゅじょう》という国土がブッダの国土である。それは、どんな理由によってか？　衆生という国土において、菩薩が繁栄をもたらす限り、その限り菩薩はそこをブッダの国土と把握するのである。衆生にどのような教導があるのか、どのようなブッダの国土に入ることで、衆生はブッダの智慧に悟入するのか、どのようなブッダの国土に入ることで、衆生に高貴な相と能力が生じるのか――それによってそこをブッダの国土と把握するのである。それは、どんな理由によってか？　良家の息子よ、菩薩にとって、実に衆生に利益を生み出すことこそがブッダの国土であるからだ。

ラトナーカラ（宝積）よ、それは、あたかも虚空《こくう》を建立しようとしても、虚空を建立することも、またそれを飾り立てることもできないようなものである。まさにこのように、ラトナーカラよ、あらゆるものごと（諸法《しょほう》）は虚空《こくう》に等しいと知った上で、菩薩は、衆生を〔覚りへ向けて〕成熟させるために、願いどおりのブッダの国土を建立するのである。けれども、ブッダの国土が虚空のようであるということは、それを建立することもできないし、また飾り立てることもできないのだ。

§13　しかしながら、ラトナーカラよ、菩薩にとって〔衆生の〕意向という国土がブッダの国土である。その菩薩が覚りに達して後、そのブッダの国土には、狡猾《こうかつ》でなく、欺瞞《ぎまん》のない衆生が生まれてくるのだ。良家の息子よ、菩薩にとって高潔な心という国土がブッダの国土である。その菩薩が覚りに達して後、そのブッダの国土には、あらゆる善根《ぜんこん》を集め、増大させた衆生が生まれてくるのだ。

菩薩にとって修行という国土がブッダの国土である。その菩薩が覚りに達して後、そのブッダの国土には、あらゆる善き法に立脚した衆生が生まれてくるのだ。菩薩にとって覚りを求める高揚した心を発《おこ》すことがブッダの国土である。その菩薩が覚りに達して後、そのブッダの国土には、大いなる乗り物（大乗）によって出で立った衆生が生まれてくるのだ。菩薩にとって布施《ふせ》という国土が、ブッダの国土である。その菩薩が覚りに達して後、そのブッダの国土には、あらゆるものを喜捨《きしゃ》する衆生が生まれてくるのだ。菩薩にとって善い行状（戒《かい》）という国土がブッダの国土である。また、その菩薩が覚りに達して後、そのブッダの国土には、あらゆる願望を成就して、十種類の善き行ないの道（十善業道《じゅうぜんごうどう》）＊を遵守《じゅんしゅ》する衆生が生まれてくるのだ。良家の息子よ、菩薩にとって忍耐（忍辱《にんにく》）という国土がブッダの国土である。その菩薩が覚りに達して後、そのブッダの国土には、三十二種類の身体的特徴で荘厳され、忍耐と自制と心の寂静《じゃくじょう》（止《し》）の完成に到った衆生が生まれてくるのだ。

菩薩にとって努力精進《しょうじん》という国土がブッダの国土である。その菩薩が覚りに達して後、そのブッダの国土には、あらゆる善行《ぜんぎょう》を求めることにおいて努力精進を獲得した衆生が生まれてくるのだ。菩薩にとって禅定《ぜんじょう》という国土がブッダの国土である。その菩薩が覚りに達して後、そのブッダの国土には、正しく憶念することと正しい智慧によって心を集中している衆生が生まれてくるのだ。

菩薩にとって智慧という国土がブッダの国土である。その菩薩が覚りに達して後、そのブッダの国土には、正しい在り方が確定した衆生（正定聚《しょうじょうじゅ》）＊が生まれてくるのだ。そして、菩薩にとって〔慈《じ》・悲《ひ》・喜《き》・捨《しゃ》の〕四つが無量であること（四無量心《しむりょうしん》）＊がブッダの国土である。その菩薩が覚りに達して後、そのブッダの国土には、〔他者に対する〕慈しみ（慈）、憐《あわ》れみ（悲）、喜び（喜）、偏見・差別を捨てて他者を平等に利すること（捨）に住している衆生が生まれてくるのだ。

良家の息子よ、菩薩にとって〔布施《ふせ》・愛語《あいご》・利行《りぎょう》・同事《どうじ》からなる〕人々を包容して救うための四つのことがら（四摂法《ししょうぼう》）*がブッダの国土である。その菩薩が覚りに達して後、そのブッダの国土には、あらゆる解脱《げだつ》を具えた衆生が生まれてくるのだ。菩薩にとって巧みなる方便がブッダの国土である。その菩薩が覚りに達して後、そのブッダの国土には、あらゆる方便と、熟慮に巧みな衆生が生まれてくるのだ。

菩薩にとって覚りを助ける三十七の修行法（三十七助道法《さんじゅうしちじょどうほう》）*がブッダの国土である。その菩薩が覚りに達して後、そのブッダの国土には、〔四つの〕正しい思念に立つこと（四念処《しねんじょ》）*、〔四つの〕正しく〔悪を〕断ち〔善を生ずる〕努力（四正勤《ししょうごん》）*、〔四つの〕神通を得るための基礎（四神足《しじんそく》）*、〔覚りを得るための五つの〕能力（五根《ごこん》）*、〔覚りに到らせる五つの〕力（五力《ごりき》）*、覚りに導く〔七つの〕要素（七覚支《しちかくし》）*、〔覚りに到るための八つの〕道（八正道《はっしょうどう》）*の実行について知っている衆生が生まれてくるのだ。

菩薩にとって〔自らの功徳を他者に振り向ける〕廻向《えこう》の心がブッダの国土である。その菩薩が覚りに達して後、あらゆる功徳で荘厳されたブッダの国土が出現するのだ。良家の息子よ、菩薩にとって〔仏法を聴聞することを妨げる生まれの〕八つの不遇（八難《はちなん》）*を取り除くための教示がブッダの国土である。その菩薩が覚りに達して後、あらゆる悪しき境遇（悪趣《あくしゅ》）を根絶し、八つの不遇を断ち切ったブッダの国土が出現するのだ。

菩薩にとって自ら教戒の文句を実行しつつ、他者の過失を謗《そし》らないことがブッダの国土である。その菩薩が覚りに達して後、ブッダの国土には、過失という言葉でさえも存在しないのである。

良家の息子よ、菩薩にとって〔身体（身《しん》）と言葉（口《く》）と心（意《い》）による〕十種の善い行ないの道（十善業道《じゅうぜんごうどう》）を完全に浄化することがブッダの国土である。その菩薩が覚りに達して後、そのブッダの国土には、寿命を全うし、大いなる財産を持ち、純潔の行ない（梵行《ぼんぎょう》）を遵守《じゅんしゅ》し、真実に則った言葉で身を飾り、好ましい言葉を語り、眷属《けんぞく》が断絶することのない、争いごとを和解させるのに巧みで、嫉妬《しっと》することがなく、憎悪の心を持たず、正しく見ること（正見《しょうけん》）を具《そな》えた衆生が生まれてくるのだ。

心の浄化とブッダの国土の浄化

§14　良家の息子よ、実に以上のように、菩薩に修行がある限り、意向があるのである。その意向がある限り、高潔な心があり、高潔な心がある限り、洞察がある限り、行ないがあり、行ないがある限り、廻向があり、廻向がある限り、方便があり、〔方便がある限り、〕国土の完全な浄化があり、国土の完全な浄化があるように、衆生の完全な浄化があり、衆生の完全な浄化があるように、智慧の完全な浄化があり、智慧の完全な浄化があるように、説法の完全な浄化があり、説法の完全な浄化があるように、智慧と修行の完全な浄化があり、智慧と修行の完全な浄化があるように、自己の心の完全な浄化があるのだ。

それ故に、良家の息子よ、ブッダの国土を浄化することを欲する菩薩は、自己の心を浄化することに努力をなすべきである。それは、どんな理由によってか？　菩薩に心の完全な浄化があるように、そのようにブッダの国土の完全な浄化があるからである」

ブッダの国土が清らかに見えない理由

§15　その時、ブッダの威神力《いじんりき》によって、尊者シャーリプトラ（舎利弗《しゃりほつ》）＊の心に次の思いが生じた。

「もしも、心の完全な浄化があるように、そのようにブッダの国土の完全な浄化が菩薩にあるのならば、その場合、シャーキャムニ（釈迦牟尼《しゃかむに》）世尊は菩薩としての修行（菩薩道）を行なったのだから、心が清らかでないと言ってはならないことになる。それなのに、このブッダの国土が、このように完全には浄化されていないのが観察される」

すると世尊は、尊者シャーリプトラの心の思いを心で知って、尊者シャーリプトラに次のようにおっしゃられた。

「あなたは、それを何と考えるか？　シャーリプトラよ、実に太陽と月は清らかではないと言うべきではない。生まれつき盲目である人は、そのことを見ることがないのだ」

シャーリプトラが言った。

「世尊よ、これは、そうではありません。これは、生まれつき盲目であることで見ることがないのであって、太陽と月に過失があるのではありません」

世尊が言われた。

「シャーリプトラよ、まさにそのように、如来にとってブッダの国土は功徳の飾りで荘厳されているのだ。それなのに、衆生は決してだれもそれを見ることはない。これは衆生の無知による過失なのであって、如来の過失ではないのだ。シャーリプトラよ、如来にとってブッダの国土は完全に浄化されているのだ。しかしながら、あなたたちは、それを見ることがないのだ」

§16　その時、結髪《けっぱつ》したブラフマー神、すなわちシキン梵天《ぼんてん》が、大徳シャーリプトラに次のように言った。

「尊者シャーリプトラよ、如来にとってのこのブッダの国土が清らかではないなどと言ってはなりません。尊者シャーリプトラよ、世尊にとってブッダの国土は、実に完全に浄化されているのです。シャーリプトラよ、それは、あたかも〔欲界の六天の最上位である〕他化自在天《たけじざいてん》*〔の神々〕にとっての宮殿の荘厳のようなものです。私たちは、シャーキャムニ世尊にとってのブッダの国土が功徳〔の飾り〕によって荘厳されているのを、このように見なしております」

そこで、大徳シャーリプトラは、結髪《けっぱつ》したブラフマー神に次のように言った。

「しかしながら、ブラフマー神よ、私たちは、この大いなる大地がでこぼこしていて、棘《いばら》や、切り立った断崖《だんがい》、山、山頂、深い溝、糞尿《ふんにょう》などの汚物で満たされているのを見ます」

結髪したブラフマー神が言った。

「尊者シャーリプトラには、でこぼこした心があり、ブッダの智慧に対する清らかでない意向が確かにあります。それによって、あなたには、ブッダの国土がそのように見えるのです。しかしながら、尊者シャーリプトラよ、一切衆生に対して平等の心を持ち、ブッダの智慧に対する意向が完全に清められているそれらの菩薩たちは、このブッダの国土が完全に浄化されているのを見るのです」

心の浄化に応じて見えるブッダの国土の荘厳

§17　その時、世尊は、足の親指でこの三千大千世界を押された。すると、幾百・千もの多くの宝で満たされ、幾百・千もの多くの宝で荘厳されたこの三千大千世界が一緒に立ち現れた。それは、あたかも〝宝による荘厳〟という如来の世界が、無限の功徳の宝で荘厳されているような、そのような世界が出現した。すると、その聴衆のすべては、稀有《けう》なる思いを抱き、自分自身が宝石の紅蓮華《ぐれんげ》の上に坐っているのに気づいた。

§18　そこで、世尊は、尊者シャーリプトラにおっしゃられた。

「シャーリプトラよ、あなたは、これらのブッダの国土に具わる功徳の荘厳を見ているであろう」

シャーリプトラが言った。

「世尊よ、私は見ております。過去に見たことも、聞いたこともないこれらの荘厳が観察されます」

世尊がおっしゃられた。

「シャーリプトラよ、私のブッダの国土は常にこのようである。しかしながら、劣った衆生を〔覚りへ向けて〕成熟させるために、如来は、ブッダの国土がこのように多くの欠陥によって汚されているかのように見せるのである。例えば、シャーリプトラよ、神々の子（天子）たちが同一の皿で食事をしていても、〔これまでに積んだ〕福徳の集積の違いによって、神々の飲み物や、神々の食べ物が異なって準備されるように、まさにそのように、シャーリプトラよ、衆生は、同一のブッダの国土に生まれていても、心の完全なる浄化の有無によって、ブッダの国土に具わる功徳〔の飾り〕による荘厳の有無を見るのである」

§19　すると、このブッダの国土に具わる功徳〔の飾り〕による荘厳と装飾が現れ、八万四千もの生命あるものたちは、この上ない正しく完全な覚りに向けて心を発《おこ》した。リッチャヴィ族の若者ラトナーカラとともに、やって来たそれらの五百人のリッチャヴィ族の若者たちには、随順して真理を認める知（随順忍《ずいじゅんにん》）の獲得があった。

§20　そこで、世尊は、再びその神通をもとに戻された。そして、このブッダの国土が、再び元の状態に戻された。その時、「ああ、何ということか。これらの作り出されたもの（諸行《しょぎょう》）はすべて無常《むじょう》なのだ」と知って、声聞のための乗り物（声聞乗《しょうもんじょう》）に属する神々や人間たちの三万二千の生命あるものたちは、あらゆるものごとにおいて純粋で、無垢《むく》な真理を見る眼（法眼《ほうげん》）を清めたのである。そして、八千人の男性出家者たちの心は、諸々の汚れから自由になって、束縛から解放された。

八万四千の生命あるものたちは、勝れたブッダの真理の教え（仏法）に対して信順の志を抱いて後、あらゆるものごと（一切法）は、妄想《もうそう》によって現れた特徴（相）を持つものであると知って、この上ない正しく完全な覚りに向けて心を発した。

《ヴァイシャーリー（毘耶離）》古代インドの十六大国の一つであったヴァッジ国の商業都市。中インドに位置し、リッチャヴィ族（離車《りしゃ》族）が住んでいた。商業都市であったため種々の系統の人種が混在していた。共和制がしかれ、自由を尊ぶ精神的雰囲気に満ちていたという。「吠舎離」とも音写される。**《アームラパーリー（菴羅婆利）》**商業都市ヴァイシャーリーの遊女であった。「アームラパーリー」はサンスクリット語であり、パーリ語で「アンバパーリー」といい、「菴摩羅婆利《あんまらばり》」「菴羅婆《あんらば》利《り》」「菴羅女《あんらにょ》」「菴婆波利《あんばぱり》」などと音写される。「アームラ」（アンバ）とは、果物のマンゴーのことで、彼女が生まれてすぐにヴァイシャーリー城外のマンゴー林に捨てられていたので、この名を得たと言われている。美貌《びぼう》の故に遊女となり、その子のカウンディヌヤによって出家し、尼となったと言われる。マガダ国の王・ビンビサーラ（頻婆娑羅《びんばしゃら》）との間に生まれたのがジーヴァカ（耆婆《きば》）であると言われているが、異説もある。釈尊に精舎を寄進したとされているが、中村元博士は、サンスクリット本・チベット本・有部《うぶ》本に、その話が見られないので、後世の創作・付加であって、「土地所有の欲望を起こした僧侶《そうりょ》たちの考えたこと」と推測されている。詳細は、中村元著『仏弟子の生涯』、中村元選集決定版、第一三巻、春秋社、四九五頁以下、あるいは植木著『仏教のなかの男女観』、岩波書店、六六頁を参照。**《三宝》**仏（目覚めた人）・法（真理の教え）・僧（教団）の三つが仏教を構成する重要な要素であることから、宝とみなしたもの。**《ダーラニー（陀羅尼）》**①神秘的な力を持つと信じられている呪文《じゅもん》。②法を聞いて忘れない勝れた記憶力のこと。③悪をとどめ多くの善をたもつこと――といった意味があるが、ここでは②の意味であろう。**《三十二相》**理想的帝王である転輪聖王《てんりんじょうおう》に具わるとされた三十二の身体的特徴のことで、それが後に仏の身体に転用された。三十二相とともに副次的特徴である八十種好《はちじっしゅごう》も説かれ、両方を合わせて「相好《そうごう》」と言う。中村元博士の『仏教語大辞典』によると、(1)頭上に肉髻《にっけい》があり、頭の頂がまげを結ったように肉が一段と盛り上がっている(頂成肉髻相《ちょうじょうにっけいそう》)、(2)身体の毛、あるいは頭髪が右旋している(身毛右旋相《しんもううせんそう》)、(3)前額が平正である、(4)眉間《みけん》に白く柔らかい毛があって右旋している(眉間白毫相《みけんびゃくごうそう》)、(5)目の瞳《ひとみ》が紺碧《こんぺき》で、睫毛《まつげ》が牡牛《おうし》のごとくである(眼色如紺青相《げんしきにょこんじょうそう》)、(6)歯が四十本あり、清らかに整い輝いている(具四十歯《ぐしじゅうし》相《そう》)、(7)平らな歯を持ち、歯並びがよい、(8)歯が密で間隙《かんげき》がない〔(7)と(8)を合わせて歯《し》斉平密相《せいびょうみつそう》ともいう〕、(9)歯が白くきれいである(四牙白浄相《しげびゃくじょうそう》)、(10)最上の味感を有している(得《とく》最上味相《さいじょうみそう》)、(11)顎《あご》の骨が師子の如くである(師子頬相《ししきょうそう》)、(12)舌が長くて細い(広長舌相《こうちょうぜつそう》)、(13)梵音《ぼんのん》、すなわち絶妙なる音声を有する(梵音声相《ぼんのんじょうそう》)、(14)肩の先が甚だ円く豊満である(肩円満相《けんえんまんそう》)、(15)両手・両足・両肩・頂が充満して柔軟である(七処充満相《しちしょじゅうまんそう》)、(16)両腋《わき》の下の肉が円満である(両腋満相《りょうわきまんそう》)、(17)皮膚がなめらかで黄金の如くである(身金色相《しんこんじきそう》)、(18)直立した時にも手が長くて膝に垂れるほどである(手過膝相《しゅかしっそう》)、(19)上半身が師子の如くである(師子上身相《ししじょうしんそう》)、(20)身体が広長であって、バニヤン樹の如くである(身分円満相《しんぶんえんまんそう》)、(21)一つ一つの毛髪が右旋している、(22)身体の毛がすべて上向きにはえている(身毛上靡相《しんもうじょうびそう》)、(23)男根が体の内部に隠れている(馬陰蔵《めいんぞう》相《そう》)、(24)腿《もも》が円い(腿美円相《たいびえんそう》)、(25)足の甲が高く、柔軟である(足趺高相《そくふこうそう》)、(26)手足が柔軟である(手足柔軟相《しゅそくじゅうなんそう》)、(27)手足の指の間に水鳥のような水掻《みずか》きがついている(手足縵網相《しゅそくまんもうそう》)、(28)指が長い(指繊長相《しせんちょうそう》)、(29)手足に輪のしるしがある(千輻輪相《せんぷくりんそう》)、(30)足が平満であり凹凸がない

（足安平相《そくあんびょうそう》）、(31) 足の踵《かかと》が広長で豊満である（足跟円長相《そくこんえんちょうそう》）、(32) 脛《すね》が鹿王の足のごとく纖細で円満である（腨如鹿王相《せんにょろくおうそう》）――が挙げられる。《スメール山（須弥山）》仏教の宇宙観で説かれる山で、世界の中心にそびえ立っていて、八万ヨージャナ（筆者の計算では百二十万キロメートル＝第五章の注を参照）の高さがある。九つの山と八つの海に取り囲まれ、その周りを太陽と月が周回し、地獄・餓鬼・畜生・修羅・人・天の六道や、諸天（神々）の住む世界はその中腹、あるいはその上方に存在している。その頂上にインドラ神（帝釈天《たいしゃくてん》）の住む忉利天《とうりてん》があるとされる。メール山ともいう。《十力》仏に特有の十種の智慧の力のことで、①処非処智力《しょひしょちりき》（道理にかなうことと、かなわぬことを明らかに知る智力）、②業異熟《ごういじゅく》智力（業因とその果報について明らかに知る智力）、③静慮解脱等持等至智《じょうりょげだつとうじとうじ》力（四禅《しぜん》・八解脱《はちげだつ》・三三昧《さんざんまい》・八等至《はちとうじ》などの禅定について明らかに知る智力）、④根上下《こんじょうげ》智力（衆生の機根の上下・優劣を明らかに知る智力）、⑤種々勝解《しゅじゅしょうげ》智力（衆生の種々の意向・願望を知る智力）、⑥種々界《しゅじゅかい》智力（衆生や諸法の本性を知る智力）、⑦遍趣行《へんしゅぎょう》智力（いかなる修行によっていかなる道に趣くかを知る智力）、⑧宿住随念《しゅくじゅうずいねん》智力（自他の過去世について正しく知る智力）、⑨死生《ししょう》智力（衆生の未来世について正しく知る智力）、⑩漏尽《ろじん》智力（一切の煩悩を断じ尽くし、仏としての覚りを得る智力）のこと。《四無畏》説法をする際の四つの揺るぎない自信のこと。すなわち、①正等覚《しょうとうかく》無畏（正しく完全な覚りを得ているという自信）、②漏永尽《ろようじん》無畏（一切の煩悩を断じ尽くしたという自信）、③説障道無畏（道を妨げる煩悩について説いたという自信）、④説出道無畏（煩悩を断じる道を説いたという自信）の四つ。《十八不共仏法》他と共通することのない仏のみに具わる十八種類の特徴のこと。大乗仏教の場合、その内訳は、①～③身口意《しんくい》の三業《さんごう》のそれぞれについて過失のないこと、④衆生に対して平等であること、⑤禅定によって心が安定していること、⑥すべてを包容して捨てないこと、⑦～⑪衆生救済の欲《よく》・精進《しょうじん》・念力《ねんりき》・禅定《ぜんじょう》・智慧《ちえ》の五点において退くことのないこと、⑫解脱から退転しないこと、⑬～⑮衆生救済のために身口意の三業を現すこと、⑯～⑱過去・未来・現在の三世について知り尽くしていること。**《コーティ・ニユタ》**基数詞は、ダシャン（十）、シャタ（百）、サハスラ（千）など日常的によく使われる数の場合、インドの各学派でその意味が異なることはないが、非日常的な大きな数の場合は、各学派でその意味する数が異なっている。例えば、コーティ（コーティー）は「億」「兆」「京」、ニユタは「万」「百万」「兆」、ナユタは「万」「十万」「千億」と、学派によって異なっている。従って、これらの巨大数については、以下「コーティ」「ニユタ」「ナユタ」とカタカナで表記する。**《劫》**サンスクリット語の「カルパ」を音写した「劫波《こうぱ》」の略で、天文学的な時間の長さを意味する。『雑阿含経《ぞうあごんきょう》』巻三四によると、縦、横、高さがそれぞれ一由旬《ゆじゅん》（約十五キロメートル）の鉄城の中に芥子《けし》の実をいっぱいにし、百年に一度、一粒ずつ取り去ったとして、すべての芥子の実がなくなるまでの時間の長さよりも長い時間であるとされる（芥子劫《けしこう》）。あるいは、四方が一由旬の大きさの岩の塊があって、カーシー（ベナレス）産の織物で百年に一度払ったとして、その岩塊が完全に摩り減ってなくなるまでの時間の長さよりも長い時間とされる（磐石劫《ばんじゃくこう》）。極めてインド的な計算法だが、量り知れない時間の長さを言ったものである。芥子劫について筆者が計算した結果は、植木雅俊・橋爪大三郎著『ほんとうの法華経』三一〇頁を参照。**《インドラ神（帝釈天）》**シャクラ神ともいう。インド最古の神々への讃歌集『リグ・ヴェーダ』で最大の神とされる。仏教に取り入れられてブラフマー神（梵天）とともに護法の神とされた。帝釈天と漢訳される。これは「神々の帝王であるシャクラ神」という表現がなされ、「神々」が「天」、「帝王」が「帝」、「シャクラ」が「釈」と漢訳されて、「天帝釈」、あるいは「帝釈天」となった。**《ブラフマー神（梵天）》**宇宙の創造者とされるが、仏教において帝釈天とともに護法神とされた。**《マイトレーヤ（弥勒）》**釈尊に次いで五十六億七千万年後に現れるとされる未来仏のことで、現在は菩薩として兜率天《とそつてん》に住しているという。ペルシアのゾロアスター教のミトラ神の影響を指摘する学者もいる。**《マンジュシリー（文殊師利）法王子》**『般若経』をはじめとする初期大乗仏典に頻出する菩薩。空を覚り、智慧（般若）を具えていて、説法も巧みである。イランの神の影響で生み出された観世音や弥勒と違い、マンジュシリーは仏教の内部から生み出だされた菩薩である。法王子は、次に法王（仏）の位に上る人という意味で、特に菩薩の最上首であるマンジュシリーのことを意味する。**《四つの大陸（四大洲）》**スメール山（須弥山）の四方の海にある南の瞻部洲《せんぶしゅう》、東の勝身洲《しょうしんしゅう》、西の牛貨洲《ごげしゅう》、北の瞿盧洲《くるしゅう》の四つの大陸のこと。四大洲で全世界を意味している。**《シャクラ神》**インドラ神（帝釈天）のこと。**《神々、龍、ヤクシャ（夜叉）、ガンダルヴァ（乾闥婆）、アスラ（阿修羅）、ガルダ（迦楼羅）、キンナラ（緊那羅）、マホーラガ（摩睺羅伽）》**ヤクシャは森林に住む神霊。ガンダルヴァは天上の音楽師。龍は、インドの神話では蛇（コブラ）を神格化したもの。アスラはインドの神話ではインドラ神と闘う悪神とされていた。ガルダは龍一族の奴隷となった母を神々と闘って救出した伝説上の巨鳥で龍を憎んで食べる。キンナラは美しい歌声を持つ半人半獣の天界の楽師。マホーラガは大蛇を意味する。いずれも、仏教に取り込まれて、仏教を守護する護法の天龍八部衆とされた。**《四衆》**原始仏教では、出家者のことを「遍歴行者」(**paribbāja**)、在家のことを「家にいる人」(**gahaṭṭha**)と呼んでいた。しかも、在家であれ、出家であれ、男女を問わずに「仏弟子」として、「仏の教えを聞く人」(声聞《しょうもん》)と呼ばれ、男性であれば在家も出家も**sāvaka**(仏の教えを聞く男性)、女性であれば在家も出家も**sāvikā**(仏の教えを聞く女性)と呼ばれていた。ところが、教団の保守・権威主義化に伴い、在家や女性が軽視されるようになり、サンスクリット語が用いられるようになると、パーリ語の**sāvaka**は**śrāvaka**というサンスクリット語に書き換えられたが、**sāvikā**に対応するサンスクリット語は用いられることはなかった。女性は在家、出家ともに、男性は在家が仏弟子から排除されてしまった。しかも、仏教以外の諸宗教で用いられていたビック(**bhikkhu**)、ビックニー(**bhikkhunī**)、ウパーサカ(**upāsaka**)、ウパーシカー(**upāsikā**)という語が用いられるようになった。前二者は、**bhikkhati**(食べ物を乞う)という動詞から作られた行為者名詞の男性形と女性形で、後の二者は「そば近く仕える」という意味の動詞**upa-√ās**から作られた行為者名詞の男性形と女性形である。この変化は、在家も出家も「仏弟子」とされていたのが、「食べ物を乞う男性/女性」としての出家に対する「そば近く仕える男性/女性」としての在家との関係に置き換わったということを意味している。このような経過を経て、大乗仏典で声聞という言葉が用いられるときには、小乗仏教の男性出家者を意味していることに注意しなければならない。拙著『差別の超克——原始仏教と法華経の人間観』第六章を参照。**《三千大千世界》**古代インド人の世界観における宇宙のこと。ほぼ太陽系に相当するものを一つの「世界」とすると、その千個を「小千世界」、その「小千世界」の千個を「中千世界」、その「中千世界」の千個を「大千世界」と言う。「大千世界」は、一つの「世界」の千倍の千倍の千倍で、「三回にわたって千倍した結果としての大千世界」という意味で「三千大千世界」とも言う。数学的に言えば、「千の三乗個（十億個）の世界」ということ。**《三たびにわたって回転させられました》**四聖諦《ししょうたい》の苦・集・滅・道を段階的に三転すること。①苦・集・滅・道の名前を示す「示転」、②四聖諦の実践を勧める「勧転」、③その結果、それを証得する「証転」のこと。植木訳『サンスクリット版縮訳 法華経 現代語訳』（角川ソフィア文庫、一三四頁）にも出てくる。**《良家の息子（善男子）》**「良家」を意味するクラと「息子」を意味するプトラの複合語で、生まれによるクラ・プトラと、行ないによるクラ・プトラ（行ないの立派な男性）の二種類があるが、仏教では後者の意味で用いられ、「善男子」と漢訳された。女性の場合は、「娘」を意味するドゥヒトゥリとの複合語クラ・ドゥヒトゥリ（行ないの立派な女性）が用いられ、「善女人」と漢訳された。**《十善業道》**十種の善い行ないのこと。①殺生《せっしょう》、②偸盗《ちゅうとう》、③邪婬《じゃいん》、④妄語《もうご》（うそをつくこと）、⑤両舌《りょうぜつ》、⑥悪口《あっく》、⑦綺語《きご》、⑧貪欲《とんよく》、⑨瞋恚《しんに》（憎み怒ること）、⑩邪見《じゃけん》――からなる「十悪」の反対の行ない。身口意《しんくい》の三業《さんごう》に分けると、①から③が「身」、④から⑦が「口」、⑧から⑩が「意」に関するものである。**《正定聚》**必ず仏となることが定まっている聖者のこと。**《四無量心》**四つの量り知れない利他の心。慈しみ（慈）、憐れみ（悲）、他者の幸福を喜ぶこと（喜）、偏見・差別を捨てて他者を平等に利すること（捨）が無量であること。「四梵住《しぼんじゅう》」とも言う。《四摂法》「四摂事《ししょうじ》」とも言う。人々を引きつけて救うための四つのことがらで、①布施《ふせ》（真理の教えを説いたり〔法施〕、物を施し与えること〔財施〕）、②愛語（思いやりのある言葉をかけること）、③利行《りぎょう》（他者のために行なうこと）、④同事（協同して行なうこと）のこと。《三十七助道法》覚りを得ることを助ける三十七の修行方法で、その内訳は、以下に出てくる四念処、四正勤、四神足、五根、五力、七覚支、八正道である。《四念処》①身体（身）が不浄であることを観察し、②感受（受）の苦なることを観察し、③心の無常なることを観察し、④法の無我なることを観察すること。《四正勤》①既に起きている悪は断つように、②未《いま》だ起きていない悪は生じないように、③未だ起きていない善は起きるように、④既に起きている善はさらに増大するように努力すること。《四神足》神通を得るための四つの勝れた禅定。①欲《よく》神足（勝れた禅定を得ようと欲すること）、②勤《ごん》神足（勝れた禅定を得ようと努力すること）、③心《しん》神足（勝れた禅定を得ようと思念すること）、④観《かん》神足（勝れた禅定を得ようと思惟観察すること）。《五根》覚りに向かわせるための五つの能力のことで、①信《しん》根《こん》、②精進根《しょうじんこん》、③念根《ねんこん》、④定根《じょうこん》、⑤慧根《えこん》のこと。《五力》能力としての「五根」が具体的な力となって顕在化したもの。《七覚支》覚りに導く七つの要素のことで、①択法覚支《ちゃくほうかくし》（真実の教えを選び取り、偽りの教えを捨てること）、②精進覚支（ひたすら努力すること）、③喜覚支（真実の教えの実践を喜ぶこと）、④軽安覚支《きょうあんかくし》（心身を軽やかにすること）、⑤捨覚支（対象に対する執着を捨てること）、⑥定覚支（心を集中して散乱しないこと）、⑦念覚支（念じ続けること）のこと。《八正道》覚りを得るための八つの道のことで、①正見《しょうけん》（正しく見ること）、②正思《しょうし》（正しく考えること）、③正語《しょうご》（正しく言葉を用いること）、④正業《しょうごう》（正しく振る舞うこと）、⑤正命《しょうみょう》（正しく生活すること）、⑥正精進《しょうしょうじん》（正しく努力すること）、⑦正念《しょうねん》（正しく思念すること）、⑧正定《しょうじょう》（正しく精神統一すること）のこと。
《八難》仏法を聞くことを妨げる生まれ方のことで、①地獄、②餓鬼、③畜生の三悪道に生まれること、④北の瞿盧洲《くるしゅう》、⑤長寿天に生まれること、⑥感覚器官に障害があること、⑦世俗の智慧（あるいは邪見）に長《た》けていること、⑧仏の出現以前、あるいは入滅後に生まれること――の八つからなる。①、②、③は、苦しみに苛《さいな》まれて法を求めようとしないことになり、④、⑤が楽に安住して法を求めようとしないという結果をもたらす。《シャーリプトラ（舎利弗）》智慧第一の弟子で、釈尊に代わって説法するほど信任が厚く高潔な人物であったが、大乗仏典では小乗仏教を代表する役回りで描かれている。《他化自在天》六欲天の最上位にあり、第六天ともいう。ここに生まれたものは、他の天で化作《けさ》された欲望の対象を自在に享受することができるとされる。

【解説】

経典名は、「経」という文字の入った『維摩《ゆいま》詰《きつ》所説《しょせつ》経《きょう》』（鳩摩羅什訳）などと漢訳されていたが、発見されたサンスクリット写本には「スートラ」（経）のない「ヴィマラキールティ・ニルデーシャ」（維摩詰の所説）であった。しかし、「このように私は聞いた」という原始仏典以来の経典の書き出しの決まり文句で始まっている。
『維摩経』は、二幕三場からなるドラマである。第一幕は、第一章から第三章までで、ヴァッジ国の首都ヴァイシャーリー郊外のアームラパーリー（菴羅婆利《あんらぱり》）という遊女の所有する園林が舞台となっている。ヴァイシャーリーは、共和主義体制下にあり、カースト制度もなく、種々の民族が集う商業都市として栄え、自由主義的な気風に満ちていた。

そこに釈尊とともに八千人の男性出家者と、マンジュシリー菩薩や、マイトレーヤ菩薩をはじめとする三万二千人の菩薩が滞在していた。そこには、ブラフマー神、シャクラ神、神々、龍、ヤクシャ、ガンダルヴァ、アスラ、ガルダ、キンナラ、マホーラガといった天龍八部衆も一緒に坐っていて、出家の男女も、在家の男女もともに参列していた。八千人の男性出家者たちの様相を描写した§2と、三万二千人の菩薩について描写した§3の文字数を日本語訳で比較しても、後者が約八倍と圧倒的である。冒頭から男性出家者に象徴される伝統的・保守的な仏教に対する批判的精神が表われているといえよう。

その釈尊のもとへリッチャヴィ族の若者たち五百人とともにラトナーカラ（宝積《ほうしゃく》）という菩薩がやって来る。彼らは、それぞれ持参した七宝造りの傘をブッダに捧《ささ》げた。するとその五百本の傘が、直ちに一つになって三千大千世界（十億個の世界）を覆いつくした。「五百」という数は、「八万四千」と同様にインドでは「たくさん」を意味する。それだけ多くの人々の種々の意向を受け入れて、釈尊の慈悲が普《あまね》くすべての世界を覆いつくしているということを象徴しているのであろう。あるいは、世界は一つであり、ブッダによって守られているということであろう。

このような奇跡を見て、ラトナーカラは、釈尊が具える徳を讃嘆する十五の偈（詩）をそらんじる。その中に、「一音説法《いっとんせっぽう》」と呼ばれるものが含まれている。ブッダは、ただ一つの言葉を発するけれども、それを聞いた人は、各自の能力のままに意味を理解する。それによって人を輝かせ、疑惑を鎮《しず》めたりするという特有の特徴をブッダは具えているというのだ。ところが、長尾雅人《ながおがじん》氏は、ブッダによって語られた「一語」を聴衆が「それぞれの方言」として聞いていることと強調している（岩波現代文庫『「維摩経」を読む』七〇～七六頁）。なぜ、そのような解釈をしたのか疑問でならなかったが、玄奘が漢訳した『大毘婆沙論《だいびばしゃろん》』巻七九の次の記述を目にして納得した。そこには、玄奘訳（といっても鳩摩羅什訳の踏襲）の「仏は一音《いっとん》を以《もっ》て法を演説したもうに、衆生は類に随いて各《おのおの》、解《げ》することを得《う》……」という一節について、「一音とは謂《い》わく梵音《ぼんのん》なり。もし至那《しな》人来りて会座《えざ》に在れば、仏は為《ため》に至那の音義を説くと謂《おも》えり」といった解説が展開されている。釈尊の語った言語を、至那人（中国人）だけでなく、さらにサカ人、ギリシア人、ドラヴィダ人、マーラヴァ人、カシュガル人、トカラ人、ソグディアナ人たちが、それぞれ自国の言語で語られていると思って聞いたと解説されている。これは、飛躍した解釈である。ブッダの言葉を聞く人それぞれの

「方言」として聞いたという長尾氏の解釈は、この『大毘婆沙論』の一節を参考にされたのであろう。それは、『維摩経』自体ではなく、『大毘婆沙論』からの深読みでしかない（詳細は、植木訳『梵漢和対照・現代語訳　維摩経』四三～四六頁を参照）。

ここは、ブッダの言葉は、個別的・断片的な知識ではなく、あるがままに見るブッダの眼で見た普遍的智慧に基づく言葉だからこそ、あらゆる局面に応じて理解できるものであるというふうに受け取るべきであろう。

このようなブッダに特有の特徴を列挙して釈尊を讃嘆した後、ラトナーカラは、菩薩にとってブッダの国土を浄化することとは、どういうことかと釈尊に尋ねる。その答えは、衆生こそがブッダの国土ということであり、衆生を利することがブッダの国土ということであった。我々の住んでいる所を離れた別世界にブッダの国土があるのではない。また、衆生（人間）を抜きにしてブッダの国土を求めても、そのようなブッダの国土は虚空のようなものであって、そんなブッダの国土は存在しえないし、荘厳することもできないと言うのである。

その「衆生というブッダの国土」に欠かせないものとして、意向、高潔な心、修行、覚りを求める高揚した心を発すこと、布施、善い行状、十善業道、忍耐、努力精進、禅定、智慧、四無量心、四摂法、三十七助道法、廻向の心――などが列挙される。その結論として、自己の心を浄化することが、ブッダの国土を完全に浄化することになるという。

ところが、智慧第一とされるシャーリプトラ（舎利弗）が、疑念をさしはさむ。「釈尊が菩薩としての修行をやったというこのサハー（娑婆《しゃば》）世界が浄化されているようには見えない」と。それに対して、ブラフマー神から「あなたの心が清らかでないから、それを見ることができないのだ」とたしなめられる。さらに、釈尊は、「自分のブッダの国土は常に清らかであるが、劣った衆生に覚りを求めさせるために清らかでないように見せているのだ」と語る。自らの心の汚れをさておいて、国土を非難することを戒めている。

すると釈尊は、荘厳されたブッダの国土を出現させた。それを見た人たちは、一同に覚りを求める心を発した。

本章は、菩薩の実践として衆生を無視してはあり得ないという重要なテーマを冒頭に掲げて、主人公ヴィマラキールティが登場する次章へと話をつなげているといえよう。

筆者が、「ブッダの国土」と訳したのはブッダ・クシェートラ（buddha-kṣetra）のことだが、鳩摩羅什はこれを「浄土」と漢訳した。それは、後の浄土教のいう「浄土」とは全く異なっていることに注意しなければならない。衆生（人間）を離れてブッダの国土（浄土）はないというのだから、死後の世界の話でも、遥《はる》か彼方《かなた》の別世界のことでもない。我が身を穢《けが》れたものと見なして、我が身を厭《いと》わせることとも真逆のことである。本来の仏教において法（真理の教え）は、〝いま〟〝ここ〟に生きているこの〝わが身〟に体現されるものであったのだ。

本章で、「ブッダの国土」を論ずるのに、必ず「菩薩にとって」という言葉が付されているのも、その「ブッダの国土」を実現するのは菩薩の振る舞い、行為に依《よ》るものだということを示している。その振る舞いについて明らかにすることが、『維摩経』の目指すことであろう。

第二章　考えも及ばない巧みなる方便（方便品第二）

ヴィマラキールティという人

§1　その時、ヴァイシャーリーという大都城《だいとじょう》にリッチャヴィ族のヴィマラキールティ（維摩詰《ゆいまきつ》）という名前の人が住んでいた。その人は、過去に勝利者であるブッダのもとで精励して、善い果報をもたらす立派な行ない（善根《ぜんこん》）を積み、多くのブッダを崇敬して、何ものも生ずることはないという真理を認める知（無生法忍《むしょうぼうにん》）と、雄弁さを獲得していた。大いなる神通を自在に用い、ダーラニー（陀羅尼《だらに》）を獲得し、畏《おそ》れなきものとなり、悪魔という怨敵《おんてき》を打ち破っていて、深遠な法に導くことによく通じていた。

智慧《ちえ》の完成（般若波羅蜜《はんにゃはらみつ》）から生まれたものであり、巧みなる方便に通達し、雄弁さを具《そな》えており、衆生の意向と行ないを熟知し、衆生の能力の高低を知ることが完成されていて、それぞれの衆生に適切な法を説くものであった。

この大いなる乗り物（大乗《だいじょう》）において確信を持って精励し、じっくり考えて行為をなし、ブッダと同じ行状に立っていて、大海のように広くて深い最も勝《すぐ》れた覚りに入っていた。あらゆるブッダたちに褒《ほ》め称《たた》えられ、讃嘆され、称讃《しょうさん》されていた。すべてのインドラ神（帝釈天《たいしゃくてん》）、ブラフマー神（梵天《ぼんてん》）、世界の保護者である四天王*たちに敬礼されていて、衆生を〔覚りへ向けて〕成熟させるために、巧みなる方便によってヴァイシャーリーの大都城に住んでいた。

§2　貧しく身寄りのない衆生を保護するために、尽きることのない財産を所有している。破戒の者を保護するために、その人の戒は完全に浄化されている。悪意と邪悪で乱された憤怒《ふんぬ》の心を持つ衆生を保護するために、忍耐と自己抑制を獲得している。怠惰な衆生を保護するために、燃え上がるほどの努力精進《しょうじん》をなし、心が困惑している衆生を保護するために、禅定《ぜんじょう》と憶念《おくねん》と三昧《さんまい》（瞑想《めいそう》）に住している。無智の衆生を保護するために、確実な智慧を獲得している。

§3　白い衣服を着てい〔る在家《ざいけ》であり〕ながら、出家した修行者である沙門《しゃもん》の行状を完全に具えている。在家として家庭生活に留《とど》まっているけれども、欲望の支配する世界（欲界《よっかい》）や、欲界の汚れを離れた清らかな物質からなる世界（色界《しきかい》）、物質を超越した純粋に精神的な世界（無色界《むしきかい》）〔からなる三界《さんがい》〕と執着によって結びつくことはない。

　妻や息子、召使いたちがいることを示しているけれども、常に純潔の行ない（梵《ぼん》行《ぎょう》）を実行している。侍者たちに取り囲まれていても、常に遠離《おんり》して〔寂然《じゃくねん》として〕

住している。装身具で飾られているのが観察されるけれども、常に〔ブッダや転輪聖《てんりんじょう》王《おう》*が具える〕身体的な特徴でおおわれている。飲食物をとることで生きているように観察されるけれども、常に禅定の喜びという食べ物（禅悦食《ぜんえつじき》）によって生きているのである。

しかも、賭博《とばく》を行なうあらゆる家に現れるけれども、心が賭博の遊びに夢中になっている衆生を〔覚りへ向けて〕成熟させ、常に注意深く行動している。すべての異教を受け入れるけれども、ブッダに対する意向が惑乱させられることはない。世俗的であれ、超世俗的であれ、あらゆる聖典や儀式について知っているけれども、常にブッダの説かれた法（真理の教え）という園林《おんりん》で歓喜に浸《ひた》っている。あらゆる群衆の中に現れるけれども、あらゆる場合に、最上の尊敬をもって迎えられる。

§4　世間の人々を満足させるために、法について語り、高齢の人や、中間の年齢の人、若い人たちの同伴者である。あらゆる商取引に熱心であるけれども、得られた富を自分だけで享受することを願うことはない。*また、あらゆる衆生を化導するために、あらゆる十字路や、三叉路《さんさろ》に現れる。

さらには、衆生を守るために、王のなすべきことである政治にかかわっている。大いなる乗り物（大乗《だいじょう》）において教化して、貧弱な乗り物（小乗《しょうじょう》）を捨てさせるために、法についての聴聞や、講説の行なわれるすべての場所に現れる。子どもたちを教化するために、すべての学校へと趣く。愛欲の過ちを示すために、あらゆる娼婦の館《やかた》にも入っていく。取り戻されるべき本来の想念に立たせるために、すべての酒場にも入っていく。

§5　最も勝れた法を説くために、商人組合の長たちの中で、〔最高の〕商人組合の長として尊敬されている。所有に対するあらゆる貪著《とんじやく》を断ち切るために、資産家（居士《こじ》）*たちの中で、最高の資産家として尊敬されている。忍耐と柔和の力を確立させるために、クシャトリヤ（王侯・武士）たちの中で、最高のクシャトリヤとして尊敬されている。

高慢、思い上がり、尊大さを追い出すために、バラモンたちの中で、最高のバラモンとして尊敬されている。すべての王のなすべきことである政治を法にかなったものに導くために、大臣たちの中で、最高の大臣として尊敬されている。王としての享楽や地位に対する執着を断ち切るために、王子たちの中において、最高の王子として尊敬されている。婦人や少女を教化するために、後宮《こうきゅう》の女性たちの中において、最高の宦官《かんがん》であるかのように尊敬されている。

§6　平凡な善行が勝れているということを会得させるために、普通の人々に随順して生活する。帝王の地位が無常であることを示すために、〔神々の帝王である〕シャクラ神（帝釈天）たちの中で、最高のシャクラ神として尊敬されている。卓越した知が具わっていることを示すために、ブラフマー神たちの中で、最高のブラフマー神として尊敬されている。あらゆる衆生を保護するために、世界の保護者〔である四天王〕たちの中で、最高の世界の保護者として尊敬されている。

実に、以上のように、リッチャヴィ族のヴィマラキールティは、このように巧みなる方便を用いる無量の知を具えていて、ヴァイシャーリーという大都城に住んでいた。

方便として病を現す

§7　そのヴィマラキールティが、巧みなる方便によって自分自身に病を現した。そのヴィマラキールティが病気になって、ヴァイシャーリーという大都城の王や、大臣、宰官、王子たちと、眷属《けんぞく》、バラモンと資産家たち、商人組合の長、市民、臣民、またその他の幾千もの多くの病気見舞いの人々がやって来た。

身体の頼りなさについての説法

§8　リッチャヴィ族のヴィマラキールティは、やって来たそれらの人々に対して、〔地・水・火・風の〕四大元素からなるこの身体についての法を説いた。

「皆さん、この身体は、このように無常《むじょう》であり、このように堅固《けんご》なものではなく、このように頼りにならないものである。このように力が弱く、このように堅牢《けんろう》であることなく、このように老衰していて、このように貧弱なものである。このように苦なるものであり、このように苦悩に満ちたものであり、このように変化する性質を持ち、このように多くの病気の入れ物である。皆さん、これが身体なのである。賢い人は、その身体を頼みとするべきではないのだ。

§9　皆さん、この身体は、泡沫《ほうまつ》の塊りのようなものであり、撫《な》でさすることに耐えられない。この身体は、泡のようなものであり、永く存続することはない。この身体は、陽炎《かげろう》のようなものであり、煩悩の渇愛《かつあい》から生じているのだ。この身体は、中に堅固なものがないことから、芭蕉《ばしよう》（バナナ）の茎のようなものである。ああ、何ということか。この身体は、機械のようなものであって、骨が筋肉でつながれている。この身体は、幻のようなもので、顚倒《てんどう》した誤った考えによって生じている。

この身体は、夢のようなものであって、虚妄《こもう》を見ているのだ。この身体は、影のようなものであって、過去世の行ない（宿業《しゆくごう》）の結果の顕現によって現れているのだ。この身体は、諸々《もろもろ》の因縁《いんねん》に依存して成り立っているから、反響《こだま》のようなものである。この身体は、雲のようなものであって、心が混乱し、分散する性質があるのだ。この身体は、稲光の閃光《せんこう》のようなものであって、瞬間ごとに壊滅すること（刹那滅《せつなめつ》）に余念がなく、留まることがないのだ。この身体は、主宰者のないものであって、さまざまな因縁によって生じているのだ。

§10　この身体は、大地のように作用のないものである。この身体は、水のようなものであって、非我《ひが》である。この身体は、火のようなものであって、寿命がない。この身体は、風のようなものであって、個我がない。この身体は、虚空《こくう》のようなものであって、固有の性質（自性《じしょう》）がない。

§11　この身体は、実在しないものであって、〔地・水・火・風の四〕大元素からなる住居である。この身体は空《くう》であって、我れ（我《が》）も、我がもの（我所《がしょ》）もないのである。この身体は、草や、木や、壁、土塊《つちくれ》、幻影のようなものであって、無感覚なものである。この身体は、自分で動くことのないものであって、風で動く装置につながれたものとして存在している。

この身体は、無益なものであって、きたなくて、〔膿《うみ》などの〕悪臭を発するものが蓄えられている。この身体は、空《むな》しいものであって、香油を擦《す》りこんだり、撫《な》でさすったり、散布したりしても、摩滅する性質を持っている。この身体は、四百四の病気*によって悩まされる。この身体は、古びた井戸のようなものであり、常に年老いることに打ち負かされているのだ。

ああ、何ということか。この身体は、常に終焉《しゅうえん》に接しているのであり、死を結末とするものである。この身体は、死刑執行人や、毒蛇のようなものであり、また、空《くう》にして住むもののない村のようなものであって、五陰《ごおん》（五蘊《ごうん》）・十八界《じゅうはちかい》・十二入《じゅうににゅう》*の結合によって構成されたものである。そこで、あなたたちは、このような身体に対して、失望と無関心を生ずるべきである。そして、如来の身体に対して熱望する思いを生ずるべきである。

如来の身体を生じるもの

§12　皆さん、如来の身体とは、実に法身《ほっしん》*のことであり、布施《ふせ》をすることから生じ、戒を持《たも》つことから生じ、三昧《さんまい》（瞑想）から生じ、智慧《ちえ》から生じ、解脱《げだつ》から生じ、解脱したことを自覚する知見（解脱知見《げだつちけん》）から生じるのだ。慈しみ（慈《じ》）や、憐《あわ》れみ（悲《ひ》）、喜び（喜《き》）、偏見・差別を捨てて他者を平等に利すること（捨《しゃ》）〔からなる四無量心《しむりょうしん》〕から生じるのだ。

　布施すること、自己抑制、精神の集中から生じ、忍耐と柔和から生じ、堅固に努力精進《しょうじん》した善根《ぜんこん》から生じ、四種の禅定《ぜんじょう》（四禅）、八種の解脱（八解脱）、三種の三昧《さんまい》（三三昧）、八種の等至《とうじ》（八等至）*から生じ、聞くことによって学ばれた智慧と方便から生じるのだ。

　覚りを助ける三十七の修行法（三十七助道法《さんじゅうしちじょどうほう》）から生じ、〔禅定による〕心の寂静《じゃくじょう》（止《し》）と観察（観《かん》）から生じ、仏に特有の十種の智慧の力（十力《じゅうりき》）から生じ、〔説法における〕四つの畏れなきこと（四無畏《しむい》）から生じる。ブッダに具わる十八種類の特別の性質（十八不共仏法《じゅうはちふぐうぶっぽう》）から生じ、〔布施《ふせ》、持戒《じかい》、忍辱《にんにく》、精進《しょうじん》、禅定《ぜんじょう》、智慧《ちえ》の〕すべての完成（六波羅蜜《ろくはらみつ》）から生じるのだ。〔六種の〕神通（六通《ろくつう》）と、〔三種の〕明知《みょうち》（三明《さんみょう》）から生じ、あらゆる悪の本質を断ち切っていることから生じ、あらゆる善の本質の獲得から生じ、真実から生じ、真理から生じ、注意深さ（不放逸《ふほういつ》）から生じるのだ。

皆さん、如来の身体は、数えることもできないほどの立派な行ない（業《ごう》）から生じるのであり、あなたたちは、その如来の身体に対して熱望する思いを生ずるべきである。だから、あらゆる衆生のあらゆる煩悩と病気を断絶させるために、この上ない正しく完全な覚り（阿耨多羅三藐三菩提《あのくたらさんみゃくさんぼだい》）へ向けて心を発《おこ》すべきである」

§13　このように、リッチャヴィ族のヴィマラキールティは、集まってきたそれらの病気見舞いの人たちに、それぞれの場合に応じて法を説いた。その結果、幾百・千もの多くの衆生は、この上ない正しく完全な覚りへ向けて心を発した。

《四天王》須弥《しゅみ》山《せん》の中腹にあって仏法を守護する東の持国天《じこくてん》、南の増長天《ぞうちょうてん》、西の広目天《こうもくてん》、北の多聞天《たもんてん》たち。**《転輪聖王》**古代インドにおける理想的な帝王。武力ではなく、ダルマ（法）によって統治するとされた。**《得られた富を自分だけで享受することを願うことはない》**ここには、仏教の経済思想が反映されている。仏教の経済思想については、中村元著『仏典のことば』（岩波現代文庫）の第一章「経済的行為の意義――仏教と経済倫理」に詳しい。中村博士は、そこにおいて「原始仏教では、富の蓄積を説きながら、その財富をあまねく人びとに享受せしめよと説く」（八九頁）と述べている。**《資産家（居士）》**グリハパティは、グリハ（家）とパティ（主人）の複合語で、「居士《こじ》」「家長」を意味していたが、貨幣経済の進展とともに、王族およびバラモンに次ぐ階級として現れた資産家を意味するようになった。特に商工業に従事する実業家や資産家を意味する（拙著『思想としての法華経』六七頁参照）。**《四百四の病気》**漢訳では「百一の病悩」と数が四分の一になっている。四百四病は、人体を構成するとされる地・水・火・風の四大元素の各元素の不順によってそれぞれの元素について百一の病があるとするので、「四百四」となる。漢訳の「百一」は、一つの元素についての数といえよう。**《五陰（五蘊）・十八界・十二入》**この箇所を中公版は「（五つの）蘊や（六つの）界や（十二の）処」としているが、これは、「陰界入《おんかいにゅう》」と訳され、それぞれの数は、五陰（五蘊）、十二入（十二処）、十八界とするべきである。五陰は、人の肉体と精神を五つの集まりとしてとらえたもので、色（身体）・受（感受作用）・想（表象作用）・行（意志作用）・識（認識作用）からなる。十二入は、知覚を生じる十二の場、すなわち眼《げん》・耳《に》・鼻《び》・舌《ぜつ》・身《しん》・意《い》の六つの感覚器官（六根）と色《しき》・声《しょう》・香《こう》・味《み》・触《そく》・法《ほう》の六つの対境（六境）のことである。十八界は、この十二入に、眼識・耳識・鼻識・舌識・身識・意識の六つの認識作用（六識）を合わせたものである。仏教では、認識を六根（感官）、六境（客観）、六識（主観）の三者の和合によって成立すると考えた。**《法身》**ダルマ・カーヤの漢訳。

ダルマが「法」、カーヤが「集まり」「身体」という意味で、「法の集まり」「法を身体とするもの」という意味で用いられることがあるが、ここでは「法によって生じた身体」という意味で用いられている。《禅定、解脱、三昧、等至》いずれも心を集中して静かに瞑想することを意味する。この四語は定型句のように用いられることが多い。「四禅」は、欲界の迷いを超えて色界に生ずるための四段階の瞑想を意味する。「八解脱」は、三界の煩悩を離脱して解脱する八種の瞑想のこと。「三三昧」は、あらゆるものごとを空（実体がない）・無相（差別相がない）・無願（欲望を離脱している）と見る瞑想のこと。「八等至」は、色界の四禅と無色界の四定（空無辺処定・識無辺処定・無所有処定・非想非非想処定）の八つのこと。

【解説】

『維摩経』の主人公ヴィマラキールティがここで登場してくる。その人物像について詳細な紹介がなされる。まず、在家の資産家でありながら、出家した修行者の行状を完全に具えているだけなく、智慧の完成（般若波羅蜜）から生じたものであり、巧みなる方便に通達し、雄弁さを具え、衆生の意向と行ない、能力を知悉《ちしつ》してそれぞれに適切な法を説くことができる菩薩《ぼさつ》だという。しかも、ブッダと同じ行状に立っているともある。

人々を導くためには、賭博場、学校、娼婦の館、酒場などにも出入りするが、それによって道を踏み外すことはない。それは、天台大師智顗《ちぎ》（五三八〜五九八）の「仏は、性悪《しょうあく》を断ぜずといえども、しかもよく悪に達す。悪に達するをもっての故に、悪において自在なり。故に悪の染する所とならず。修悪《しゅあく》起こるを得ず。故に仏永く復《ま》た悪無し。自在をもっての故に、広く諸悪の法門を用いて衆生を化度《けど》す。終日これを用いて、終日染まらず」（『観音玄義』）という一節を思い合わせれば理解できよう。

仏は性質、性分《しょうぶん》としての悪（性悪）を断じてはいない。性質としての悪は持っていて、しかも悪の本質に通達し、悪の本質を見極めている。だから、悪に囚《とら》われることがなく自由自在であり、悪に染められることもなく、現実の行為としての悪（修悪）が起こることはない。仏には永く悪の行為はなく、悪において自在である。だからこそ、広く諸の悪についての法門を説いて衆生を教化し救うことができる——というのである。

そのヴィマラキールティが、巧みなる方便によって自らに病を現した。見舞いに訪れた人たちに対して、泡沫の塊りや、泡、陽炎、芭蕉の茎、夢、影、反響などのはかないものを例に挙げて、身体がいかに無常で、苦悩に満ち、頼りとならないものであるかを説いて聞かせた。その上で、如来の身体を熱望するべきであると説いた。その如来の身体は何かといえば、法身だという。

法身は、ダルマ・カーヤの漢訳語である。ダルマが「法」、カーヤが「集まり」という意味で、「法の集まり」というのが当初の意味であった。ところが、カーヤに「身体」という意味もあることから、次第に「法を身体とするもの」という意味で用いられるようになり、ついには「法身如来」という表現も出て来る。それは、普遍的真理である「法」の人格化であり、我々が体現するものとしてあった普遍的真理としての「法」が、崇《あが》め、すがるべき対象に取って代わられたことを意味する。それは、一神教的絶対者と類似したものといえよう。仏教ではそのような絶対者的存在を立てることはないのであって、仏教本来の思想とは異なるものである（詳細は橋爪大三郎・植木雅俊著『ほんとうの法華経』三二三〜三二四頁、および植木訳『サンスクリット版縮訳　法華経　現代語訳』二七三〜二七七頁を参照）。

長尾雅人氏が、法身について「宇宙の理法、宇宙の真理、すなわち法性というものがそのまま仏身である、すなわち法身である」（『「維摩経」を読む』、一〇七頁）と語られているのは、まさにその法身如来（宇宙仏）のことである。

長尾氏は、如来の身体としての法身をそのように解釈して、§12の結論を「われわれの肉体が血や肉や、膿《うみ》や鼻じる、等々のかたまりなのにくらべて、如来の身体は徳の塊りであります。ですから如来の法身をねがいなさい。この肉体ではなく」（一〇八頁）と解釈しておられる。

ところが§12では、布施・持戒・忍辱・禅定・精進・智慧の完成（六波羅蜜）や、慈・悲・喜・捨を他者のために尽くす四つの際限のない心の働き(四無量心)、説法における四つの畏れなきこと(四無畏)などを挙げて、法身はそれら「から生じるのだ」と繰り返されている。この表現からすると、「法身」は「法から生じた身体」「法によって生じた身体」「法を実現している身体」という意味で用いられていることが理解できよう。

ヴィマラキールティは、「無常で頼りにならない身体に失望し、如来の身体を熱望するように」と説いているが、それは現在の身体を離れたところに如来の身体としての法身があると言っているのではないことを理解すべきである。

第一章では、ブッダの国土は、人間とかけ離れた別世界にあるとするのではなく、人間(衆生)に即したものとして説かれていた。ここも、如来の身体は人間とかけ離れたところではなく、人間に即したものとして説かれているのだ。我々の肉体は、はかなく頼りない身体にすぎないものだが、法を体現することによって我々に如来の身体が生じるのであり、それを法身と呼んでいる。人間離れした絶対者的な法身如来のことではない。

第一章で釈尊は、ブッダの国土の清浄さが見えない人たちに、ブッダの国土の荘厳を見せつけた。本章でヴィマラキールティは、肉体のはかなさに気づかず、我が身に法身を体現することを求めようとしない人たちに、自らは法身を得ていながら敢《あ》えて病になってみせた――ということであろう。それが、本章のタイトル「考えも及ばない巧みなる方便」の意味することであろう。

第三章前半　声聞と菩薩に見舞い派遣を問う（弟子品第三）

ヴィマラキールティの思いに応えて

§1　その時、リッチャヴィ族のヴィマラキールティ（維摩詰）の心に次の思いが生じた。

「私は、病になって苦しみ、寝台に臥《ふ》している。けれども、正しく完全に覚られた尊敬されるべき如来は、私のことを知ることなく、私を哀れんで病気の見舞いに誰かを遣《よこ》されることはないのだろうか？」

§2　すると、世尊は、リッチャヴィ族のヴィマラキールティの考えていることを察知された。

否定されたシャーリプトラの瞑想

そこで、世尊は、尊者シャーリプトラ（舎利弗）におっしゃられた。

「シャーリプトラよ、あなたは、リッチャヴィ族のヴィマラキールティの病気見舞いに行くがよい」

世尊からこのように言われて、尊者シャーリプトラは、世尊に次のように言った。

「世尊よ、私は、リッチャヴィ族のヴィマラキールティの病気見舞いに行くことに耐えられません。それは、どんな理由によってでしょうか？　世尊よ、私は、思い出します。ある時、私は、〔多くの木々の中の〕とある木の根もとで瞑想《めいそう》していました。すると、リッチャヴィ族のヴィマラキールティが、その木の根もとのところへ近づいてきて、私に次のように言いました。

§3　『尊者シャーリプトラよ、あなたのようなやり方で瞑想することを企てるべきではない。三界において身体も、あるいは心も現ずることがないように、そのように〔あなたは〕瞑想するべきである。〔心の働きがすべて尽き果てた〕滅尽定《めつじんじょう》（滅受《めつじゅ》想定《そうじょう》＊）に背を向けずに、〔行《ぎょう》・住《じゅう》・坐《ざ》・臥《が》の四つからなる〕すべての威儀《いぎ》において現ずるように、そのようにあなたは瞑想するべきである。

覚りを達成したという特徴を棄てることなく、凡人の諸々《もろもろ》の特徴において現ずるように、そのようにあなたは瞑想するべきである。あなたの心が、自分の中にあるのでもなく、自分を離れて活動しているのでもないように、そのようにあなたは瞑想するべきである。あらゆる誤った見解（邪見）に行き着くことを避けることなく、覚りを助ける三十七の修行法（三十七助道法《さんじゅうしちじょどうほう》）において現ずるように、そのようにあなたは瞑想するべきである。〔六道における〕生存領域の循環（輪廻《りんね》）に繋《つな》がれた煩悩を断ち切ることなく涅槃《ねはん》に入るように、そのようにあなたは瞑想するべきである。尊者シャーリプトラよ、このように独居して実践する人たちの瞑想を、世尊は認可されるのである』と。

§4　世尊よ、私は、この言葉を聞いて、黙り込んでしまいました。その後、私は、それに対して返答をすることができませんでした。それ故に、私は、その良家の息子の病気見舞いに行くことに耐えられません」

否定されたマウドガリヤーヤナの説法

§5　そこで、世尊は、尊者マハー・マウドガリヤーヤナ（大目犍連《だいもっけんれん》）*におっしゃられた。

「マウドガリヤーヤナよ、あなたは、リッチャヴィ族のヴィマラキールティの病気見舞いに行くがよい」

マウドガリヤーヤナもまた、言った。

「世尊よ、私は、その善き人（善士《ぜんし》）の病気見舞いに行くことに耐えられません。それは、どんな理由によってでしょうか？　世尊よ、私は、思い出します。ある時、ヴァイシャーリーという大都城のとある門のところで、私は資産家たちのために法を説いていました。すると、リッチャヴィ族のヴィマラキールティが、私に近づいてきて、次のように言いました。

§6『尊者マウドガリヤーヤナよ、白い衣服を着ている〔在家の〕家長に対して、尊者のようなやり方で法を説くべきではない。尊者マウドガリヤーヤナよ、法は、まさにその法のままに説かれるべきなのだ。尊者マウドガリヤーヤナよ、実に法は、衆生でないものであり、衆生の塵芥《ちりあくた》を除き去ったものである。法は我《が》のないものであり、愛欲の塵芥を除き去ったものである。

生命のないものであり、生まれたり死んだりすることを離れている。〔生存領域を循環する輪廻の主体としての〕個我がなく、過去の際と未来の際とも分断されている。法は寂静《じゃくじょう》であり、諸々の相が消滅している。欲望を離れていて、対境に依存することがない。法は文字〔で表現されること〕のないものであり、言葉によるあらゆる表現が断たれているのである。説かれることがなく、〔人生に襲ってくる飢・渇・寒・暑・貧・迷の六つの苦悩の〕あらゆる波を離れている。

あらゆるものに行きわたっていて、虚空に等しいものである。色や特徴、形態がなく、いかなる〔形での〕顕在化も離れている。法は無我であり、〔何かを〕我がものとすることを離れている。認識・判断することがなく、心と意や、識別〔する働き〕を離れている。比較相対することがないので、等しいもの〔として比べるもの〕がない。原因としての特徴を欠いていて、縁が帰属するものもない。法は真理の世界〔法《ほう》界《かい》）に入っていて、あらゆるものごと（一切法）と結ばれている。随順しないという合一によって、あるがままの真理（真如）と一致している。完全に不動であることから、真実の極限に達している。

六つの感覚器官（六根《ろっこん》）の対象に依存しないことから、動ずることがない。留まることのないことから、どこかあるところへ行くことも来ることもないのだ。実体がないこと（空性《くうしょう》）に心を集中し、特徴がないこと（無相《むそう》）を顕示していて、欲望を離れていること（無願《むがん》）を特徴としている。推論も否定も離れている。投げ上げることもなく、下に置くこともない。生ずることも、滅することも離れている。〔自己の根底に執着すべき〕拠《よ》り所（アーラヤ）がなく、眼《げん》・耳《に》・鼻《び》・舌《ぜつ》・身《しん》・意《い》の〔六つの感覚器官（六根）の行く〕道を超越している。高められることもなく、低められることもない。安住して、不動に達していて、いかなる形での顕在化も離れている。

§7　尊者マハー・マウドガリヤーヤナよ、このような法にとって、説くということが何の役に立つのか。尊者マハー・マウドガリヤーヤナよ、説法ということ、それは言葉を増大（増益《ぞうやく》）させることである。〔それを〕聞く人たちもまた、まさに言葉を増大させることによって聞いているのである。尊者マウドガリヤーヤナよ、増大する言葉が存在しないところにおいて、法は説かれることもなく、聞かれることもなく、知られることもないのだ。それは、あたかも幻術によって作り出された人が、幻術によって作り出された人たちのために法を説くようなものである。

§8　まさにこのように心を定めることによって、法は説かれるべきである。また、衆生の能力の善しあしによって、あなたは法を説くべきである。鋭敏な視力を持った智慧《ちえ》で見ることによって、大いなる憐れみの心を具《そな》えた顔になって、大いなる乗り物（大乗《だいじょう》）を称讃《しょうさん》することによって、ブッダから受けた恩を知ることによって、意向が清らかであることによって、法の語源的説明についての規則を知っていることによって、〔仏・法・僧の〕三宝の系譜を断絶させないために、あなたは法を説くべきである』

§9　世尊よ、そのヴィマラキールティは、そのように法を説きました。その結果、この資産家の聴衆の中から八百もの資産家たちが、この上ない正しく完全な覚り（阿《あ》耨多羅三藐三菩提《のくたらさんみゃくさんぼだい》）に向けて心を発《おこ》しました。そして、私は黙り込んでしまいました。それゆえに、世尊よ、私は、その善き人の病気見舞いに行くことに耐えられません」

否定されたマハー・カーシャパの乞食行

§10　そこで、世尊は、尊者マハー・カーシャパ（大迦葉《だいかしょう》）*におっしゃられた。
「マハー・カーシャパよ、あなたは、リッチャヴィ族のヴィマラキールティの病気見舞いに行くがよい」

マハー・カーシャパもまた、言った。

「世尊よ、私は、その善き人の病気見舞いに行くことに耐えられません。それは、どんな理由からでしょうか？　世尊よ、私は、思い出します。〔ある時、〕私は、食べ物を乞うために貧民街に行きました。そこで、リッチャヴィ族のヴィマラキールティが私に近づいてきて、次のように言いました。

§11『あなたは、〔食べ物を乞うために〕高貴な家系の家を避けて、貧しい家系の家だけに近づくのだから、尊者マハー・カーシャパの憐れみ（悲《ひ》）と慈しみ（慈《じ》）は、偏っているのだ。尊者マハー・カーシャパよ、あなたは、あらゆるものごとの平等性に立脚するべきである。常に一切衆生を念じつつ、施食《せじき》を求めるべきである。〔食べ物を〕受け取ることは、受け取らないことによって得るべきである。あなたは、他人の食べ物に対する執着を離れるために、食べ物を求めて〔乞食《こつじき》を〕実行するべきである。〔食べ物を乞う時は、〕村にはだれも住んでいない（空《くう》）と念じつつ村に入るべきである。男性と女性を〔覚りへ向けて〕成熟させるために、あなたは町に入るべきである。〔この家は、〕ブッダの高貴な家系に属している〔と念ずる〕ことによって、あなたは、家々に近づくべきである。

§12 施食《せじき》は、受けないことによって受けるべきである。色《いろ》・形《かたち》は、生まれつきの盲目と等しいことによって見られるべきである。諸々《もろもろ》の音声は、反響《こだま》に似ていることによって聞かれるべきである。諸々の香りは、風に似ていることによって嗅《か》がれるべきである。諸々の味は、認識・判断しないことで賞味されるべきである。諸々の接触は、接触なく知ることをもって接触されるべきである。〔あらゆる〕ものごと（諸法《しょほう》）は、幻術で作り出された人の認識・判断によって〔なされるように〕認識されるべきである。

自己に固有の本性がなく、また他者に固有の本性がないもの、それは〔自《おの》ずから〕燃え上がることはない。燃え上がることのないものは消滅することもない。

§13　もしも、大徳マハー・カーシャパが、〔八正道の反対である〕八つの誤り（八邪法《はちじゃほう》）を離れることなく、八つの解脱（八解脱《はちげだつ》）に入り、誤りの平等性によって正しい在り方の平等性に入り、〔たった〕一つの施食であらゆる衆生に施しをなし、すべてのブッダたちと、すべての聖者たちに捧《ささ》げて、その後に自分で食べるとしよう。そのように食べるなら、その結果として、汚れているのでもなく、汚れを離れているのでもなく食べるのだ。精神集中しているのでもなく、〔精神集中から〕出ているのでもなく、生存領域を循環する輪廻の中に留まることもなく、涅槃の中に留まることもなく食べるのである。

尊者であるあなたのために施食を捧げる人たちには小さな果報もなければ、大きな果報もないであろう。失うこともなく、繁栄（増益《ぞうやく》）をもたらすこともないであろう。

〔それが〕ブッダの進まれた道に分け入ることであって、声聞の進む道に分け入ることではないのだ。このように、大徳マハー・カーシャパは、国土から得られた食べ物を有効に食べるべきである』

§14 世尊よ、その私は、法についてのこの詳述を聞いて、不思議な思いにとらわれ、私は、すべての菩薩たちに敬礼しました。在家の人でさえも、実にこのような雄弁さを具えている。〔その説法を聞いて〕だれが、この上ない正しく完全な覚りへ向けて心を発《おこ》さないであろうか？ それ以来、私は、大いなる乗り物（大乗《だいじょう》）を除いて、声聞のための乗り物（声聞乗《しょうもんじょう》）、あるいは独覚に到るための乗り物（独覚乗《どっかくじょう》）へと衆生をあらかじめ教化することは決してありませんでした。それ故に、世尊よ、私は、その良家の息子の病気見舞いに行くことに耐えられません」

否定されたスブーティの乞食行

§15 そこで、世尊は、尊者スブーティ（須菩《しゅぼ》提《だい》）*におっしゃられた。

「スブーティよ、あなたは、リッチャヴィ族のヴィマラキールティの病気見舞いに行くがよい」

スブーティもまた、言った。

「世尊よ、私は、その善き人の病気見舞いに行くことに耐えられません。それは、ど

んな理由によってでしょうか？　世尊よ、私は、思い出します。ある時、私は、ヴァイシャーリーという大都城に食べ物を乞うために行き、リッチャヴィ族のヴィマラキールティの邸宅に食べ物を乞うために入りました。リッチャヴィ族のヴィマラキールティは、その私の鉢を取って、卓越した食べ物で満たしてから、次のように言いました。

§16『尊者スブーティよ、もしもあなたが、食の平等性によってあらゆるものごと（一切法《いっさいほう》）の平等性に通達し、さらにあらゆるものごとの平等性によってブッダの在り方（法）の平等性に通達するのであれば、あなたはこの施食《せじき》を受け取るがよい。尊者スブーティよ、もしもあなたが、貪愛、憎悪、迷妄〔、すなわち貪欲《とんよく》・瞋恚《しんに》・愚癡《ぐち》の三毒*〕を打ち破ることなく、しかもそれら〔の三毒〕と一緒にあることもないならば、もしもあなたが、このように存在する身体〔という誤った見解（有身見《うしんけん》）〕を打ち壊さないで一つのものに向かっていく道に入るならば、しかも、あなたが、無知（無明《むみよう》）と存在への愛着（有愛《うあい》）を根絶することなく知と解脱を生じるならば、〔無《む》間《けん》の〕逆罪《ぎやくざい》*の平等性〔を覚知すること〕によってあなたに三昧《さんまい》（瞑想）と解脱があるならば、あなたが解脱するのでもなく束縛されるのでもないならば、また、あなたが、四つの聖なる真理（四聖諦《ししようたい》*）を見るのでもなく四つの聖なる真理を見ないのでもないならば、果を獲得して〔聖者となって〕いるのでもなく、凡人〔の部類〕に入ることもなく、聖者でもなく、聖者でないのでもないならば、あらゆる法を具えていることと、あらゆる法に近づいていることのいずれでもないならば、〔あなたはこの施食《せじき》を受け取るがよい」。

§17 もしも、あなたが師〔であるブッダ〕を見ることもなく、法を聞くこともなく、教団（僧伽《そうぎゃ》）に親近《しんごん》することもなく、それらの六師外道*であるものたち——すなわち、プーラナ・カーシャパ（富蘭那迦葉《ふらんなかしょう》）、マスカリン・ゴーシャーリープトラ（末《ま》伽梨拘賒梨子《かりくしゃりし》）、サンジャヤ・ヴァイラーシュトゥリカプトラ（刪闍夜毘羅胝子《さんじややびらちし》）、カクダ・カーティヤーヤナ（迦羅鳩駄迦旋延《からくだかせんねん》）、アジタ・ケーシャカンバラ（阿耆多翅舎《あぎたぎしゃ》欽婆羅《きんばら》）、ニルグランタ・ジュニャーティプトラ（尼犍陀若提子《にけんだにゃくだいし》）——それらの六師が、尊者スブーティにとっての師であり、それらの六師外道を頼って出家し、どこであれ、それらの六師が行くところに聖者スブーティも行くならば、あなたはこの施食を受け取るがよい。

§18 友よ、あなたは、すべての誤った見解に陥っていて、両極端と中道についての正しい見解に達していない。しかも、あなたは〔仏法を聴聞することを妨げる生まれの〕八つの不遇（八難《はちなん》）に陥っていて、幸運な瑞相《ずいそう》を得ていない。あなたは、煩悩と等しいもので、汚れを得ている。すべての衆生に争うことがないならば、尊者スブーティにもまたその争うことはないのだ。あなたによって、布施《ふせ》は浄化されることはない。尊者スブーティに施食を施す人たちを、あなたは悪道に陥らせるであろう。あなたは、すべての悪魔とともに手を一つになしていて、すべての煩悩があなたの同伴者たちである。諸の煩悩の持つそのような本性は、尊者スブーティの本性なのだ。あらゆる衆生に対して、あなたには殺人者の心が現れている。あなたは、すべてのブッダ（仏《ぶつ》）たちを非難しているし、すべてのブッダの教え（法《ほう》）を非難し、あなたは、教団（僧《そう》）に対して随順することはない。従って、あなたは決して完全なる滅度に入ることはないであろう。あなたが、そのようであるならば、この施食を受け取るがよい』

§19　世尊よ、法についてこのように詳述されたのを聞いて、私は十方が真っ暗になりました。『その時、私はこのヴィマラキールティに何と言えばいいのでしょうか？　また、私はどのように答えればいいのでしょうか？』と。私は、その鉢を置き去りにして、その家から出て行こうとしました。すると、リッチャヴィ族のヴィマラキールティが、私に次のように言いました。

『尊者スブーティよ、私の言葉を恐れないで、この鉢を受け取るがよい。尊者スブーティよ、あなたは、それをどう考えるか？　もしも、如来によって人が化作《けさ》されて後、だれかある人が、〔その化作された人から〕以上のように言われるとしたら、その人は恐ろしく思うだろうか？』

私は、言いました。

『良家の息子よ、実にこれは、そうではありません』

ヴィマラキールティが、私に次のように言いました。

『尊者スブーティよ、化作された幻影の本性を持つあらゆるものごと（一切諸法《いっさいしょほう》）に対して恐れるべきではない。それは、どんな理由からか？　それらの言説は、実にすべてが、このように〔幻のような〕そのような性質を持つものであり、賢い人たちは、文字に執着することなく、それらを恐れることもないからだ。それは、どんな理由からか？　それらの文字は、すべて文字の自性《じしょう》を離れたものである。解脱を確立して後、あらゆるものごとは文字の自性を離れた解脱の相を持つのだ』

§20　この説法がなされている時、二百人の神々の子（天子《てんし》）たちの、ものごと（諸法）に対する真理を見る眼（法眼《ほうげん》）が汚れのない無垢《むく》なものに清められました。さらに、五百人の神々の子たちに、随順して真理を認める知（随順忍《ずいじゅんにん》）の獲得がありました。そして、私は黙り込んでしまいました。私は、それ以後、このヴィマラキールティに対して返答をすることができませんでした。それゆえに、私は、その善き人の病気見舞いに行くことに耐えられません」

§21　そこで、世尊は、尊者プールナ・マイトラーヤニープトラ（富楼那彌多羅尼《ふるなみたらに》子《し》＊）におっしゃられた。

「プールナよ、あなたは、リッチャヴィ族のヴィマラキールティの病気見舞いに行くがよい」

プールナもまた、言った。

「世尊よ、私は、その善き人の病気見舞いに行くことに耐えられません。それは、どんな理由からでしょうか？　世尊よ、私は、思い出します。ある時、森の中のとある場所で新学の男性出家者たちのために、私は法を説いていました。

そこへ、リッチャヴィ族のヴィマラキールティが近づいてきて、私に次のように言いました。

§22『尊者プールナよ、禅定に入って後、これらの男性出家者たちの心を観察してから、法を説くがよい。宝石でできた卓越した器に、粗末な食べ物を入れてはならない。先《ま》ず第一に、これらの男性出家者たちが、どのような意向をもっているかということを知るがよい。琉璃《るり》という宝石をガラス玉と同じにしてはならない。

尊者プールナよ、衆生の能力（機根《きこん》）を観察しないで、勝《すぐ》れた能力を持つ人を狭小な能力を持つことに抑え込んではならない。傷のない状態に傷をつけてはならない。大いなる道に趣くことを願っている人たちを、嘲笑《ちょうしょう》される道に導いてはならない。大海の水を牛の足跡に入れてはならない。太陽の光を蛍の光で生じさせようとしてはならない。師子の雄叫《おたけ》びを発するものたちを、ジャッカル（野干《やかん》）の鳴き声を発するものたちの中に引き込んではならない。

尊者プールナよ、実にこれらの男性出家者たちのすべては、かつて大いなる乗り物（大乗《だいじょう》）によって出で立《い》ったものたちであるが、今は覚りを求める心（菩提心《ぼだいしん》）を忘れ去ってしまっているのだ。

尊者プールナよ、それらの男性出家者たちのために、声聞のための乗り物（声聞乗《しょうもんじょう》）を説いてはならない。声聞のための乗り物は、実に悪しきものである。私にとって、声聞たちは衆生の能力に種々の違いがあると知ることにおいて、生まれつきの盲目であるように見えるのだ』

§23　するとその時、リッチャヴィ族のヴィマラキールティは、三昧《さんまい》に入りました。その結果、それらの男性出家者たちは、多くの過去の生存を思い出しました。それらの男性出家者たちは、既に正しく完全な覚りの獲得のために五百人のブッダたちを崇敬して、善い果報をもたらす立派な行ない（善根）を積んでおり、それらの男性出家者たちに、その覚りを求める心が現れました。

それらの男性出家者たちが、その善き人の両足を頭におしいただくことによって敬礼して、そこに坐《すわ》り、合掌して後、それらの男性出家者たちが退転することなく、この上ない正しく完全な覚りへと到達するように、その善き人は、それらの男性出家者たちのために説法をなしました。

§24〔世尊よ、私は次のように思います。『声聞は、他者の心や思いを理解しないのだから、誰に対しても、法を説くべきではありません。それは、どんな理由からでしょうか？　声聞は一切衆生の能力（機根）の利・鈍について知ることに熟練していないし、正しく完全に覚った尊敬されるべき如来のように、常に三昧《さんまい》を得ているのではないからです』と〕。* それゆえに、世尊よ、私は、その善き人の病気見舞いに行くことに耐えられません」

否定されたカーティヤーヤナの解説

§25　そこで、世尊は、尊者カーティヤーヤナ（迦旃延《かせんねん》）*におっしゃられた。

「カーティヤーヤナよ、あなたは、リッチャヴィ族のヴィマラキールティの病気見舞いに行くがよい」

カーティヤーヤナもまた、言った。

「世尊よ、私は、その善き人の病気見舞いに行くことに耐えられません。それは、どんな理由からでしょうか？　世尊よ、私は、思い出します。ある時、世尊は、男性出家者たちのために簡明に教えを説かれました。その後、それらの男性出家者たちのために、私は、経の文句を敷衍《ふえん》して、真理の教え（法）、すなわち無常の意味、苦の意味、無我の意味、寂滅の意味について説きました。そこへ、リッチャヴィ族のヴィマラキールティが近づいてきて、私に次のように言いました。

§26『尊者カーティヤーヤナよ、法の本性（法性《ほっしょう》）を、心の働きを伴っているもの、〔すなわち〕生ずることと、滅することに結びついたものとして説いてはならない。尊者マハー・カーティヤーヤナよ、要するに、過去に生じたこともなく、未来に生じることもなく、現在に存在していることもなく、過去に滅したこともなく、未来に滅することもないこと、これが無常の意味である。〔色《しき》・受《じゅ》・想《そう》・行《ぎょう》・識《しき》の〕五つの集まり（五陰《ごおん》）＊には、空の本性に随順して、生じることもなく、滅することもないという意味があるということ、これが苦の意味である。我と無我に具わる不二ということ、これが無我の意味である。自性《じしょう》もなく、また他性《たしょう》もないもの、それは〔自ずから〕燃え上がることはない。燃え上がることのないもの、それは寂滅することはない。完全に寂滅していないということ、これが寂滅の意味である』。

§27　さて、この教えが説かれている間に、それらの男性出家者たちの心は、漏《い》れ出づる煩悩から自由になって、解脱しました。それゆえに、世尊よ、私は、その善き人の病気見舞いに行くことに耐えられません」

否定されたアニルッダの天眼

§28 そこで、世尊は、尊者アニルッダ（阿那律《あなりつ》）＊におっしゃられた。

「アニルッダよ、あなたは、リッチャヴィ族のヴィマラキールティの病気見舞いに行くがよい」

アニルッダもまた、言った。

「世尊よ、私は、その善き人の病気見舞いに行くことに耐えられません。それは、どんな理由からでしょうか？

§29 世尊よ、私は、思い出します。〔ある時〕私は、とある経行《きょうぎょう》の場所でそぞろ歩きしていました。そこへ、〝美麗に荘厳《しょうごん》されたもの〟（厳浄《ごんじょう》）という名前のブラフマー神が、一万人のブラフマー神たちと一緒に、その場所を輝かせながら、私のいるところへと近づいてきて、私の両足を頭におしいただくことによって敬意を表し、一隅に立って、私に次のように言いました。

『尊者アニルッダは、神通を得た眼（天眼《てんげん》）によってどれほど遠くまで見えるのか？』と。

そのブラフマー神に、私は次のように言いました。

『友よ、あたかも手の平の中に置かれたマンゴーの果実を見るように、私は、シャーキャムニ世尊のブッダの国土であるこの三千大千世界《さんぜんだいせんせ》《かい》を見ています』

§30　この話をなし終えると、リッチャヴィ族のヴィマラキールティが、その場所へ近づいてきました。近づいてから、私の両足を頭におしいただくことによって敬意を表し、次のように言いました。

『尊者アニルッダよ、神通を得た眼は、形成される性質を持つのか、あるいは形成されることのない性質を持つのか。その神通を得た眼が、もしも形成される性質を持つならば、〔それは、仏教以外の〕外道《げどう》の五つの神通力（五通《ごつう》）と同じである。しかも、形成される性質を持つことがないならば、形成されないということは無為《むい》ということである。従って、〔その神通を得た眼で〕見ることはできないのだ。それなのに、大徳は、どのようにして見るのか？』

私は、黙り込んでしまいました。

§31　そして、そのブラフマー神は、その善き人であるヴィマラキールティのこの説法を聞いて、不思議な思いにとらわれ、その善き人に敬礼し、次のように言いました。

『世間において、だれが神のような眼を持つ人たちであろうか？』

ヴィマラキールティが言いました。

『世間において、禅定に入っている状態を断つことのない世尊であるブッダたちは、神通を得た眼を持つ人たちであり、あらゆるブッダの国土を見ておられるのだ。また、対立的な二元論が有力となることはないのだ』と。

§32 すると、そのブラフマー神と一万人の侍者たちは、この説法を聞いて、高潔な心によってこの上ない正しく完全な覚りへ向けて心を発《おこ》しました。そのブラフマー神は、私と、その善き人に敬礼し、挨拶《あいさつ》して、まさにそこで消え去りました。そして、私は黙り込んでしまいました。それ故に、私は、その善き人の病気見舞いに行くことに耐えられません」

否定されたウパーリの持律

§33 そこで、世尊は、尊者ウパーリ（優波離《うばり》*）におっしゃられた。

「ウパーリよ、あなたは、リッチャヴィ族のヴィマラキールティの病気見舞いに行くがよい」

ウパーリもまた、言った。

「世尊よ、私は、その善き人の病気見舞いに行くことに耐えられません。それは、どんな理由からでしょうか？　世尊よ、私は、思い出します。ある時、二人のある男性出家者たちが罪に陥り、その二人は世尊に対して恥じ入りつつ、世尊に近づくことができませんでした。その二人は、私のいるところへ近づいてまいりました。そして、私に次のように言いました。

『尊者ウパーリよ、私たち二人は、罪に陥ってしまいました。私たちは、恥じ入っていて世尊に近づくことができません。それ故に、尊者ウパーリよ、激励のために私たちの後悔を断ち、私たちを罪から抜け出させてください』

§34　世尊よ、私は、それらの二人の男性出家者たちに、法にかなった話によって説き示しました。すると、リッチャヴィ族のヴィマラキールティが、その場所にやって来ました。そのヴィマラキールティが私に次のように言いました。

『尊者ウパーリよ、この二人の男性出家者を縛りつけてはならない。この二人の罪を断つべきであり、その罪をさらに汚してはならない。尊者ウパーリよ、罪は自己の内にあるのでもなく、外側にあるのでもなく、その両者の中間に認められるのでもないのだ。それは、どんな理由からか？　世尊がまさに言われた。〈心の汚れから衆生は汚され、心の浄化から衆生は清められるのだ〉と。

尊者ウパーリよ、心は自己の内にあるのでもなく、外側にあるのでもなく、その両者の中間に認められるのでもないのだ。心がそうであるように、罪もそうである。罪がそうであるように、あらゆるものごと（一切法）もそうである。あるがままの真理（真如《しんにょ》）を超えることはないのだ。尊者ウパーリよ、心に具わる本性、尊者の心を解脱させる心の本性——その心の本性は、少なくとも汚されたことがあるのか？』

私は言いました。

『そのようなことは、ありません』

ヴィマラキールティが言いました。

『尊者ウパーリよ、すべての衆生の心は、汚されることのない本性を持っている。

§35　尊者ウパーリよ、妄想《もうそう》は汚れであり、分別がなく、妄想のないことが〔心の〕本来の在り方である。顚倒《てんどう》は汚れであり、顚倒していないことが本来の在り方なのである。自我が有ると考えて、ものごとに自我を帰属させることは汚れである。ものごとに自我は帰属していないことが本来の在り方なのである。尊者ウパーリよ、あらゆるものごとは、生じては滅するものであり、存在し続けることはない。幻や、雲、稲光の閃光《せんこう》のようなものである。あらゆるものごと（一切法）は、他を待つことなく生滅して、瞬時も留まることはない。あらゆるものごとは、夢や陽炎《かげろう》のようなものであり、真実でないものを見ているのだ。あらゆるものごとは、水に映った月、〔鏡に映った〕像のようなものであり、心の妄想分別によって生じているのである。このように知る人たちが戒律を持《たも》つもの（持律者）と言われるのだ。このように教導されている人たちがよく教導された人たちなのである』

§36　その時、その二人の男性出家者たちは、次のように言いました。

『この男性在家信者（優婆塞《うばそく》）は、智慧を具え、戒律を持つものである。けれども、世尊が持律者の中の第一と決定された尊者ウパーリは、そうではありません』と。

私は、その二人に次のように言いました。

『二人の男性出家者たちよ、このヴィマラキールティに対して、〔単なる在家の〕資産家という思いを生じてはならない。それは、どんな理由からか？　声聞《しょうもん》であれ、菩薩であれ、この人の雄弁をさえぎる人は、如来を除いて、だれもいないからだ。このヴィマラキールティの智慧の光明はこのようなものである』

§37　すると、その二人の男性出家者たちは、後悔の念を制圧し、高潔な心でまさにこの上ない正しく完全な覚りへ向けて心を発《おこ》しました。そして、その善き人に敬意を表して、次のように言いました。

『あらゆる衆生が、このような雄弁の獲得者となりますように』

それ故に、私は、その善き人の病気見舞いに行くことに耐えられません」

否定されたラーフラによる出家の称讃

§38　そこで、世尊は、尊者ラーフラ（羅睺羅《らごら》）*におっしゃられた。

「ラーフラよ、あなたは、リッチャヴィ族のヴィマラキールティの病気見舞いに行くがよい」

ラーフラもまた、言った。

「世尊よ、私は、その善き人の病気見舞いに行くことに耐えられません。それは、ど

んな理由からでしょうか？

世尊よ、私は、思い出します。ある時、多くのリッチャヴィ族の若者たちが、私のいるところへと近づいてきて、私に次のように言いました。

『ラーフラよ、あなたは、あの世尊の実の息子です。〔あなたも、普遍的帝王である〕転輪聖王《てんりんじょうおう》の王国を捨てて、出家されました。そこにおいて、あなたが出家したことの功徳と称讃はどのようなものでしょうか？』

私が、それらのリッチャヴィ族の若者たちに、出家することの功徳と称讃について順当に説いていると、私のいるところへリッチャヴィ族のヴィマラキールティが、近づいてきました。そのヴィマラキールティが、私に敬意を表して後に、次のように言いました。

§39『尊者ラーフラよ、出家することの功徳と称讃を、あなたのようなやり方で説くべきではない。それは、どんな理由からか？　功徳のないこと、称讃のないことこそが、出家することなのだ。尊者ラーフラよ、有為《うい》による顕現のあるところ、そこには功徳と称讃があろう。けれども、出家することは無為《むい》になることであり、無為には功徳もなければ称讃もないのだ。

この上ない正しく完全な覚りへ向けて発心することが出家

尊者ラーフラよ、出家ということは、形のないものであり、形を離れたものである。安らぎ（涅槃《ねはん》）への道であり、賢い人たちの称讃するものであり、聖者たちの受け入れるものであり、すべての悪魔を征服するものであり、〔地獄・餓鬼・畜生・人・天からなる〕五種類の生存領域（五趣《ごしゅ》）＊から救済するものであり、五種類の眼（五眼《ごげん》）＊を清めるものであり、五種類の力（五力《ごりき》）の獲得をもたらすものであり、五種類の感覚器官（五根《ごこん》）の拠《よ》り所である。

他人を害することがなく、悪い法と混じり合うことのないものであり、仏教以外の外道《げどう》を打ち破るものであり、言葉によって概念を設定すること（仮名《けみょう》）を超越するものであり、泥沼における橋であり、世間的な執着がなく、我がものという執着を離れて、受け入れることがなく、執着を離れていて困惑がなく、困惑を断ち切っていて、自分の心を凝視し、他者の心を守っていて、禅定《ぜんじょう》による心の静止に随順しており、あらゆる面において非難されるべきではないものである。これが、出家と言われるのだ。このように出家する人たちこそが立派に出家した人なのである。

§40　若者たちよ、あなたたちは、よく説かれた法（真理の教え）と律《りつ》（出家者の守るべき規則）のもとで出家するがよい。ブッダの出現は、実に得がたいのである。〔ブッダと出会う恵まれた〕境遇を得ることは得がたいし、人間の身体を獲得することは得がたいのだ』

すると、それらの若者たちは、次のように言いました。

『資産家よ、私たちは聞きました。如来は、母と父*が許さなかった人を出家させられなかった』と。

その資産家は、それらの若者たちに言いました。

『若者たちよ、あなたたちは、この上ない正しく完全な覚り（無上等正覚《むじょうとうしょうかく》）に向けて心を発し、修行によって完成するがよい。あなたたちにとって、それこそが出家することであり、それが具足戒《ぐそくかい》を受けること（受戒《じゅかい》）であろう』

§41　その時、三十二人のリッチャヴィ族の若者たちが、この上ない正しく完全な覚りに向けて心を発しました。それゆえに、世尊よ、私は、その善き人の病気見舞いに行くことに耐えられません」

否定されたアーナンダの如来の病についての認識

§42　そこで、世尊は、尊者アーナンダ（阿難《あなん》）*におっしゃられた。

「アーナンダよ、あなたは、リッチャヴィ族のヴィマラキールティの病気見舞いに行くがよい」

アーナンダが言った。

「世尊よ、私は、その善き人の病気見舞いに行くことに耐えられません。それは、どんな理由からでしょうか？　世尊よ、私は、思い出します。ある時、世尊の身体に何か病がありました。そのため、牛乳を必要としておりました。その私は、とあるバラモンの大きな家の門柱の根もとに、鉢を持って立っていました。

するとリッチャヴィ族のヴィマラキールティが、そこへやってきました。そのヴィマラキールティは、私に敬意を表して後、次のように言いました。

§43　『尊者アーナンダよ、あなたはどうしてこんな早朝に鉢を持って、この家の門の前に立っているのか？』

そのヴィマラキールティに、私は次のように言いました。

『資産家よ、世尊の身体に何か病があります。それで、牛乳が必要となり、私はそれを求めています』

そのヴィマラキールティは、私に次のように言いました。

『尊者アーナンダよ、決してそのように言ってはならない。尊者アーナンダよ、如来の身体は、実に金剛石《ダイアモンド》のように堅固なものである。あらゆる悪しき観念を打ち破り、あらゆる大いなる福徳と、正しい法を具えておられるのだ。その世尊の身体に何ゆえに病があろうか？　何ゆえに苦悩があろうか？

§44　尊者アーナンダよ、何も言わずに立ち去るがよい。世尊をそのように謗《そし》ってはならない。さらにまた、他のだれかにそのように語ってはならない。大いなる福徳を具えた神々の子たちや、他のブッダの国土から集まってきている菩薩たちに、聞かれることがないように。

尊者アーナンダよ、善い果報をもたらす立派な行ない（善根）をわずかしか積んでいない転輪聖王にも、病は見られないのだ。ましてや、無量の善根を具えておられるその世尊に、どうして病があろうか？　病のある状態は見出《みいだ》されないのだ。尊者アーナンダよ、行け。行くがよい。私に恥をかかせるでない。

仏教以外の外道である、逍遥《しょうよう》するバラモンの弟子、遊行者《ゆぎょうしゃ》、ニルグランタ教徒（ジャイナ教徒）、アージーヴァカ教徒たちにも、聞かれることがないように。それらの外道のものたちに、次のような思いが生じることがないように。

〈ああ、何ということか。このように、自分で自分の病気を救うこともできないこの人たちのその師匠は何なのだろうか？　それで、どうして衆生を病気から救済することができるのだろうか？〉と。

故に、尊者アーナンダよ、こっそりと、速やかに立ち去るがよい。だれかが聞くことがないように。

§45　しかるに、尊者アーナンダよ、如来たちは、真理（法）によって身体を生じたもの（法身《ほっしん》）であり、食べ物によって身体を維持するもの（飲食身《おんじきしん》）ではないのだ。

如来たちは、超世間的な身体を持ち、あらゆる世間の在り方を超越しておられるのだ。如来の身体は、苦痛がなく、あらゆる汚れが取り除かれているのである。如来の身体は、無為《むい》であって、あらゆる計算を離れているのだ。尊者アーナンダが、その如来に病があると考えるということは、不適切なことであり、妥当なことではないのだ』

§46 世尊よ、私に大きな恥じ入る思いが生じました。『私は、世尊のそばで誤って聞くこと、あるいは誤って理解することをなしたのではなかろうか』と。

その時、私は、空中からの声を聞きました。

『アーナンダよ、資産家ヴィマラキールティが説いたこと、それは、その通りである。しかしながら、世尊は、〔時代・思想・煩悩・衆生・寿命の〕五つの濁り（五濁《ごじょく》）＊の盛んな悪世において出現されるのであり、〔それだからこそ〕世尊は、衆生を意義のない、粗雑で、貧賤《ひんせん》な行ないを通して教化されるのだ。アーナンダよ、それ故に、牛乳を受け取って、あなたは立ち去るがよい。恥じ入ることはない』と。

§47 世尊よ、リッチャヴィ族のヴィマラキールティの質問と説明、説法は、このようなものでした。それ故に、世尊よ、私は、その善き人の病気見舞いに行くことに耐えられません」

§48 このように、病気見舞いに行くことに耐えられないそれらの五百人の声聞たちは、その旨、世尊に告げた。そして、それらの五百人の声聞たちが、リッチャヴィ族のヴィマラキールティと交わした会話と対話、それらのすべてを世尊に申し上げた。

《滅尽定（滅受想定）》禅定において、感受作用（受）も表象作用（想）も滅尽して働かないこと。**《マハー・マウドガリヤーヤナ（大目犍連）》**神通第一の弟子で、神通によって釈尊の身辺の護衛を行なっていたという。初めはシャーリプトラとともに懐疑論者サンジャヤの弟子であったが、そろって釈尊の弟子となった。**《マハー・カーシャパ（大迦葉）》**衣食住において少欲知足に徹する頭陀行《ずだぎょう》第一の弟子で、教団の長者として、釈尊滅後の仏典結集において中心的役割を果たした。**《スブーティ（須菩提）》**解空《げくう》第一の弟子。『増一阿含経《ぞういつあごんきょう》』第六で「恒《つね》に空《くう》の定《じょう》を楽しみ、空の義を分別するは、所謂《いわゆる》、須菩提比丘《びく》是なり」と評されている。小乗仏教で注目されることはなかったが、大乗仏教で重視された。**《三毒》**人の心を汚し毒する根本的な三つの煩悩で、貪欲（貪り）・瞋恚（憎悪）・愚癡（愚かさ）のこと。**《逆罪》**五逆罪のことで、①父を殺す、②母を殺す、③阿羅漢《あらかん》を殺す、④教団を分裂させる（破僧《はそう》）、仏身より血を出だす——からなる。最も重い罪とされ、これを犯すと無間《むけん》地獄に堕するとされる。**《四つの聖なる真理（四聖諦）》**生きる上での苦を乗り越えるための四つの真理。①苦諦《くたい》（この世は苦であるという真理）、②集諦《じったい》（煩悩と妄執が苦の因であるという真理）、③滅諦《めったい》（苦の因を滅するという真理）、④道諦《どうたい》（覚りを得るための実践という真理）——の四つ。**《六師外道》**釈尊の時代にガンジス河中流域のマガダ国を中心に活動していた六人の自由思想家のこと。すなわち、

①道徳否定論者＝プーラナ・カーシャパ（富蘭那迦葉《ふらんなかしよう》）、②決定論者＝マスカリン・ゴーシャーリープトラ（末伽梨拘賒梨子《まかりくしやりし》）、③不可知論者＝サンジャヤ・ヴァイラーシュトゥリカプトラ（刪闍夜《さんじやや》毘《び》羅胝子《らちし》）、④要素論者＝カクダ・カーティヤーヤナ（迦羅鳩駄迦旃延《からくだかせんねん》）、⑤唯物論者・快楽論者＝アジタ・ケーシャカンバラ（阿耆多翅舎欽婆羅《あぎたぎしやきんばら》）、⑥ジャイナ教の開祖＝ニルグランタ・ジュニャーティプトラ（尼犍陀若提子《にけんだにやくだいし》）。**《プールナ・マイトラーヤニープトラ（富楼那彌多羅尼子）》**説法第一の弟子。マイトラーヤニーは母で、鹿野苑《ろくやおん》での初転法輪で最初に覚ったカウンディヌヤ（憍陳如）の妹で、プールナはその息子（プトラ）である。**《世尊よ、私は次のように思います。『声聞は……常に三昧《さんまい》を得ているのではないからです』と》**この〔　〕内の部分は、貝葉写本にはないが、チベット語訳から補った。いずれの漢訳にも、次のような対応箇所がある。「是れ自従《よ》り来《このかた》、我れ念《おも》うに、弟子は未《いま》だ人を観察せずんば、法を為《な》す可《べ》からず」（支謙訳）、「我れ念《おも》うに、声聞は人根を観ぜず、説法に応《ふさ》わしからず」（鳩摩羅什訳）、「時に我が世尊は、是《か》くの如《ごと》き念《おも》いを作《な》したまう。諸の声聞人は有情《うじよう》の根《こん》性《じよう》の差別を知らず。如来に白《もう》さずして、応《まさ》に輒《すなわ》ち爾《なんじ》、他の為《ため》に法を説く可からず」（玄奘訳）。**《カーティヤーヤナ（迦旃延）》**論議第一の弟子で、哲学的論議をなすことに長《た》けていた。**《五陰》**色（物質・肉体）、受（感受作用）、想（表象作用）、行（意志作用）、識（認識作用）の五つの集まり（蘊）のことで、人間存在を肉体と精神の両面からとらえたもの。五蘊ともいう。**《アニルッダ（阿那律）》**天眼第一の弟子。釈迦族の生まれで、釈尊のいとこに当たる。障礙《しようげ》を超えて見通す不思議な精神力を持っていたとされる。**《ウパーリ（優波離）》**カピラヴァストゥの出身で、理髪師であったが、釈尊が

帰郷した折に出家を申し出た。戒律を守ることに秀でていて、持律第一といわれた。釈尊滅後の仏典結集では、戒律編纂《へんさん》の中心的役割を果たした。**《ラーフラ（羅睺羅）》**釈尊の実子。出家後はシャーリプトラのもとで修行し、不言実行の人で密行第一と言われた。**《五種類の生存領域（五趣）》**地獄・餓鬼・畜生・人・天からなる五つの生存領域の事。上座部《じょうざぶ》、説一切有部《せついっさいうぶ》などは、この五趣（五道）説を固持していたが、犢子部《とくしぶ》は阿修羅を加えて六趣（六道）説を唱えた。ここでは、以下に「五眼」「五力」「五根」と「五」のつく言葉が並ぶので、それに合わせたのであろう。**《五眼》**①肉眼《にくげん》（凡夫の肉身に具わる煩悩具足の眼）、②天眼《てんげん》（肉眼で見えないものまで見通す超人的な眼）、③慧眼《えげん》（ものごとを正しく観察する智慧の眼）、④法眼《ほうげん》（真理を見通す眼）、⑤仏眼《ぶつげん》（覚りを開いたものに具わる眼）――のこと。**《母と父》**母が先で父が後という順番は、男尊女卑の著しい儒教の国、中国では「父母」というように逆にして漢訳された。**《アーナンダ（阿難）》**多聞第一の弟子。釈尊のいとこで、侍者として二十五年釈尊に仕え、説法を聞く機会が最も多かった。釈尊滅後の仏典結集では釈尊の言葉を諳《そら》んじる役割を果たした。阿難陀、あるいは阿難と音写される。**《五濁》**①劫濁《こうじょく》（時代の濁り）、②見《けん》濁《じょく》（思想の乱れ）、③煩悩濁《ぼんのうじょく》（燃え盛る煩悩による濁り）、④衆生濁《しゅじょうじょく》（衆生の資質が衰えること）、⑤命濁《みょうじょく》（衆生の寿命が短命になること）――の悪世における五つの汚れのこと。

【解説】

第三章のタイトルは、「声聞《しょうもん》と菩薩《ぼさつ》に見舞い派遣を問う」となっているが、問われる対象が「声聞と菩薩」となっていることから、すべての漢訳では、声聞に対する話と、菩薩に対する話の二つに区切っている（鳩摩羅什訳の場合は、「弟子品第三」と「菩薩品第四」というように）。

方便として病になった在家の菩薩ヴィマラキールティは、第三章に入って、釈尊がだれかを見舞いに遣《よこ》すことはないのだろうかと考えた。その思いを察知した釈尊は、十大弟子たちに「ヴィマラキールティの病気見舞いに行くがよい」と次々に問いかけた。けれども、智慧第一や、説法第一、解空《げくう》第一など出家の十大弟子たちのすべては、かつてヴィマラキールティからやり込められた苦い思い出があり、ことごとく病気見舞いに行くことを固辞し、ヴィマラキールティから言われたことをそれぞれが語った。

まず、智慧第一とされるシャーリプトラがヴィマラキールティにやり込められたのは、瞑想において覚りと迷いを対立的なものとして、一方を否定して他方を肯定するという在り方であった。小乗仏教の修行者は、迷いを脱却したところに覚りがあるとか、ブッダ（目覚めた人）を人間離れしたものに祀《まつ》り上げ、凡人であることを否定して得られるとか、日常を超越したところに聖なる境地があるなどと考えていた。これでは、現実に生きた人間とは無縁のものとなってしまう。あくまでも、仏教の真理は現実に生きる人間を離れて存在しない――そのように瞑想すべきであるということをヴィマラキールティは主張している。原始仏典では、ブッダになるということは、法に目覚め、"真の自己"に目覚めることであった。それは人格の完成であり、最も人間的であり、〝偉大なる凡夫〟になることだと言い換えることができよう。

続いて、神通第一とされるマウドガリヤーヤナ（目犍連《もっけんれん》）は、在家の資産家たちに法を説いていて、説法の在り方について注意された。法は、生滅を離れ、文字や言葉で表現できないものである。法を法のままに説くことは困難なことで、それを言葉で説くということは、無いものを有るということになり、それを聞く人も、さらに意味を膨らませて余計な意味を増大させてしまう。マウドガリヤーヤナは、こうしたことを自覚しないまま小乗仏教の型にはまった教えを説いていたのであろう。ヴィマラキールティは、言葉の限界を自覚し、衆生の能力の善しあしを知悉して、法を説くべきだと諭した。

三番目は、衣食住のすべてにおいて欲望を振り払っていて頭陀行《ずだぎょう》第一と言われたマハー・カーシャパが、乞食《こつじき》の在り方でたしなめられた。それは、高貴な家を避けて貧しい家だけに近づいて食べ物を乞うていたからだ。これをとらえて、マハー・カーシャパの慈悲が偏頗《へんぱ》であるとして、あらゆるものに対する平等性に立って一切衆生のことを念じて乞食をすべきだと語った。その偏頗さを超越し、執着心に囚われない乞食《こつじき》の在り方として、〝受け取らないことによって受け取る〟ということが示される。

四番目は解空第一とされるスブーティの回想である。よりによって、ヴィマラキールティの邸宅に托鉢《たくはつ》に行ってしまった。ヴィマラキールティは、鉢に食べ物を満たして言った。「食の平等性を通じてあらゆるものの平等性に達し、さらにブッダという在り方の平等性に通達するのであれば、これを受け取るがよい」と。部分を通じて全体を見通し、一を聞いて十を知る智慧の有無を問いただす。さらに、いくつかの無理難題を並べ立てて、スブーティを混乱に陥れる。スブーティが鉢を置きっぱなしにして逃げ出そうとすると、今度は、「化作された幻の人から何か言われても、何も恐れることはない。賢い人は、言葉や文字に執着することはないので、恐れることはないのだ」とたしなめられる。これでは、スブーティは手玉に取られているだけで、黙り込むしかなかった。

五番目は説法第一とされたプールナ・マイトラーヤニープトラが、新学の出家者たちに対して説法していたことについて指摘がなされた。プールナは説法第一とは言っても、小乗仏教の教えを説いていた。新学の出家者たちは、勝れた教えを求める汚れなき器であり、そこには勝れた教えを盛るべきだとして、ヴィマラキールティは、宝石づくりの皿に粗末な食べ物を盛ってはいけない。宝石をガラス玉と同じにしてはならない。せっかくブッダの勝れた教えを求めているのに、声聞のための貧弱な教え（小乗）を説いてはならない、法を説く時には、相手の能力を知らなければいけないと諭した。

六番目は論議第一とされたカーティヤーヤナである。釈尊が、①諸行無常《しょぎょうむじょう》（すべての形成されたものは、無常である）、②諸法無我《しょほうむが》（あらゆるものごとには不変の実体はない）、③一切皆苦《いっさいかいく》（色《しき》・受《じゅ》・想《そう》・行《ぎょう》・識《しき》の五陰《ごおん》は無常であるが故に一切は苦しみである）、④涅槃寂静《ねはんじゃくじょう》（ニルヴァーナは安らぎである）――の四法印を説かれた後に、カーティヤーヤナがそれを敷衍《ふえん》して説いたが、生滅の心に囚われて説いていたのであろう。ヴィマラキールティに、法の本性を生滅という心の働きと結びついたものとして説いてはならないと注意された。

七番目は天眼第一のアニルッダで、ブラフマー神（梵天）に自らの神通を得た眼を自慢していた。ヴィマラキールティは、その眼が形成されたものであるならば、仏教以外の外道の神通力と同じであるし、形成されたものでないならば、生ずることも滅することもない無為のものであり、見ることはできないはずだ――と矛盾を突きつけた。

八番目は持律第一のウパーリで、二人の罪に陥った修行者に相談され、彼らが犯した罪がどのようなもので、その罪の重さを語って聞かせていたのであろう。ヴィマラキールティは、それでは罪の意識を増大させるだけである。罪と言っても実体があるのではない。実体のないものを取り除くことなどできはしない。心は本来清らかなものので、妄想や顚倒した思いによって汚されているだけであって、妄想分別を取り除いてやるべきだと語って聞かせた。

九番目は、密行第一のラーフラである。リッチャヴィ族の若者たちの質問に答えて、ラーフラは、王位継承者の身分を捨てて出家した功徳と称讃について語っていた。ヴィマラキールティは、出家とは世俗的な価値観を超越することであり、功徳や称讃に囚われていること自体がそれは、出家とは言えないと考えた。この考えを推し進めれば、出家という従来の形式にとらわれることなく、世俗的な価値観を超越しているのであれば、出家という形式にこだわる必要はないことになる。だから、世間的な執着がなく、我がものという執着を離れて、自分の心を凝視し、他者の心を守っていて、禅定という心の静止に随順しているならば、その人こそが〝出家〟だということになる。大乗仏教、特に『維摩経』の在家主義がここに強調される。

第十はアーナンダである。アーナンダは、世尊が病になられたことを文字通りに受け取って、牛乳を調達しに来た。ヴィマラキールティは、無量の善根を具えておられる世尊にどうして病があろうか、と語って聞かせた。すると空中から声がして、世尊は悪世の衆生を導くためにそのような病の姿を示されるのだと告げた。ヴィマラキールティが方便によって自らに病を現したように、世尊も同じだということだ。

このように、十大弟子をはじめとして五百人の声聞（男性出家者）たちが一様に在家の菩薩ヴィマラキールティの病気見舞いには行くことができないと告白した。

第三章後半　声聞と菩薩に見舞い派遣を問う（菩薩品第四）

成仏の予言はマイトレーヤに限らず

§49　そこで、世尊は、マイトレーヤ（弥勒《みろく》）菩薩《ぼさつ》におっしゃられた。

「マイトレーヤよ、あなたは、リッチャヴィ族のヴィマラキールティの病気見舞いに行くがよい」

マイトレーヤもまた、言った。

「世尊よ、私は、その善き人の病気見舞いに行くことに耐えられません。それは、どんな理由からでしょうか？　世尊よ、私は、思い出します。ある時、私は、神々の子サントゥシタとともに、またトゥシタ（兜率《とそつ》）天に属する神々の子たちとともに、法についての話、すなわち偉大な人である菩薩たちのもはや退くことのない位（不退転《ふたいてん》地《じ》）について論議しておりました。

するとリッチャヴィ族のヴィマラキールティが、そこへ近づいてきました。その人は、私に次のように言いました。

§50　『マイトレーヤよ、あなたは、この上ない正しく完全な覚り（阿耨多羅三藐《あのくたらさんみゃく》三菩提《さんぼだい》）に到るまで、あと一生だけこの迷いの世界に留《とど》められている（一生補処《いっしょうふしょ》）と、世尊が予言（授記《じゅき》）されている。

では、マイトレーヤよ、過去・未来・現在のうち、どの生によってあなたは何を予言されているのか？　その場合、過去の生は過ぎ去っていて既に滅している。未来の生もまた未《いま》だ来たらざるもので、未だ到達していない。現在の生には、とどまることがない。

まさに世尊がおっしゃられたように、男性出家者よ、あなたは、瞬間瞬間に生まれ、老い、死に、消滅して、再び生まれてくるのだ。不生であることで、〔煩悩を残りなく断じて〕凡夫の生を離れる位（離生位《りしょうい》）に入るのである。けれども、不生では、予言されることがない。また、不生では、覚りを得ることがない。

§51　それ故に、マイトレーヤよ、あなたは、どのようにして一生補処《いっしょうふしょ》を予言されたのか？　あるがままの真理（真如《しんにょ》）の出現によってか？　あるいは、あるがままの真理の消滅によってなのか？　あるがままの真理は、生ずることもなく、消滅することもない。未来に生ずることもないであろうし、消滅することもないであろう。

あらゆる衆生に具《そな》わっているあるがままの真理や、あらゆるものごと（諸法《しょほう》）に具わっているあるがままの真理、あらゆる聖者に具わっているあるがままの真理──そのあるがままの真理こそが、マイトレーヤにも具わっているのである。

もしも、あなたが、そのように予言されたのであれば、〔あなただけでなく、〕あらゆる衆生もまた一生補処を予言されているのだ。それは、どんな理由からか？　あるがままの真理は、対立する二つのものとして顕現することも、相対立《あい》する多様性をもって顕現することも決してないからだ。それ故に、マイトレーヤが、覚りを完全に覚る時、あらゆる衆生もまた、まさに同じ覚りを完全に覚るであろう。

それは、どんな理由からか？　あらゆる衆生が覚知することこそが、覚りであるからだ。また、マイトレーヤが、完全なる滅度に入る時、その時、あらゆる衆生もまた完全なる滅度に入るであろう。それは、どんな理由からか？　あらゆる衆生が完全なる滅度に入らない限り、如来たちは、完全なる滅度に入ることは決してないからだ。あらゆる存在は、完全なる滅度に入っており、涅槃《ねはん》（安らぎ）の本性を具えていることを、それらの如来たちは見ておられるのだ。それ故に、マイトレーヤよ、今、これらの神々の子たちを甘言《かんげん》でそそのかしてはならない。欺《あざむ》いてはならない。

覚りとは何か

§52　覚りにおいては、決してだれもそこへ向けて出発することもないし、そこに背を向けることもないのだ。しかるに、なお、マイトレーヤよ、それらの神々の子たちが抱いている覚りについての妄想分別した考えを捨てさせるがよい。

覚りというものは、身体によって覚られるのでもなく、心によって覚られるのでもないのだ。覚りとは、あらゆる相の寂滅《じゃくめつ》のことである。覚りとは、あらゆる認識対象を妄《みだ》りに建立《こんりゅう》しないことである。覚りとは、あらゆる心の作用を起こさないことである。覚りとは、あらゆる誤った見解を識別することである。覚りとは、あらゆる妄想分別を消滅させることである。覚りとは、あらゆる動きや、思い、動揺のないことである。覚りとは、あらゆる誓願を立てないことである。覚りとは、あらゆる心の囚《とら》われを断って、無執着に入ることである。覚りとは、真理の世界（法界《ほうかい》）の領域に住することである。覚りとは、あるがままの真理（真如《しんにょ》）に随順することである。覚りとは、ものごとの究極の真理（実際《じっさい》）に立つことである。

覚りとは、心とものごとを離れていて、不二ということである。覚りとは、虚空《こくう》と等しいことによって平等なことである。覚りとは、出現も消滅も存続も変化もなく、無為《むい》ということである。覚りとは、一切衆生の心や行ない、意向について知ることである。覚りとは、認識成立の領域（十二処《じゅうにしょ》）に入り口がないということである。覚りとは、〔香りが衣服に染み付いて残存するように〕薫習《くんじゅう》して潜在的余力に帰結するすべての煩悩を離れていて、煩悩と結びついていないことである。覚りとは、適切な場所も不適切な場所もなく、ある場所に位置しているのでもなく、ある地点に住しているのでもないことである。覚りとは、全く見ることのできないものであり、あるがままの真理の中にあるのでもないのだ。覚りとは、その名前は作用のないものであり、ただ名前だけである。覚りとは、取ることも、捨てることもなく、無我である。覚りとは、本性が完全に清められていることで、困惑がないことである。覚りとは、自己に固有の本性（自性《じしょう》）が完全に清められていることで、光り輝いているのだ。覚りとは、認識対象をとらえることを離れていることで、心に囚われがないことである。

覚りとは、あらゆるものごとが平等であると覚ることであるから、あらゆるものごとに差別がないことである。覚りとは、譬喩《ひゆ》による説明を離れているものであり、比較することのできないものである。覚りとは、知りがたいものであることから、量り知れないほどきめ細か（微細）なものである。覚りとは、虚空のような固有の本性を持つことから、普く行きわたっているものである。それは、身体によっても、言葉によっても、心によっても覚ることはできないのだ』

§53　世尊よ、この説法がなされている時、聴衆の中の二百人の神々の子たちに、何ものも生ずることはないという真理を認める知（無生法忍《むしょうぼうにん》）の獲得がありました。そして、私は黙り込んでしまいました。それ故に、世尊よ、私は、その善き人の病気見舞いに行くことに耐えられません」

プラバーヴューハに覚りの座を説く

§54　そこで、世尊は、リッチャヴィ族の若者プラバーヴューハ（光厳《こうごん》）におっしゃられた。

「善き人よ、あなたは、リッチャヴィ族のヴィマラキールティの病気見舞いに行くがよい」

プラバーヴューハもまた、言った。

「世尊よ、私は、その善き人の病気見舞いに行くことに耐えられません。それは、どんな理由からでしょうか？　世尊よ、私は、思い出します。世尊よ、ある時、私は、ヴァイシャーリーの大都城から出ました。その時、リッチャヴィ族のヴィマラキールティが、ヴァイシャーリーの大都城に入ろうとしていました。私は、そのヴィマラキールティに挨拶《あいさつ》して、次のように言いました。

『資産家よ、あなたはどこから来られたのですか？』と。

ヴィマラキールティが、私に次のように言いました。

『私は、覚り（菩提《ぼだい》）の座から来たのだ』。

私は、ヴィマラキールティに言いました。

『覚りの座とは、これは何の名前でしょうか？』

ヴィマラキールティは、私に言いました。

§55 『良家の息子よ、覚りの座ということは、偽りのないことで、意向という座である。行ないを完成するもので、これは、実行という座である。卓越した覚りを完成するもので、これは高潔な心という座である。忘れることがないことで、これは覚りを求める心（菩提心《ぼだいしん》）という座である。

§56 果報を期待しないことで、これは布施という座である。誓願を満足させることで、これは持戒《じかい》という座である。あらゆる衆生と衝突することのない心を持つことで、これは忍耐（忍辱《にんにく》）という座である。不退転であることで、これは努力（精進《しょうじん》）という座である。心が勤勉であることで、これは禅定《ぜんじょう》という座である。ものごとを目《ま》の当たりに明瞭《めいりょう》に見ることで、これは智慧《ちえ》という座である。

§57 あらゆる衆生に対して平等な心を持っていることで、これは慈しみ（慈《じ》）という座である。悲嘆に耐えることで、これは憐《あわ》れみ（悲《ひ》）という座である。法という園林《おんりん》の喜びに満足することで、これは喜び（喜《き》）という座である。愛執と憎悪を断じていることで、これは偏見・差別を捨てて他者を平等に利すること（捨《しゃ》）という座である。

§58 六種の神通（六通《ろくつう》）を具えていることで、これは神通という座である。妄想《もうそう》分別《ふんべつ》のないことで、これは解脱《げだつ》という座である。衆生を〔覚りへ向けて〕成熟させることで、これは方便という座である。あらゆる衆生を包摂することで、これは、衆生を包容して救うための四つのことがら（四摂法《ししょうぼう》）という座である。理解がしっかりしていることから、これは〔聞いて〕学ぶことという座である。理にかなって観察することで、これは、心の洞察という座である。有為と無為を放棄していることで、これは覚りを助ける三十七の修行法（三十七助道法《さんじゅうしちじょどうほう》）という座である。あらゆる世間の人々を欺かないことで、これは四つの聖なる真理（四聖諦《ししょうたい》）という座である。無知（無明《むみょう》）から老・死に至るまでの煩悩の流出（漏《ろ》）がなくなっていることで、これは十二支縁起《じゅうにしえんぎ》という座である。あるがままの真理（真如《しんにょ》）を完全に覚っていることで、これはすべての煩悩を鎮《しず》めることという座である。

§59　一切衆生が無自性《むじしょう》であることで、これは一切衆生という座である。あらゆるものごとが空《くう》であることを完全に覚っていることで、これはあらゆるものごと（一切法）という座である。悪魔に対して動揺しないことで、これはすべての悪魔の打破という座である。〔三界に〕住することがないことで、これは三界という座である。畏《おそ》れず驚かないことで、これは師子吼《ししく》する勇敢さという座である。あらゆる面で非難されるところのないことから、これは十種の智慧の力（十力《じゅうりき》）、〔説法における四種の〕畏れなきこと（四無畏《しむい》）、すべてのブッダに具わる十八種の特別の性質（十八不共仏法《じゅうはちふぐうぶっぽう》）という座である。少しも煩悩の残余を留めないことで、これは三種の明知（三明《さんみょう》）という座である。一切知者の智慧（一切種智《いっさいしゅち》）を完全に覚っていることから、これは一念にあらゆるものごとを余すところなく覚知するという座である。

§60　良家の息子よ、まさに以上のように、菩薩たちが、六つの完成（六《ろく》波《は》羅《ら》蜜《みつ》）と結びつき、衆生を〔覚りへ向けて〕成熟させることと結びつき、正しい教え（正《しょう》法《ほう》）の把握と結びつき、善い果報をもたらす善根と結びついた歩行の足を上げたり、下げたりするあらゆる振る舞いがある限り、それらの菩薩たちのすべては、覚りの座からやってきて、またブッダの教えからやってきて、ブッダの教えの中に住するのである』

§61　世尊よ、この説法がなされている時、五百人の神々と人間たちが覚りへ向けて心を発《おこ》しました。そして、私は黙り込んでしまいました。それ故に、世尊よ、私は、その善き人の病気見舞いに行くことに耐えられません」

ジャガティンダラ菩薩を悩乱する悪魔

§62　そこで、世尊は、ジャガティンダラ（持世《じせ》）菩薩におっしゃられた。

「ジャガティンダラよ、あなたは、リッチャヴィ族のヴィマラキールティの病気見舞いに行くがよい」

ジャガティンダラもまた、言った。

「世尊よ、私は、その善き人の病気見舞いに行くことに耐えられません。それは、ど

んな理由からでしょうか？　世尊よ、私は、思い出します。ある時、自分の精舎《しょうじゃ》で時間を過ごしておりました。その時、悪魔のパーピーヤス（波旬《はじゅん》）*が、シャクラ神の姿をして、楽器を奏で歌を歌いながら、一万二千人の天女*に伴われて、私のいるところに近づいてから、私の両足を頭におしいただくことによって敬意を表し、侍者に伴われて、私に敬礼して後、一隅に立ちました。これは神々の帝王であるシャクラ神だと、私は察知しました。私は、そのシャクラ神に次のように言いました。

『カウシカ（憍尸迦《きょうしか》）よ、あなたは、よく来てくださりました。あなたは、欲望の支配する世界（欲界《よっかい》）のあらゆる喜びの中にあっても、不注意（放逸《ほういつ》）であるべきではありません。諸欲の無常を観察することに集中して、あなたは、身体、生命、財産の堅固さを獲得しているべきであります』

そのシャクラ神は、私に次のように言いました。

『善き人よ、あなたは、これらの一万二千人の天女たちを私からお受け取りください。これらの天女たちを、あなたの侍女としてください』

私は、そのシャクラ神に次のように言いました。

『カウシカよ、あなたは、釈尊の子である沙門《しゃもん》たちに、沙門にふさわしくないものをもって施与《せよ》をなしてはならない。これらの天女たちは、私たちにはふさわしくないのだ』

§63　そして、この話をなし終えると、リッチャヴィ族のヴィマラキールティが近づいてきました。そのヴィマラキールティが、私に次のように言いました。
『良家の息子よ、このものに対してシャクラ神という思いを生じてはならない。これは、悪魔のパーピーヤスであって、あなたを悩乱することを目的として近づいたのだ。これはシャクラ神ではないのだ』

天女に対するヴィマラキールティの説法

そこで、リッチャヴィ族のヴィマラキールティは、その悪魔のパーピーヤスに次のように言いました。

『パーピーヤスよ、お前は、これらの天女たちを我々に与えるべきである。これらの天女たちは、我々にふさわしいのであって、釈尊の子である沙門《しゃもん》たちにではないのだ』

すると、悪魔のパーピーヤスは、恐れ、おののき、口ごもりました。

『リッチャヴィ族のヴィマラキールティによって、私が侮辱されることがないように』

そして、姿を隠そうと思って、すべての神通力を示したけれども、姿を隠すことができませんでした。その悪魔は、空中からの声を聞きました。

『パーピーヤスよ、お前はこの善き人にこれらの天女たちを与えるがよい。そうすれば、自分の宮殿に帰ることができるであろう』

するると、悪魔は、恐れ、おののいて、不本意ながら、それらの天女たちをそのヴィマラキールティに与えました。

§64 そして、ヴィマラキールティは、それらの天女たちを受け取ると、天女たちに次のように言いました。

『あなたたちは、悪魔のパーピーヤスによって私に与えられた。だから今、あなたたちは、この上ない正しく完全な覚りへ向けて心を発すがよい』

その時、そのヴィマラキールティは、それらの天女たちのために覚りへ向けて成熟させる適切な話をなしたので、天女たちは覚りへ向けて心を発しました。そのヴィマラキールティは、それらの天女たちに次のように言いました。

『あなたたちは今、覚りを求める心を発した。あなたたちは今、法という楽園の喜びに満足するべきである。〔色《しき》・声《しょう》・香《こう》・味《み》・触《そく》を対象とする五つの〕世俗的欲望（五《ご》欲《よく》）の喜びに満足するべきではない』

法という楽園の喜び

それらの天女たちが言いました。

『しかしながら、何が法という楽園の喜びなのでしょうか？』

ヴィマラキールティが言いました。

『ブッダ（仏《ぶつ》）に対する破壊されることのない浄信の喜び、真理の教え（法《ほう》）に対して聞くことを熱望する喜び、教団（僧《そう》）に対して親近《しんごん》する喜び、師に対して尊敬し親近する喜び、〔欲界《よっかい》・色界《しきかい》・無色界《むしきかい》の〕三界《さんがい》から出離する喜び、五欲の対象に執着しない喜び、〔色《しき》・受《じゅ》・想《そう》・行《ぎょう》・識《しき》の五つの〕集まり（五陰《ごおん》）に対して死刑執行人のように無常であると観察する喜び、〔地・水・火・風の四〕大元素に対して毒蛇と同等に見なす喜び、〔眼《げん》・耳《に》・鼻《び》・舌《ぜつ》・身《しん》・意《い》の六根《ろっこん》と、その対象である色・声・香・味・触・法の六境《ろっきょう》からなる〕認識成立の領域（十二処《じゅうにしょ》）に対して住む者のいない村のように空虚であると見なす喜び、覚りを求める心（菩提心《ぼだいしん》）を守る喜び、衆生を利益の施しの対象とする喜び、布施《ふせ》において分かち与える喜び、戒において弛緩《しかん》することのない喜び、忍耐において辛抱強く自制する喜び、努力精進《しょうじん》において善い果報をもたらす立派な行ない（善根《ぜんこん》）を完成させる喜び、禅定において心身を整え清める喜び、智慧において煩悩の出現を断った喜び、覚りにおいて拡大する喜び、悪魔を打ち破る喜び、煩悩を殺害する喜び、ブッダの国土を清める喜び、〔三十二種類の〕身体的特徴と〔八十種類の〕副次的な身体的特徴の完成のためにあらゆる善根を積み重ねる喜び、深遠な法を聞いて恐れることのない喜び、解脱への三種類の門〔である空《くう》・無《む》相《そう》・無願《むがん》〕を修習する喜び、涅槃《ねはん》を目標（境《きょう》）とする喜び、覚りの座を荘厳《しょうごん》する喜び、定められた時でなければ〔涅槃に〕達しない喜び、同学の人に親近する喜び、同学でないものに対して憎悪もなく衝突することもない喜び、善き友（善知識《ぜんちしき》）たちに対して奉仕する喜び、悪しき友（悪知識《あくちしき》）たちに対して悪の除去を行なう喜び、法に対して満足と歓喜を抱く喜び、方便において衆生を受け入れる喜び、覚りを助ける〔三十七の修行〕法（三十七助道法《さんじゅうしちじょどうほう》）を怠慢であることなく実践する喜びである。

　まさにこのように、菩薩は、法という楽園の喜びに満足しているのである』

§65　その時、悪魔のパーピーヤスがそれらの天女たちに次のように言いました。

『お前たちは、来るがよい。われわれは、今、自分たちの宮殿に帰るとしよう』

　それらの天女たちは、次のように言いました。

『あなたは、今、この資産家に私たちをお与えになりました。私たちは今、法という楽園の喜びに満足するべきであって、〔色・声・香・味・触を対象とする五つの〕世俗的欲望の喜びに満足するべきではありません』

　すると、悪魔のパーピーヤスは、リッチャヴィ族のヴィマラキールティに次のように言いました。

『資産家よ、あなたは、これらの天女たちを自由にしてください。偉大な人である菩薩というものは、すべての自分の所有を放棄しているものであります』

ヴィマラキールティが言いました。

『天女たちは自由にされるべきである。パーピーヤスよ、あなたは天女たちを連れて行くがよい。あらゆる衆生の法にかなった願望が満たされるべきである』

すると、それらの天女たちが、ヴィマラキールティに敬礼してから、次のように言いました。

『資産家よ、私たちは、どのようにして悪魔の宮殿において過ごすべきでしょうか？』

§66　〝尽きることのない灯火〟という法門

ヴィマラキールティが言いました。

『ご婦人がたよ、〝尽きることのない灯火《ともしび》〟（無《む》尽燈《じんとう》）という名前の法門がある。あなたたちは、その法門の中に入るがよい。そもそも、その〝尽きることのない灯火〟という法門とは何か？　ご婦人がたよ、それは、一つの油の灯火から〔次々に点火されて〕幾百・千もの灯火が点《とも》るようなものである。しかしながら、その灯火には、明るさが減少することはないのだ。

ご婦人がたよ、まさにこのように、一人の菩薩が、幾百・千もの多くの衆生を覚りに立たせるのだ。けれども、覚りを求める心に対するその菩薩の思いは減ることはないし、欠けることもない。それどころか、増大するのである。同様に、あらゆる善き法も、他者のために説き示せば説き示すほど、ますますあらゆる善き法によって高揚されるのである。

これが、その〝尽きることのない灯火〟という名前の法門である。あなたたちは、その悪魔の宮殿に住しつつ、無数の神々の子たちや、天女たちに覚りを求める心を発させるべきである。このようにして、あなたたちは、如来の恩を知るものとなるであろう。また、あなたたちはあらゆる衆生の人生を支えるものとなるであろう』

§67　その時、それらの天女たちは、リッチャヴィ族のヴィマラキールティの両足を頭におしいただくことによって恭《うやうや》しくあいさつしてから、悪魔と一緒に悪魔の宮殿へと出発しました。

世尊よ、リッチャヴィ族のヴィマラキールティには、私が知ることのなかったこれらの卓越した神通力が具わっています。それ故に、世尊よ、私は、その善き人の病気見舞いに行くことに耐えられません」

「スダッタの財物を施す催し」の否定

§68　そこで、世尊は、商人組合長の息子であるスダッタ（須達多《すだった》＊）におっしゃられた。

「良家の息子よ、あなたは、リッチャヴィ族のヴィマラキールティの病気見舞いに行くがよい」

スダッタもまた、言った。

「世尊よ、私は、その善き人の病気見舞いに行くことに耐えられません。それは、どんな理由からでしょうか？　世尊よ、私は、思い出します。私は、ある時、自分の父の邸宅において盛大な施しの催し（施会《せえ》）を行ないました。私は、すべての貧しく困窮している人たちのために、またすべての沙門、バラモン、憐れむべき人、物乞いや、乞食《こつじき》たちのために布施《ふせ》をしました。私は、七日間にわたって盛大な施しの催しを行ないました。

その七日目に、リッチャヴィ族のヴィマラキールティが、盛大な施しの催しの行なわれているその家屋に入ってきて、私に次のように言いました。

『商人組合長の息子よ、あなたのようなやり方で施しの催しは行なわれるべきではない。あなたは、法を施す催しを行なうべきである。あなたの財物を施す催しが、何の役に立とうか？』

私は、そのヴィマラキールティに次のように言いました。

『しかしながら、法を施す催しはどのようにして行なわれるべきでしょうか？』

法を施す催し

ヴィマラキールティが、私に次のように言いました。

§69『〔七日間というような期間もないので〕始まりもなければ、終わりもなく、その法を施す催しによって、あらゆる衆生が完成させられる。これが、法を施す催しである。しかるに、それは、何か？ それはすなわち、覚りの姿をもって大いなる慈しみ（慈《じ》）を生じることであり、正しい教えの獲得をもって大いなる憐れみ（悲《ひ》）を生じることであり、一切衆生の歓喜という縁をもって大いなる喜び（喜《き》）を生じることであり、智慧の獲得をもって偏見・差別を捨てて大いに他者を平等に利すること（捨《しゃ》）を生じることである。

§70 心の静穏と自制をもって布施の完成（檀波羅蜜《だんはらみつ》）を生じることであり、破戒の衆生を〔覚りへ向けて〕成熟させることをもって持戒の完成（尸羅波羅蜜《しらはらみつ》）を生じることであり、無我の教えをもって忍耐の完成（羼提波羅蜜《せんだいはらみつ》）を生じることであり、覚り（菩提《ぼだい》）に向けて専念することによって努力精進の完成（毘梨耶波羅蜜《びりやはらみつ》）を生じることであり、心身を離れることをもって禅定の完成（禅波羅蜜《ぜんはらみつ》）を生じることであり、一切知者の智慧（一切種智《いっさいしゅち》）をもって智慧の完成（般若波羅蜜《はんにゃはらみつ》）を生じることである。

§71 あらゆる衆生を〔覚りへ向けて〕成熟させることをもって空《くう》の本性（空）の

正しい観念を生じることであり、有為《うい》なるものの浄化をもって特徴のないこと（無《む》相《そう》）の観念を生じることであり、意のままに誕生することをもって欲望の離脱（無《む》願《がん》）という観念を生じることである。

§72　正しい教え（正法《しょうほう》）の把握をもって力強い勇敢さを生じることであり、衆生を包容して救うための〔布施《ふせ》・愛語《あいご》・利行《りぎょう》・同事《どうじ》の四つの〕ことがら（四摂法《ししょうぼう》）をもって生命を維持する力（命根《みょうこん》）を生じることであり、あらゆる衆生の奴隷《どれい》や弟子であることをもって慢心のないことを生じることであり、堅実さのない状態から堅実さの感得をもって身体と、生命、財産のための〔堅固さの〕獲得を生じることであり、〔仏・法・僧・戒・施・天の〕六種について念ずること（六念《ろくねん》）をもって正しい想念を生じることであり、感動すべき法（真理の教え）をもって高潔な心を生じることであり、正しい修行をもって生活の完全な浄化を生じることであり、浄信と歓喜による親近《しんごん》をもって聖者に仕えることを生じることであり、聖者でない人たちに対して衝突も憎悪もしないことをもって心の洞察を生じることであり、出家することをもって高潔な心を生じることであり、修行をもって聞くことの巧みさを生じることであり、争うことのない法を理解して荒野（阿蘭若《あらんにゃ》）に住することを生じることであり、ブッダの知を獲得することをもって独居して沈思黙考することを生じることであり、一切衆生を煩悩から解放するヨーガをもってヨーガ実修の階位を生じることである。

§73　三十二種類の身体的特徴（三十二相）と八十種類の副次的特徴（八十種好）を具えることをもって〔覚りへ向けて〕衆生の成熟を生じることであり、ブッダの国土の荘厳をもって福徳の集積を生じることであり、一切衆生の心の願望に応じて法を説くことをもって知の集積を生じることであり、あらゆるものごと（一切法）には来ることも去ることもないという一つの道理を知ることをもって智慧の集積を生じることであり、すべての煩悩、すべての障害、すべての悪しき法を断じることをもってあらゆる善根の集積を生じることである。

§74　一切知者の智慧（一切種智《いっさいしゅち》）の覚知、あらゆる善き法の覚知をもってすべての覚りを助ける三十七の修行法（三十七助道法《さんじゅうしちじょどうほう》）を出現させるのである。

良家の息子よ、これがその法を施す催しなのである。菩薩たちが、その法を施す催しに熟達するならば、その菩薩たちは望まれた施しの催しを行なう人であり、神々に伴われた世間の人々の供養を受けるべき人となるのである』

世尊よ、その資産家がまさにこのように説いている時、そのバラモンの聴衆の中の二百人のバラモンたちが、この上ない正しく完全な覚りに向けて心を発しました。

法を施す催しの完成

§75　また、私は、奇異にして清く澄みきった心になり、その善き人の両足を頭におしいただくことによって敬礼してから、幾百・千金もの値打ちのある真珠の首飾りを首からはずして、差し出しました。ヴィマラキールティは、その真珠の首飾りを受け取りませんでした。

私は、ヴィマラキールティに次のように言いました。

『これを受け取って、だれであれ、あなたの心に納得のゆく人に差しあげてください』

ヴィマラキールティは、その真珠の首飾りを受け取ると、二つに分割しました。*分割した片方の部分は、その施しの催しの行なわれている家屋の中にいた、あらゆる世間の人々から嫌悪されている町で最も貧しい人に与えられました。また、分割した二つ目の部分は、〝征服しがたいもの〟（難勝《なんしょう》）という如来に与えられました。

その結果、すべての聴衆は、その〝陽炎《かげろう》〟という世界と、その〝征服しがたいもの〟という如来を見ました。そして、その真珠の首飾りが、〝征服しがたいもの〟という如来の頭の上で、種々の、見るも美しい、四角形で、四本の柱を持ち、均等に部分ごとによく釣り合いのとれた真珠の首飾りの楼閣として出現したのを見ました。*

§76　そのヴィマラキールティは、この奇跡（神変《しんぺん》）を見せてから、次の言葉を言いました。

『与える人である施主が、如来に対して、供養を受けるに値する人だという思いを抱くように、それと同じように、町で最も貧しい人に対して、差別なく、平等に供養を受けるに値する人だという思いを抱いて、大いなる憐れみの心によって、果報を期待することなく喜捨するならば、これが、法を施す催しの完成なのである』

§77　すると、町で最も貧しいその人は、この奇跡を見て、またこの説法を聞いて、この上ない正しく完全な覚りに向けて心を発《おこ》しました。それ故に、世尊よ、私は、その善き人の病気見舞いに行くことに耐えられません」

§78　以上のように、それらの偉大な人である菩薩たちは、すべて、それらの菩薩たちが経験したその善き人との時々の議論や会話——それぞれ自分の話を語った。そして、病気見舞いに行くことができなかった。

《未来に生ずることもないであろうし》この一節は、貝葉写本には存在しないが、チベット語訳に「〔将来〕生じないであろう」とあることから補った。**《あらゆる聖者に具わっているあるがままの真理》**この一節は、貝葉写本に存在しないが、チベット語訳に「すべての聖者にとって真如であるもの」とあることから補った。すべての漢訳にも、次のように相当語がある。「衆《もろもろ》の聖賢《しょうけん》も亦如《またにょ》なり」（支謙訳、鳩摩羅什訳）、「一切の聖賢も亦如なり」（玄奘訳）。**《パーピーヤス（波旬）》**パーピーヤスはサンスクリット語であり、パーリ語ではパーピマントという。「悪意（パーパ）あるもの」を意味していて、仏や仏弟子を誘惑する悪魔として仏典に登場する。「波旬」は音写した語だというが、音が全く似ていない。当初、「波面」と音写されたのが、書き写す段階で「波旬」と誤写されたのではないかと言われている。**《天女》**ここで「天女」と訳したのは、サンスクリット語のアプサラス（apsaras）であり、第六章で「天女」と訳したデーヴァター（devatā）とは異なる。apsarasは、ap（水）とsaras（湖）の複合語で、「天上に住む水の精女」を意味する。ここでは、悪魔に伴っているので「魔女」とでも訳したほうがいいのかもしれない。デーヴァター（devatā）は、「輝く」を意味する動詞√divから作られたdeva（神）に女性の抽象名詞を作る接尾辞-tāをつけたものである。**《スダッタ（須達多）》**シュラーヴァスティー（舎衛城《しゃえいじょう》）の長者で、貧しく身寄りのない人々に食事を給したことで、給孤独長者《ぎっこどくちょうじゃ》と呼ばれた。ジェータ（jeta、祇陀《ぎだ》）太子の園林を買い取り、祇陀園林精《ぎだおんりんしょう》舎《じゃ》（略して祇園精舎《ぎおんしょうじゃ》）を寄進した。**《真珠の首飾りを受け取ると、二つに分割しました》**「幾百・千金もの値打ちのある真珠の首飾り」を首からはずして与え、それを受け取った人がそれを二つに分割して、他の人に与えるという話は、『法華経』観世音菩薩普門品（植木訳『サンスクリット版縮訳　法華経　現代語訳』、角川ソフィア文庫、三八〇～三八一頁）にも出ている。**《真珠の首飾りの楼閣として出現したのを見ました》**この文章と類似した表現が、次の『法華経』妙荘厳王品にも見られる。「投げ上げられるやいなや、真珠の首飾りは、その世尊の頭上で、よく釣り合いのとれた見るも美しい楼閣となって留まった」（植木訳『サンスクリット版縮訳　法華経　現代語訳』、角川ソフィア文庫、四〇〇頁）

【解説】

十大弟子などの声聞たちがことごとく病気見舞いを辞退したことで、釈尊は続いて菩薩たちに話を持ち掛けた。

まずは、マイトレーヤ（maitreya、弥勒）菩薩に声をかけたが、やはりヴィマラキールティから手厳しくやり込められた経験を語って固辞した。

マイトレーヤは、この上ない正しく完全な覚り（阿耨多羅三藐三菩提《あのくたらさんみゃくさんぼだい》）に到るまで、あと一度の生涯だけこの迷いの世界に留まっている（一生補処《いっしょうふしょ》）と、釈尊から予言（授記《じゅき》）され、釈尊の次に五十六億七千万年後にブッダとなるとされていた。『維摩経』や『法華経』が編纂されたのは、そのようなマイトレーヤ信仰（マイトレーヤ待望論）が盛んになっているころのことであった。

見舞いに行けない理由をマイトレーヤが語った。それは、マイトレーヤが、トゥシタ（兜率《とそつ》）天の神々の子らに不退転の位について説いて聞かせていた時のことだ。

ヴィマラキールティは、マイトレーヤに、いつ、どこで、何を予言されたのかと問う。この問いは、マイトレーヤが歴史上の人物ではなく、イランのミトラ（mitra）神を仏教に取り入れて考え出された架空の人物であることにも関係するのであろう。

ヴィマラキールティは、過去は既に過ぎ去って滅していて、未来はまだ到達してなく、現在は留まるところがないと主張し、さらにマイトレーヤが、〔煩悩を残りなく断じて〕凡夫の生を離れる位（離生位《りしょうい》）、すなわち不生となれば、不生の身に予言されることはあり得ないし、覚りを得ることもあるはずがないと詰問する。

また、マイトレーヤに具わっている「あるがままの真理」（真如）は、あらゆる衆生、あらゆるものごと（諸法《しょほう》）、あらゆる聖者に等しく具わっているのであり、マイトレーヤだけが特別な存在ではない。もしもマイトレーヤが、一生補処を予言されたと言うのであれば、あらゆる衆生もまた、一生補処を予言されているのだと主張し、「マイトレーヤが、覚りを完全に覚る時、あらゆる衆生もまた、まさに同じ覚りを完全に覚るであろう」とやり込めた。

こうなると、未来成仏の予言としての授記の意味がなくなってしまう。授記という言葉は、釈尊が使ったものではない。釈尊滅後、仏伝が創作されるなかで考え出されたものだ。あの偉大な釈尊は、遥《はる》かな昔から天文学的な時間をかけて修行され、燃燈《ねんとう》仏《ぶつ》と出会って未来にサハー世界でシャーキャムニという名前の如来になるであろうと予言されたとするのに始まる。それは、権威主義化した教団による釈尊の神格化の一環でもあった。その考えが未来仏のマイトレーヤにも適用されていたわけだ。

原始仏典の『スッタニパータ』では、「まのあたり即時に実現される、時を要しない法」（中村元訳『ブッダのことば』、二四〇頁ほか）といった言葉が何度も出てくる。

釈尊自身は、「私は人間である」と語っていた。それなのに小乗仏教では、何劫《こう》もの天文学的時間をかけた修行（歴劫修行《りやつこうしゆぎよう》）をして、やっとブッダになったという話が作られ、釈尊は人間離れした存在にされた。

声聞への授記が強調される経として『法華経』が挙げられる。その『法華経』も、よくよく読み込んでみると、授記を重視しているのではなく、授記を必要としないことを主張していることが読み取れる。第二章（方便品）から第九章（授学無学人記品）までは、①いつ（劫）、②どこで（国）、③何という名前（名号《みようごう》）か――を明かして次々に声聞たちに授記がなされる。それは、燃燈仏による釈尊に対する授記のパターンそのままである。それは、自ら成仏できないと思い込んでいる小乗の声聞たちに、自分たちも成仏できることを理解させるために、彼らが信じている燃燈仏授記のモデルを用いたということであろう。声聞への授記が完結し、テーマが一転する第十章（法師品）では、遥か未来にどこかのブッダの国土に生まれるというその考えが否定されるのだ（植木訳『サンスクリット版縮訳　法華経　現代語訳』一七五～一七六頁を参照）。

『維摩経』のこの箇所も、釈尊の神格化とマイトレーヤ信仰を意義づけする授記の思想を批判する意義が込められているといえよう。

マイトレーヤ信仰に基づくマイトレーヤ待望論は、釈尊滅後に登場したが、歴史上の人物である釈尊を差し置いて架空の仏・菩薩を待望することに疑問を抱く人たちがいたのであろう。ガンダーラで作られた『雑譬喩経《ぞうひゆきょう》』の冒頭に、弥勒菩薩に会うまでは死んでも死にきれないと言い張っていた高僧の話が出てくる。弟子たちから「弥勒の教えは釈尊の教えと異なるところがないのに、今、釈尊の恩を受けていながら、どうして弥勒に帰依するのですか」と諭されて目が覚め、入滅したという話だ。この『維摩経』を編纂した人たちも、マイトレーヤ信仰に納得できなかったのであろう。『法華経』もマイトレーヤ菩薩に対して厳しい態度をとっている（植木訳『サンスクリット版縮訳　法華経　現代語訳』三五頁、二七三頁、二八五〜二八六頁を参照）。

§51の末尾に「マイトレーヤよ、今、これらの神々の子たちを甘言《かんげん》でそそのかしてはならない。欺《あざむ》いてはならない」とあるのは、マイトレーヤ信仰、マイトレーヤ待望論という甘言で欺いてはならないということであろう。

ヴィマラキールティは、さらに「マイトレーヤよ、それらの神々の子たちが抱いている覚りについての妄想分別した考えを捨てさせるがよい」と前置きして、覚りの特質を二十七個挙げる。それは、覚りが人間離れした特別なものだとする考えをことごとく否定したものだと言えよう。小乗仏教では、覚りを特別のものとして、そう簡単には覚れないものに祀《まつ》り上げた。原始仏典で論じられていたこととは大違いだ。ヴィマラキールティは、覚りが自己とは切り離せないものであるということを強調している。

覚り（bodhi）とは、√budh（目覚める）の語尾にiを付けてできる名詞で、「目覚めること」である。自己に昏《くら》く、真理（法）に昏い状態から目覚めることが覚りであった。だから、入滅を間近にして釈尊は、「今でも」「私の死後でも」「だれでも」と前置きして、自己を頼りとして（自帰依《じきえ》）、法を依《よ》りどころとせよ（法帰依《ほうきえ》）と語っていた。

二人目に声をかけられたリッチャヴィ族の若者プラバーヴューハは、「覚りの座」をめぐってヴィマラキールティから言われたことを回想する。これは、§52で説かれた「覚り」との関連で取り上げられたのであろう。

「覚りの座」と言えば、ブッダガヤーの釈尊が成道を遂げた菩提樹の根もとの金剛宝座のことかと思いがちである。しかし、ヴィマラキールティは、高潔な心や、覚りを求める心（菩提心）、布施・持戒・忍辱・精進・禅定・智慧の六波羅蜜、慈しみ（慈）、憐れみ（悲）、喜び（喜）、偏見・差別を捨てて平等に利すること（捨）などを挙げて、それが覚りの座だと語った。衆生を覚りへ向けて成熟させ、正法を理解させ、善根を積ませる振る舞いがあるところが覚りの座だという。これは、特定の場所のことではなく、この仏法を実践する人のいる所こそが覚りの座ということだ。これと類似のことは、『法華経』神力品にも説かれている（植木訳『サンスクリット版縮訳　法華経現代語訳』、三三一〜三三三頁）。

三人目に声をかけられた菩薩ジャガティンダラも辞退を申し出る。そして、シャクラ神（帝釈天）に成りすました悪魔のパーピーヤスにだまされ、悩乱されかかっているところをヴィマラキールティに助けられたことを告白した。ヴィマラキールティが、悪魔のパーピーヤスを手玉に取って、パーピーヤスに同伴していた天女たちに「五欲という世俗的喜びではなく、法という楽園の喜びに満足すべきである」と説いて聞かせた。悪魔の宮殿に帰ることになった天女たちに〝尽きることのない灯火〟という教えを説いた。「無尽燈」という名前でよく知られているものだ。一つの小さな灯火を他の灯火に次々に灯していけばいくほど、明るさは減ることなく、ますます増えるばかりである。法の灯火も同じである。

利他の行為は自分だけでなく、多くの人に豊かさをもたらすものである。自分さえよければという考えは、一時的にはいいように見えても、めぐりめぐって自らにマイナスとなってくるものである。他者との縁起的関係性の中で生きているのだから、自他ともに利することが最善策である。その「無尽燈」の教えを、悪魔の宮殿でも実践するようにとヴィマラキールティは天女たちに語って聞かせた。

四人目は資産家のスダッタに声がかかった。インドでは、裕福な人が出家者や、巡礼者、身寄りのない人に食べ物を施すことが古来行なわれている。スダッタも七日間を区切って食べ物を施す催し(施会《せえ》)を開いていた。そこへヴィマラキールティがやって来て、財物を施す財施《ざいせ》の催しよりも法を施す法施《ほうせ》の催しを開催すべきだと説いて聞かせた。法の施しは、慈・悲・喜・捨の四無量心や、六波羅蜜などを実践して、智慧と善根の集積を生じるもので、それは七日間に限定されることもなく、いつでも、どこでも行なうことができる。

そして、スダッタが差し出した幾百・千金もの値打ちのある真珠の首飾りを受け取ると、ヴィマラキールティは二つに分け、一方を最も貧しい人に、もう一方を如来に与えた。そして、「最も貧しい人に供養することと、如来に対して供養することが、全く平等であるという思いを抱いて、果報を期待することなく喜捨することが、法を施す催しの完成」なのだと締めくくった。

これは、ローマ帝国との交易で豪商が出現し、教団に莫大《ばくだい》な布施をする人が出てきた背景があってのことであろう。貧しい人、困っている人のことを忘れてはならないというメッセージと読めよう。それは、釈尊自らが病者を看護した後に語った「修行僧らよ。われに仕えようと思う者は、病者を看護せよ」という言葉を思い出させる。

第四章　病気の慰問（文殊師利問疾品第五）

病気見舞いへマンジュシリーの出立

§1　その時、世尊は、マンジュシリー（文殊師利《もんじゅしり》）法王子におっしゃられた。

「マンジュシリーよ、あなたは、リッチャヴィ族のヴィマラキールティの病気見舞いに行くがよい」

マンジュシリーもまた、言った。

「世尊よ、そのリッチャヴィ族のヴィマラキールティは近づき難い人です。深遠な道理について弁説を振るい、一般論でも特殊論でも雄弁さを駆使するのに巧みであり、滞ることのない弁説を持ち、あらゆる衆生に対して比類なき理解力を持ち、菩薩《ぼさつ》たちのなすべきことのすべてを成就していて、あらゆる菩薩、あらゆるブッダたちの秘密とする境地によく達しており、あらゆる悪魔の住居を覆《くつがえ》すのが巧みであり、大いなる神通によって自在に振る舞っていて、無二で混じりけのない真理の世界（法界《ほうかい》）の領域という最高の完成に達していて、一相《いっそう》によって荘厳された真理の世界を、無量の相によって荘厳《しょうごん》された法をもって説く人であり、あらゆる衆生の能力（機根《きこん》）に荘厳を獲得させる智《ち》慧《え》が勝《すぐ》れていて、巧みなる方便に通達し、どんな質問に対しても確固とした意見を持っています。

　そのヴィマラキールティを、些《さ》細《さい》な準備*によって満足させることはできません。しかしながら、私は、ブッダの加護によって行き、そこで能力に応じて、力に応じて語ることにしましょう」

§2　その時、そこにいたそれらの菩薩たちや、それらの声聞《しょうもん》たち、それらのシャクラ神や、ブラフマー神、世界の保護者〔である四天王〕たち、そしてそれらの神々の子たちからなる聴衆に次の思いが生じた。

「マンジュシリー法王子とその善き人（善士）の二人が語り合うならば、そこにおいてはきっと、卓越した法を聞くことのできる対話になるに違いない」

　そこで、八千人の菩薩、五百人の声聞、多数のシャクラ神や、ブラフマー神、世界の保護者〔である四天王〕、そして幾百・千もの多数の神々の子たちは、法を聴聞するためにマンジュシリーについていった。

　その時、マンジュシリー法王子は、それらの偉大な人である菩薩たちや、それらの声聞たち、それらのシャクラ神や、ブラフマー神、世界の保護者〔である四天王〕、そして神々の子たちに伴われて、ヴァイシャーリーの大都城に入った。

空っぽの家

§3　その時、ヴィマラキールティの心に次の思いが生じた。

「あのマンジュシリー法王子が、大勢の随行者とともにやって来る。それでは、私は今、神力によって家を空《から》っぽにすることにしよう」

こうして、その家は神力によって空っぽにされ、門番もいなくなった。ヴィマラキールティが、自ら病気になって、横になっている寝台一つを除いては、諸々《もろもろ》の寝台も、長椅子も、座席も消えて見えなくなってしまった。

§4　その時、マンジュシリーは、侍者たちに取り囲まれて、ヴィマラキールティの邸宅に近づき、その邸宅に入った。マンジュシリーは、その家が空っぽであり、門番もいないのを見た。しかも、ヴィマラキールティが横になっている寝台一つを除いて、〔他の〕寝台も、長椅子も見ることはなかった。

マンジュシリーとヴィマラキールティの挨拶交換

そこで、リッチャヴィ族のヴィマラキールティは、マンジュシリー法王子を見た。そして、次のように言った。

「マンジュシリーは、よく来られました。マンジュシリーは、これまで来たことがなかったのに、よくよくいらっしゃいました。これは、かつて見られたことも、聞かれたこともない人のお出ましです*」

マンジュシリーが言った。

「資産家よ、あなたのおっしゃる通りです。既に来たものは、さらに来ることはありません。既に去ったものは、さらに去ることはありません。それは、どんな理由からでしょうか？　既に来てしまったものに、来ることという属性があることは認められません。また、既に去ってしまったものに去ることという属性は認められません。既に見られたものは、さらに見られることはありません。

§5　しかるに、善き人よ、あなたにとって、病の苦しみは耐えることができますか？　元気にお過ごしでしょうか？　身体を維持する諸々の要素は、身体の要素の一つである風によってうまく機能しているでしょうか？　病は軽減し、悪化することはないでしょうか？　世尊は、あなたに病がなく、身体の苦痛がなく、体力の減退もなく過ごしておられるか、また健康、生活、体力はどうであるか、快適で申し分がなく、安穏に過ごしておられるか、尋ねておられます。

§6　資産家よ、あなたのこの病はどうして生じたのでしょうか？　あなたが、病を得られてから、どれほど久しいのでしょうか？　いつ、どのように治るのでしょうか？」

ヴィマラキールティが言った。

「マンジュシリーよ、衆生が無知（無明《むみょう》）と、存在への渇愛《かつあい》（有愛《うあい》）を得て久しく存在する限り、それと同様に、私はこの病を得て、久しくあるのです。* すべての衆生が、病を消滅させる時、その時、私の病は平癒するでありましょう。それは、どんな理由からでしょうか？　マンジュシリーよ、菩薩に生存領域を循環する輪廻《りんね》があるのは、実に衆生の立場に立っているからです。また、病というものは、輪廻に基づいているのです。すべての衆生が、病を消滅させる時、その時、菩薩は無病となるでありましょう。

§7　マンジュシリーよ、それは、〔裕福な〕商人組合の長の一人息子が、病気になったとして、その息子の母と父もまた、病気になるようなものであります。その母と父のこの一人息子が、病気を消滅しない限り、それまで母と父は苦しむのです。マンジュシリーよ、菩薩には、このようにすべての衆生に対して、一人息子に対するのと同じ愛情があります。その菩薩は、衆生に病があることによって病になり、衆生に病がないことで無病となるのです。ところで、マンジュシリーよ、病はどうして生じたのかと、あなたは尋ねていますが、菩薩たちの病は大いなる憐《あわ》れみ（大悲）から生じるのです」

空の本性について

§8　マンジュシリーが言った。

「資産家よ、あなたの家は空《くう》で空《から》っぽです。あなたには、だれも侍者はいないのですか？」

ヴィマラキールティが言った。

「マンジュシリーよ、すべてのブッダの国土もまた空《くう》なのです」

マンジュシリーが言った。

「それらのブッダの国土は、何によって空なのでしょうか？」

ヴィマラキールティが言った。

「実体がないという空の本性によって、それらは空なのです」

マンジュシリーが言った。

「空の本性に、いかなる空がそなわっているのでしょうか？」

ヴィマラキールティが言った。

「妄想分別《もうそうふんべつ》しないことが、空の本性にとっての空なのです」

マンジュシリーが言った。

「しかしながら、空の本性を、分別することができるのでしょうか？」

ヴィマラキールティが言った。

「分別するもの（主体）もまた空なのです。しかも、空の本性が、空の本性を分別することはありません」

マンジュシリーが言った。

「資産家よ、空の本性は、どこに求められるべきでしょうか？」

ヴィマラキールティが言った。

「マンジュシリーよ、空の本性は、六十二の誤った見解（六十二見）の中に求めるべきです」

マンジュシリーが言った。

「しかしながら、六十二の誤った見解はどこに求めるべきでしょうか？」

ヴィマラキールティが言った。

「如来の解脱に求めるべきです」

マンジュシリーが言った。

「しかしながら、如来の解脱はどこに求めるべきでしょうか？」

ヴィマラキールティが言った。

「すべての衆生の心の働きに求めるべきです。ところで、マンジュシリーよ、『あなたの侍者はだれですか？』と、あなたはこのように尋ねたが、すべての悪魔たちと、すべての反対論者たちが、私の侍者たちなのです。それは、どんな理由からでしょうか？　実に、悪魔たちは、輪廻の讃嘆者たちであります。輪廻は、菩薩の侍者なのです。反対論者たちは、誤った見解（邪見《じゃけん》）の讃嘆者たちでありますが、菩薩は、あらゆる誤った見解から離れることはありません。それ故に、すべての悪魔たちと、すべての反対論者たちが、私の侍者たちなのです」

病の菩薩の見舞い方

§9　マンジュシリーが言った。

「資産家よ、あなたのこの病はどのようなものなのでしょうか？」

ヴィマラキールティが言った。

「それは見られることもなく、形もありません」

マンジュシリーが言った。

「この病は、身体に結びついたものでしょうか？　それとも心に結びついたものでしょうか？」

ヴィマラキールティが言った。

「身体と分離しているのだから、身体と結びついているのではありません。幻のような心の本性の故に、心と結びついているのでもありません」

マンジュシリーが言った。

「資産家よ、四つの元素（四大元素《しだいげんそ》）があります。四つとは何でしょうか？　すなわち、地の元素（地大《ちだい》）、水の元素（水大《すいだい》）、火の元素（火大《かだい》）、風の元素（風大《ふうだい》）〔の四つ〕です。その場合、それらの四つのうちのどの元素が患っているのでしょうか？」

ヴィマラキールティが言った。

「マンジュシリーよ、このように、あらゆる衆生には元素に由来する病気があり、その〔あらゆる衆生に病気がある〕ことによって、私は病んでいるのです」

§10　マンジュシリーが言った。

「それでは、菩薩は、病気になった菩薩をどのように見舞うべきでしょうか？*」

ヴィマラキールティが言った。

「菩薩は、身体が無常であることを説くことによって見舞うべきであり、身体を嫌悪し、欲望を離れることを説くことによって見舞うべきではありません。身体が苦なるものであることを説くことによって見舞うべきであり、涅槃《ねはん》を願望させることによって見舞うべきではありません。身体が我《が》でないことを説くことによって、また衆生を〔覚りへ向けて〕成熟させることによって見舞うべきであります。身体が空《くう》であることを説くことによって見舞うべきであり、極端に空無であることを説くことによって見舞うべきではありません。これまでになした悪行のすべてを説き示すことによって見舞うべきであり、悪行の罪が過去へと移転したことを説くことから見舞うべきではありません。『自分の体力の減退を通して、他の衆生の病を憐れみ、過去世における苦と、過去世になした衆生の利益になる行ないを思い出し、〔現在、〕善根を求め、本来清らかで、渇愛《かつあい》がなく、常に努力精進《しょうじん》に取り組んでいるのだから、あなたは、医者の王となり、すべての病気を緩和する人となるでありましょう』と言って見舞うべきです。菩薩は、病気になった菩薩をこのように見舞うべきであります」

病の菩薩の自己洞察

§11　マンジュシリーが言った。

「良家の息子よ、病気になった菩薩は、自分の心をどのように洞察するべきでしょうか？」

ヴィマラキールティが言った。

「マンジュシリーよ、病気になった菩薩は今、自分の心を次のように洞察するべきです。この病は、過去世の実在しない顚倒《てんどう》した業《ごう》の増大によって生じたものであり、虚《こ》妄《もう》な分別である煩悩によって生じたものであります。さらに、最高の真理から見て、この病を有する人は、この法においては決してだれも認められません。それは、どんな理由からでしょうか？　この身は、四つの元素（四大元素）からなります。また、これらの四つの元素には決して所有者もなく、生み出すものもありません。

この身は、実に我《が》ではありません。* この病という名前であるものは、最高の真理から見ても自己に対する執着以外には認められません。だから、自己に対して執着することなく、病気の本源を十分に知って、私たちは快適に過ごしましょう。それ故に、自我に執着する意識を断って、法に対する意識を生じるべきであります。この身体は、あらゆるものごと（諸法《しょほう》）の和合したものであります。生じるのは、生じつつあるあらゆるものごとです。滅するのは、滅しつつあるあらゆるものごとです。しかも、それらのあらゆるものごとは、お互いに知らせることもなく、知ることもありません。そして、それらのものごとが生じている時、生じているそれらのものごとに次のような思いが生ずることはありません。『われわれは生じよう』と。それらのものごとが滅している時、滅しているそれらのものごとに次のような思いが生ずることはありません。『われわれは滅しよう』と。

§12　また、病気になった菩薩は、ものごとに対する意識を滅するために、次のように心を発《おこ》すべきです。

『ものごとに対するこの意識もまた顚倒《てんどう》である。顚倒は、大いなる病である。私は、その病を断つべきである。その病を断つために奮励するべきである』と。

その場合、病を断つこととは、どういうことでしょうか？　それはすなわち、我れありという見解、我がものという見解を断つことです。では、その我れありという見解と、我がものという見解を断つこととは、どのようなことでしょうか？　それはすなわち、二つのことを断つということです。

その場合、二つのことを断つこととは、どういうことでしょうか？　それはすなわち、自己の内にも、自己の外にも、作意がないということです。その場合に、自己の内にも、自己の外にも、作意がないこととは、どういうことでしょうか？　それはすなわち、平等であることによって動揺することもなく、困惑することもないということです。また、平等であることとは、どういうことでしょうか？　それはすなわち、自己が平等であるということと、涅槃《ねはん》が平等であるということです。それは、どんな理由からでしょうか？　その両者、すなわち自己と涅槃のいずれも、空《くう》であって、実体がないからです。

何によって、この両者は空なのでしょうか？　実に言葉で言及されたものであることによって、この両者は実体がなく空なのであります。この両者、すなわち自己と、涅槃もまた、言葉のみであって、実体として存在していません。従って、ものごとを平等に見ることによって、病を他のものとなすべきではなく、空の本性も他のものとなすべきではありません。病こそが、空の本性なのです。

§13　また、その感受することは、感受することなく感受されるべきです。しかし、病気になったこの菩薩は、感受の滅尽を覚えることはないでしょう。ブッダの教え（仏《ぶっ》法《ぽう》〕が達成されていない時、感受するものと、感受されるものの二つの感受は捨てられることはありません。けれども、悪しき境遇（悪趣《あくしゅ》）に生まれた衆生に対して、大いなる憐れみを生じるべきでないのではありません。これらの衆生に対するこのように適切な洞察から、私たちは〔衆生の〕病を取り除くようになしましょう。

§14　けれども、私たちは、これらの衆生のためにいかなる法に導くこともなく、〔病を〕取り除くこともないでありましょう。病気は、その病の原因から生じるのであり、私たちは、それを知らせるために、それらの人たちに法を説きましょう。それでは、病の原因は何でしょうか？　それは、認識対象としての縁《えん》をとらえることを原因としています。認識対象としての縁をとらえるという原因がある限り、それだけ病気の原因があるのです。

認識対象として何をとらえるのかというと、〔欲界《よっかい》・色界《しきかい》・無《む》色界《しきかい》の〕三界《さんがい》をとらえるのです。認識対象をとらえることが病気の原因であると知ることによって、その人にはどのような知が具《そな》わるのでしょうか？　それは、すなわち、認識対象としての縁をとらえないということです。知覚されないものを認識対象としてとらえることはありません。

では、何を知覚しないのか、それは二つの見ることを知覚しないのです。すなわち自己の内を見ることと、自己の外の他のものを見ることです。それが認識対象をとらえないことだと言われます。まさにこのように、マンジュシリーよ、病気になった菩薩は、老《ろう》・病《びょう》・死《し》・生《しょう》〔の四苦《しく》〕を断つために自分の心を洞察するべきです。マンジュシリーよ、菩薩たちの覚りはこのようなものであります。もしもそうでないならば、彼らの努力は無意味なものとなるでありましょう。敵を打破することで勇者と言われるように、まさにこのように老・病・死〔・生〕の苦しみを鎮《しず》めることで菩薩と言われます。

解脱しているから他者の束縛を解放できる

§15　その病気になった菩薩は、次のように観察するべきであります。

『私の病気が真実でなく、実在しないものであるように、あらゆる衆生の病気もまた、真実でなく、実在しないものである』と。

その病気になった菩薩がこのように観察する時、衆生の称讃《しょうさん》を目当てとする考えにとらわれた憐れみの心を生ずることなく、外から迷い込んできた煩悩《ぼんのう》（客塵煩悩《かくじんぼんのう》）の断滅のために努力精進することによって、衆生に対して大いなる憐れみ（大悲）の心を生ずるのです。それは、どんな理由からでしょうか？　まさに、称讃目当ての考えにとらわれた憐れみの心を抱くことで、菩薩は何度も生まれてくることに嫌気が差すでありましょう。

しかしながら、称讃目当ての考えが起こるのを離れた大いなる憐れみの心を抱くことで、菩薩は何度も生まれてくることに嫌気が差すことはありません。その菩薩は、生まれてきても、称讃目当ての誤った見解によって煩悩を起こして生まれてくるのではありません。その菩薩は、心が煩悩にとらわれずに生まれているので、実に解脱して生じ、解脱して生まれてくるのです。その菩薩は、解脱して生じ、解脱して生まれているので、束縛された衆生を解放するために法を説くことのできる能力を具えています。世尊が次のようにおっしゃられた通りです。

『自分自身が束縛されているにもかかわらず、他者を束縛から解放するということには、妥当なことが見出《みいだ》されない。自分自身が解脱しているからこそ、他者を束縛から解放できるということには妥当なことが見出されるのだ』

それ故に、菩薩は、解脱しているべきであって、束縛されているべきではありません。

菩薩にとっての束縛と解脱、智慧と方便

§16　その場合、菩薩にとっての束縛とは何でありましょうか？　また、解脱とは何でありましょうか？　輪廻《りんね》を免れることのない有《う》（存在）の境界を適切でない方便（手段）によって把握することが、菩薩にとっての束縛であり、適切な方便によって有の境界に赴くことが、菩薩にとっての解脱であります。適切でない方便によって禅《ぜん》定《じょう》と三昧《さんまい》を味わうことが、菩薩にとっての束縛であり、適切な方便によって禅定と三昧を味わうことが、〔菩薩にとっての〕解脱であります。

適切でない方便によって支持された智慧は束縛であり、適切な方便によって支持された智慧が解脱であります。智慧によって支持されていない方便は束縛であり、智慧によって支持されている方便が解脱であります。

§17 その場合に、適切でない方便によって支持された智慧が束縛であるとは、どういうことでしょうか？ それはすなわち、実体がなく（空《くう》）、特徴がなく（無相《むそう》）、欲望を離れている（無願《むがん》）ことを洞察することがあっても、〔三十二種類の勝れた〕身体的特徴と〔八十種類の〕副次的な特徴を具えていることや、ブッダの国土の荘厳、衆生を〔覚りへ向けて〕成熟させることを洞察することがない――これが、適切でない方便によって支持された智慧が束縛であるということです。

その場合に、適切な方便によって支持された智慧が解脱であるとは、どういうことでしょうか？ それはすなわち、三十二種類の身体的特徴と八十種類の副次的な特徴を具えていることや、ブッダの国土の荘厳、衆生を〔覚りへ向けて〕成熟させることについて正しく洞察する心を具え、実体がなく、特徴がなく、欲望を離れていることの洞察に精通していること――これが、適切な方便によって支持された智慧が解脱であるということです。

その場合に、智慧によって支持されていない方便が束縛であるとは、どういうことでしょうか？　それはすなわち、すべての誤った見解や、根本煩悩、表面に現れた煩悩（纏《てん》）、潜在的な煩悩（随眠《ずいめん》）、愛執《あいしゅう》、そして憎しみの中に留《とど》まったままで、善い果報をもたらすあらゆる善根の形成があっても、覚りへ向けてその善根を他者に振り向けること（廻向《えこう》）がない――これが、智慧によって支持されていない方便が束縛であるということです。

その場合に、智慧によって支持されている方便が解脱であるとは、どういうことでしょうか？　それはすなわち、すべての誤った見解、根本煩悩、表面に現れた煩悩、潜在的な煩悩、愛執《あいしゅう》、憎しみを断滅して、あらゆる善根の形成があって、覚りへ向けてその善根を振り向けているけれども、それについて自慢して言及することがない――これが、菩薩にとって智慧によって支持されている方便が解脱であるということです。

§18　従って、マンジュシリーよ、病気になった菩薩は、これらのあらゆるものごと（諸法《しょほう》）を次のように洞察するべきです。身体と心と病気は、無常で、苦なるもので、実体がなく（空《くう》）、何かが自己なのではない（非我《ひが》）ことを観察するということ、これが、この〔菩薩の〕智慧であります。さらに、身体の病気から離れて超然としていることによって苦しめられることもなく、自分を六道輪廻《ろくどうりんね》に縛りつけることなく、衆生に利益をもたらすための活動に専心するということ、これが、この〔菩薩の〕方便なのです。

そのほか、さらに身体と病気と心に、原因・結果として互いに前後〔関係〕があることを観ることがなく、それらに〔他のものより〕新しいのでもなく、古いのでもないことを観るということ、これが、この菩薩の智慧なのです。さらに、身体と病気と心が永遠の寂滅《じゃくめつ》＊である滅尽《めつじん》に入ることはないということ、これが、この菩薩の方便なのです。

菩薩の行動範囲

§19　マンジュシリーよ、病気になった菩薩は、まさに以上のように心を洞察するべきです。

けれども、その菩薩は、洞察することにも、あるいは洞察しないことにも安住するべきではありません。それは、どんな理由からでしょうか？　もしも、洞察しないことに安住するならば、これは愚かなものの在り方なのです。しかしながら、洞察することに安住するならば、これは声聞の在り方なのです。それ故に、菩薩は洞察することにも洞察しないことにも安住するべきではありません。そこに安住しないということ、これが菩薩の行動範囲なのです。

§20　凡人の行動範囲でもなく、聖者の行動範囲でもないということ、これが菩薩の行動範囲なのです。また、生存領域を循環する輪廻を行動範囲とするけれども、煩悩を行動範囲としないということ、これが菩薩の行動範囲なのです。涅槃を観察することを行動範囲とするけれども、〔小乗仏教の言う〕極端な完全なる滅度（涅槃《ねはん》）に入ることを行動範囲としないということ、これが菩薩の行動範囲なのです。〔五陰《ごおん》魔《ま》・煩悩魔《ぼんのうま》・死魔《しま》・天魔《てんま》からなる〕四種類の魔（四魔《しま》*）を出現させることを行動範囲とするけれども、一切の魔の活動領域を超越した行動範囲を持つということ、これが菩薩の行動範囲なのです。

一切知者の智慧（一切種智《いっさいしゅち》）を探求することを行動範囲とするけれども、適切な時以外には智慧を獲得しないことを行動範囲とするということ、これが菩薩の行動範囲なのです。〔苦諦《くたい》・集諦《じったい》・滅諦《めったい》・道諦《どうたい》からなる〕四つの聖なる真理（四聖諦《ししょうたい》）を知ることを行動範囲とするけれども、定められた時以外には真理に透徹しないことを行動範囲とするということ、これが菩薩の行動範囲なのです。自己を観察することを行動範囲とし、また意のままに存在（有《う》）の世界に誕生することを行動範囲とするということ、これが菩薩の行動範囲なのです。ものごとの不生を観察することを行動範囲とするけれども、〔煩悩を残りなく断じて〕凡夫の生を離れる位（離生位《りしょうい》）に入らないことを行動範囲とするということ、これが菩薩の行動範囲なのです。縁によって生ずること（縁起《えんぎ》）を行動範囲とし、しかもすべての誤った見解を離れていることを行動範囲とするということ、これが菩薩の行動範囲なのです。

あらゆる衆生の社会を行動範囲とするけれども、根本煩悩と潜在的な煩悩（随眠《ずいめん》）を行動範囲としないということ、これが菩薩の行動範囲なのです。〔世間から〕遠離《おんり》することを行動範囲とするけれども、身体と心の滅尽を拠《よ》り所とすることを行動範囲としないということ、これが菩薩の行動範囲なのです。〔生死流転《しょうじるてん》する迷いの世界である欲界《よっかい》・色界《しきかい》・無色界《むしきかい》の〕三界《さんがい》を行動範囲とするけれども、真理の世界（法界《ほうかい》）を遮断しないことを行動範囲とするということ、これが菩薩の行動範囲なのです。空の本性を行動範囲とし、またあらゆる種類の徳を探求することを行動範囲とするということ、これが菩薩の行動範囲なのです。

特徴がないこと（無相《むそう》）を行動範囲とし、また、衆生の解脱を支え熟慮することを行動範囲とするということ、これが菩薩の行動範囲なのです。欲望を離れていること（無願《むがん》）を行動範囲とし、しかも、意のままに存在（有《う》）の世界に赴いて身を現すことを行動範囲とするということ、これが菩薩の行動範囲なのです。形成することのないことを行動範囲とするけれども、あらゆる善根の形成を絶やさないことを行動範囲とするということ、これが菩薩の行動範囲なのです。

〔布施《ふせ》・持戒《じかい》・忍辱《にんにく》・精進《しょうじん》・禅定《ぜんじょう》・智慧《ちえ》からなる〕六種類の完成（六波羅蜜《ろくはらみつ》）によって向こう岸（彼岸《ひがん》）へと渡ることを行動範囲とし、一切衆生の心と行ないの〔究極である〕向こう岸へと渡ること〔すなわち知ること〕を行動範囲とするということ、これが菩薩の行動範囲なのです。〔仏・法・僧・戒・施・天の〕六種について念ずること（六念《ろくねん》）を行動範囲とするけれども、すべての漏れ出《い》だす煩悩（漏《ろ》）を断たないことを行動範囲とするということ、これが菩薩の行動範囲なのです。

正しい教えに住することを行動範囲とするけれども、邪道の教えを対象としないことを行動範囲とするということ、これが菩薩の行動範囲なのです。〔天眼通《てんげんつう》・天耳通《てんにつう》・他心通《たしんつう》・宿命通《しゅくみょうつう》・神足通《じんそくつう》・漏尽通《ろじんつう》からなる〕六種類の神通（六通《ろくつう》）を行動範囲とするけれども、漏れ出だす煩悩を断たないことを行動範囲とするということ、これが菩薩の行動範囲なのです。

〔慈《じ》・悲《ひ》・喜《き》・捨《しゃ》からなる〕四つの無量の利他の心（四無量心《しむりょうしん》）を行動範囲とするけれども、ブラフマー神の世界への誕生を獲得しないことを行動範囲とするということ、これが菩薩の行動範囲なのです。禅定《ぜんじょう》・三昧《さんまい》・等至《とうじ》を行動範囲とするけれども、三昧や等至の力によって誕生しないことを行動範囲とするということ、これが菩薩の行動範囲なのです。

〔覚りを得るための四つの〕観想法に身を置くこと（四念処《しねんじょ》）を行動範囲とするけれ

ども、身体・感受作用・心・ものごと（身・受・心・法）についての観想が過度でないことを行動範囲とするということ、これが菩薩の行動範囲なのです。悪を捨て善に向かう四種の正しい努力（四正勤《ししょうごん》）を行動範囲とするけれども、善悪の二元対立を観察しないことを行動範囲とするということ、これが菩薩の行動範囲なのです。

四つの神通力の基礎（四《し》如意《にょい》足《そく》）を行ずることを行動範囲とするけれども、意図することなくして神通力の基礎を駆使することに自在であることを行動範囲とするということ、これが菩薩の行動範囲なのです。〔眼《げん》・耳《に》・鼻《び》・舌《ぜつ》・身《しん》の〕五つの感覚器官（五《ご》根《こん》）を行動範囲とし、しかも、一切衆生の感覚器官の優劣を知ることを行動範囲とするということ、これが菩薩の行動範囲なのです。〔覚りに至らしめる働きを持つ信《しん》・精進《しょうじん》・念《ねん》・定《じょう》・慧《え》の〕五つの力（五力《ごりき》）に立つことを行動範囲とし、しかも、如来に特有の十種の智慧の力（十力《じゅうりき》）を現ずることを行動範囲とするということ、これが菩薩の行動範囲なのです。覚りに導く七つの要素（七覚支《しちかくし》）を完成することを行動範囲とし、しかも、覚った智慧に差別があることを知るのに巧みであることを行動範囲とするということ、これが菩薩の行動範囲なのです。

〔覚りに到るための八つの聖なる〕道（八聖道《はっしょうどう》）に立つことを行動範囲とし、しかも、邪道を受け止めないことを行動範囲とするということ、これが菩薩の行動範囲なのです。心の寂滅《じゃくめつ》（止《し》）と観察（観《かん》）の成就を探求することを行動範囲とするけれども、極端な寂滅に陥らないことを行動範囲とするということ、これが菩薩の行動範囲なのです。

生じることのない特徴を持つあらゆるものごと（一切法《いっさいほう》）について熟考することを行動範囲とするけれども、立派な三十二種類の身体的特徴と八十種類の副次的な特徴によるブッダの身体の荘厳を完成することを行動範囲とするということ、これが菩薩の行動範囲なのです。声聞《しょうもん》と独覚《どっかく》（辟支仏《びゃくしぶつ》）の振る舞いを示すことを行動範囲とするけれども、ブッダの特性を放棄しないことを行動範囲とするということ、これが菩薩の行動範囲なのです。

永遠に清らかな本性に達しているあらゆるものごとに随順することを行動範囲とするけれども、信順の志に応じて一切衆生の振る舞いを示すことを行動範囲とするということ、これが菩薩の行動範囲なのです。永遠に破壊も生成もなく、虚空《こくう》を本性とするあらゆるブッダの国土を観察することを行動範囲とするけれども、種々に荘厳され、多様に荘厳されたブッダの国土に功徳の荘厳を出現させることを行動範囲とするということ、これが菩薩の行動範囲なのです。

真理の車輪（法輪《ほうりん》）を転じ、大いなる完全なる涅槃を示すことを行動範囲とするけれども、菩薩としての修行《しゅぎょう》（菩薩道）を放棄しないことを行動範囲とするということ、これもまた菩薩としての行動範囲なのです」

以上の説法がなされている時、マンジュシリー法王子に伴ってやって来た神々の子たち、その中から八千人の神々の子たちがこの上ない正しく完全な覚り（阿耨多羅三《あのくたらさん》藐三菩提《みゃくさんぼだい》）に向けて心を発した。

《準備》貝葉写本では saṃnāha となっていて、これには、「縛ること」「準備」「設備」「甲冑《かっちゅう》」の意味がある。チベット語訳では go che となっているが、saṃnāha に対応するのは go cha であり、誤写であろう。go cha には「甲冑」「道具」などの意味があり、その現代語訳である中公版では「甲冑」（七〇頁）と訳されている。しかし、ヴィマラキールティを満足させるには「甲冑」よりも「準備」のほうが適切であると考えて、筆者は「準備」として訳した。**《マンジュシリーは、これまで来たことがなかったのに、よくよくいらっしゃいました。これは、かつて見られたことも、聞かれたこともない人のお出ましです》**この箇所は、鳩摩羅什と玄奘によってそれぞれ、「不来の相にして来たり、不見の相にして見る」「不来にして而も来たり、不見にして而も見、不聞にして而も聞く」と漢訳されていて、『般若経』によく見られる独特の逆説的な表現だとされてきた。ところが、貝葉写本とチベット語訳では、頭書のような普通の挨拶の言葉にすぎないもので、支謙訳も次のように同趣旨である。「面せざるは昔に在り、辱《かたじけ》なくも来たりて相見《あいまみ》ゆ」。**《私はこの病を得て、久しくあるのです》**この文章の後に、チベット語訳では「一切衆生の病がある限り、私の病もまたあるのだ」という一節が入っている。これは、鳩摩羅什訳の「一切衆生病むを以て、是の故に我、病む」という一節に相当する。**《菩薩は、病気になった菩薩をどのように見舞うべきでしょうか？》**この§10の問いと答えは、貝葉写本、支謙訳、玄奘訳ではヴィマラキールティが問い、マンジュシリーが答える形をとっているが、鳩摩羅什訳に合わせて逆にした。**《この身は、実に我ではありません》**この中の「この……は、実に」(hy ayaṃ) に対応する箇所は、貝葉写本では、kṣayaṃ（減少）となっているが、前後の脈絡とかみ合わないので、漢訳の「是の倚《よ》る所も亦《また》我無し」（支謙訳）、「身も亦我無し」（鳩摩羅什訳、玄奘訳）に従って改めた。**《新しいのでもなく、古いのでもないことを観る》**貝葉写本とVKN. では na nirṇavatā-niḥpurāṇatāṃ pratyavekṣate（新しいのでもなく、古いのでもないことを観ることもない）と二重否定になっているが、チベット語訳、鳩摩羅什訳、玄奘訳等に合わせて否定を一つ減らすためにna（～でない）を接続詞のca（そして）に改めた。**《四魔》**仏道修行を妨げる四つのもの。①精神と肉体を構成する五陰に苦悩を生じる五陰魔、②心身を悩ませる貪・瞋・癡などの煩悩魔、③生命を奪う死魔、④他化自在天《たけじざいてん》による天魔——からなる。

【解説】

前章において、十大弟子に続き、マイトレーヤ菩薩をはじめとする四人に病気見舞いをもちかけたが、すべてヴィマラキールティにやりこめられた苦い体験を語って固辞するばかりであった。そこで、最上首の菩薩であるマンジュシリー菩薩が指名された。

マンジュシリー菩薩は、ヴィマラキールティの人となりについて語った。その最初に挙げたのは「近づき難い人」ということであった。滞ることのない弁舌、比類なき理解力、ブッダの秘密とする境地、智慧、巧みなる方便を具えていて、どんな質問に対しても確固とした意見を持っている人だと評した。そのようなヴィマラキールティを見舞うことをやや仕方なく受け入れた。

ここに、名高いヴィマラキールティとマンジュシリーとの巨頭対談が行なわれることになり、多くの菩薩、声聞、神々たちがその対談を聞くために、期待を膨《ふく》らませてマンジュシリーの後についていった。ヴィマラキールティは、それを知り、自らが横になっている寝台だけを残し家の中を空っぽにして待ち受ける。筆者が「空っぽ」と訳したのは、サンスクリット語のシューニヤ（śūnya）で、これは「ゼロ」や「空《くう》」をも意味している。家を空っぽにしたのは、「空」の思想を論ずるための伏線といえよう。

第一章から第三章までがアームラパーリーの園林を舞台とする第一幕だとすれば、本章から第九章までは舞台をヴィマラキールティの邸宅に移しての第二幕と言える。そこにおいて、方便として現したヴィマラキールティの病をめぐって質疑が交わされ、それを通して「空」の思想や、菩薩の在り方が説かれる。

まず、ご機嫌うかがいの挨拶《あいさつ》を互いに交わし、自然の成り行きでマンジュシリーが「病を生じた理由」を尋ねる。ヴィマラキールティは、衆生が無知（無明《むみょう》）と、存在への渇愛《かつあい》（有愛《うあい》）を得ていることで病となっていて、「菩薩は、衆生に病があることによって病になり、衆生に病がないことで無病となる」「菩薩たちの病は大いなる憐れみ（大悲）から生じる」のだと答えた。

そこで、マンジュシリーは、家が空っぽで、侍者もいないことを質《ただ》した。ヴィマラキールティは、家だけでなくブッダの国土も「空《くう》」だと語り、あれこれと固定した実体を妄想分別しないことが「空」だと説いた。そのような境地に立っているからであろう、「菩薩は、あらゆる誤った見解から離れることはありません。それ故に、すべての悪魔たちと、すべての反対論者たちが、私の侍者たちなのです」と語った。「空の本性は、六十二の誤った見解（六十二見）の中に求めるべき」というのも同じことだ。「空」に立つが故に、一見して対立・矛盾する逆説的なことも、その対立にとらわれることなく、対立を超えて止揚することができるということであろう。

そこで、マンジュシリーは、病気になった菩薩をどのように見舞うべきかを尋ねた。ヴィマラキールティは、「身体が無常であることを説くべきだが、身体を嫌悪させたり、欲望を離れさせたりするように説いてはならない」「身体が苦なるものであると説くべきだが、涅槃（死）を願望させてはならない」などと語った。また、「自分の病を通して他者の病に共感し、過去世における苦と、過去世になした衆生の利益になる行ないを思い出し、〔現在、〕善根を求め、本来清らかで、渇愛《かつあい》がなく、常に努力精進《しょうじん》に取り組んでいるのだから、あなたは、医者の王となり、すべての病気を緩和する人となるであろう」と言って見舞うべきだと説いた。自己の苦を通して、他者の苦をわがものとし、自己の苦を乗り越えて他者を励ます菩薩に目覚めるということであろう。

次のテーマとして、マンジュシリーは、病になった菩薩が自分の心をどのように洞察すべきかを問うた。本章で問題になっているのは、どうも「身の病」のもとでもある「心の病」のことのようである。その病は、「虚妄《こもう》な分別である煩悩」によって生じたもので、その病を断つことは、「自己に対して執着」しない、すなわち「我れありという見解、我がものという見解を断つこと」、すなわち自己も「言葉で言及されたもの」にすぎず、実体がなく「空」であると達観することである。それによって、「病気の本源を十分に知って、私たちは快適に過ごしましょう」「私たちは〔衆生の〕病を取り除くようになしましょう」と自らの病を通じて洞察し、菩薩として衆生の病を取り除く振る舞いに徹すべきだと述べた。

その際、自分自身が束縛されているにもかかわらず、他者を束縛から解放することはあり得ない。自分自身が解脱しているからこそ、他者を束縛から解放できる。そこで、菩薩にとっての束縛と解脱とは何かが語られる。「適切でない方便によって支持された智慧は束縛」であり、「適切な方便によって支持された智慧が解脱」である。「智慧によって支持されていない方便は束縛」であり、「智慧によって支持されている方便が解脱」である。

「智慧」は覚りによって開けるもので、「方便」は迷いの衆生に対して発揮されるものだ。両者の方向性は全く逆である。その両者が相《あい》まっているか、いないかによって解脱か束縛かの違いが生じる。「身体と心と病気は、無常で、苦なるもので、実体がなく（空《くう》）、何かが自己なのではない（非我《ひが》）ことを観察する」ことが、菩薩の智慧であり、「身体の病気から離れて超然としていることによって、苦しめられることもなく、自分を六道輪廻《ろくどうりんね》に縛りつけることなく、衆生に利益をもたらすための活動に専心する」ことが、菩薩の方便だという。智慧と方便は、両者が相まってはじめて自在に利他行に専念できるのだ。解脱とは、迷いから遠ざかった純粋培養の覚りのことではない。敢《あ》えて迷いの世界にかかわっても、それに染まることなく自ら清らかな存在として自在に振る舞うことができるのが解脱ということだ。

病になった菩薩の心の洞察を以上のように述べた後で、洞察することにも、洞察しないことにも安住するべきではないと説く。そのようであることが、「菩薩の行動範囲」だと言う。どんなに正しいことも、時間と共に、その断面だけをとらえて固定化させてしまうことがある。ある状況下で正しかったことがあらゆる場合に絶対化されてしまうこともある。それを戒めた言葉であろう。

§20では、「菩薩《ぼさつ》の行動範囲」ということにちなんで、「凡人の行動範囲でもなく、聖者の行動範囲でもない」「輪廻を行動範囲とするけれども、煩悩を行動範囲としない」「〔迷いの世界である欲界《よっかい》・色界《しきかい》・無色界《むしきかい》の〕三界《さんがい》を行動範囲とするけれども、真理の世界（法界《ほうかい》）を遮断しないことを行動範囲とする」――など、三十四個の対句が羅列されている。対立・矛盾するものを対句として「菩薩の行動範囲」が説明される。菩薩が、聖者と凡人の間にあって両者をつないで対立・矛盾を止揚する存在であるからであろう。

第五章　〝不可思議〟という解脱の顕現（不思議品第六）

座席がないことを気にするシャーリプトラ

§1　その時、尊者シャーリプトラ（舎利弗）に次の思いが生じた。

「これらの菩薩《ぼさつ》たちと、これらの偉大なる声聞たちは、どこに坐《すわ》るのだろうか？　この家には、座席が見当たらない」

その時、リッチャヴィ族のヴィマラキールティは、尊者シャーリプトラの心の思いを知って、尊者シャーリプトラに次のように言った。

「尊者シャーリプトラは、法を求める者としてここに来たのか、あるいは座席を求める者としてここに来たのか？」

シャーリプトラが言った。

「私たちは、法を求める者としてやって来たのであり、座席を求める者としてやって来たのではありません」

法を求める者

§2　ヴィマラキールティが言った。

「そうであれば、尊者シャーリプトラよ、法を求める人は、自分の身体をも求めることはないのだ。ましてや、座席を求めることがあるだろうか？　尊者シャーリプトラよ、法を求める人は、色《いろ》・形《かたち》（色《しき》）・感受作用（受《じゅ》）・表象作用（想《そう》）・意志作用（行《ぎょう》）・認識作用（識《しき》）を求めることはないし、これらの五陰《ごおん》（五蘊《ごうん》）や、十八界《じゅうはちかい》、十二入《じゅうににゅう》*を求めることもないのだ。

法を求める人は、欲望の支配する世界（欲界《よっかい》）や、〔欲界の汚れを離れた清らかな〕物質からなる世界（色界《しきかい》）、物質を超越した〔純粋に精神的な〕世界（無色界《むしきかい》）からなる三界《さんがい》を求めることはないし、その人は、ブッダ（仏《ぶつ》）に対する執着から法を求めるのでもなく、真理の教え（法《ほう》）と教団（僧《そう》）に対する執着から法を求めるのでもないのである。

§3　尊者シャーリプトラよ、そのほか、さらに法を求める人は、苦を熟知することを求めるのではなく、苦の原因の集合を断つことを求めるのでもなく、苦の滅尽を証得することを求めるのでもなく、苦を滅するための八聖道《はっしょうどう》を修することを求めるのでもないのだ。それは、どんな理由からか？　法は、実に無益な議論（戯論《けろん》）を離れ、言葉（文字）を離れたものである。そこにおいて、『私は苦について熟知しよう。私は苦の原因の集まりを断とう。私は苦の滅尽を証得しよう。私は苦を滅するための実践である八聖道を修しよう』と、無益な議論をする人は、法を求めているのではなく、無益な議論を求めているのである。

尊者シャーリプトラよ、実に、法は寂滅《じゃくめつ》しているのである。その場合に、生と滅ということに向かって行動するならば、それらの人たちは法を求めているのでもなく、〔生と滅からの〕遠離《おんり》を求めているのでもなく、それらの人たちは生と滅とを求めているのである。実に、法は塵垢《ちりあくた》を離れており、塵垢が消滅しているのである。その場合に、何かある法、ないし涅槃《ねはん》において、執着に染まるならば、それらの人たちは、法を求めているのではなく、塵垢を求めているのである。

実に、法は感覚の対象となるものではないのだ。感覚の対象を数え上げるならば、それらの人たちは法を求めているのではなく、感覚の対象を求めているのである。法は、取られることも、捨てられることもないのだ。だれかある人たちが、法をとらえたり、見捨てたりするならば、それらの人たちは法を求めているのではなく、取ることと捨てることを求めているのである。

§4　法は、〔自己を根源的に支えるものとして執着する〕アーラヤ（拠《よ》り所）ではない。アーラヤに愛着する人たちは、法を求めているのではなく、アーラヤを求めているのである。法は、特徴（相《そう》）のないものである。特徴にとらわれ識別して知ることをなす人たちは、法を求めているのではなく、〔法とは〕相異なる特徴を求めているのである。

法は、一緒に住むべきものではない。法と一緒に住もうとする人たちは、法自体を求めているのではなく、法と一緒に住むということを求めているのである。

法は見られたり、聞かれたり、考えられたり、知られたりすることのないものである。見たり、聞いたり、考えたり、知ったりすることに向かって行動する人たちは、法を求めているのではなく、見たり、聞いたり、考えたり、知ったりすることを求めているのである。

§5　尊者シャーリプトラよ、法は無為《むい》なるものであって、有為《うい》を離れたものである。有為を行動範囲とする人たちは、法を求めているのではなく、有為に執することを求めているのである。それ故に、尊者シャーリプトラよ、今、法を求めるならば、あなたは、生存することを欲するべきではないし、いかなる法も求めるべきではないのだ」

この説法がなされている時、五百人の神々の子たちの真理を見る眼（法眼《ほうげん》）が、諸法の中において清められた。

"スメール山の旗"という世界からの師子座の到来

§6　そこで、リッチャヴィ族のヴィマラキールティは、マンジュシリー法王子に言った。

「マンジュシリーよ、あなたは、十方の幾百・千もの無量のブッダの国土においてブッダの国土を遊行されました。その中で、いずれのブッダの国土において、あなたは、あらゆるものに卓越し、あらゆる功徳を具《そな》えた師子座をご覧になりましたか？」

ヴィマラキールティからこのように言われて、マンジュシリー法王子は、リッチャヴィ族のヴィマラキールティに次のように言った。

「良家の息子よ、東の方向に三十六のガンジス河の砂の数に等しいブッダの国土を通り過ぎて、〝スメール山の旗〟（須弥相《しゅみそう》）という名前の世界があります。そこには、〝スメール山の燈明《とうみょう》の王〟（須弥燈王《しゅみとうおう》）という名前の正しく完全に覚った尊敬されるべき如来が、現在、滞在し、存在し、時を過ごしておられます。その如来の身体は、八百四十万ヨージャナ（由旬《ゆじゅん》）＊の高さがあります。その世尊の師子座は、六百八十万ヨージャナの高さがあります。

また、それらの菩薩たちの身体は、四百万ヨージャナの高さがあり、それらの菩薩たちの師子座は、三百四十万ヨージャナの高さがあります。〝スメール山の旗〟（須弥相《しゅみそう》）という世界の中の、その〝スメール山の燈明の王〟（須弥燈王《しゅみとうおう》）という世尊であり如来のブッダの国土には、あらゆるものに卓越し、あらゆる功徳を具えた多くの師子座があります」

§7　その時、リッチャヴィ族のヴィマラキールティは、深く心に念じることをなした。そして、次のような神通力の顕現をなした。すると、三百二十万の師子座が、その世尊である〝スメール山の燈明の王〟という如来によって、その〝スメール山の旗〟という世界からヴィマラキールティのもとへ送り届けられた。それらの師子座は、それほどに高く、それほどに広く、それほどに見るも美しいもので、それらの菩薩たちも、それらの偉大なる声聞たちも、それらのインドラ神、ブラフマー神、世界の保護者〔である四天王〕も、神々の子たちも、かつて見たことのないものだった。

それらの師子座が、上空を通ってやって来て、リッチャヴィ族のヴィマラキールティの邸宅の中に留《とど》まった。その家は、それほどに広大であることが観察された。そこには、圧迫し合うことなく、それらの種々の三百二十万の師子座があった。ヴァイシャーリーの大都城にとって邪魔者となることはなかったし、ジャンブー洲（閻浮提《えんぶだい》）にとっても邪魔者となることはなく、四つの大陸にとっても邪魔者となることはなかった。かつてそうであったように、その後もそうであったように、今もまさにそのように、それらのすべてが観察される。

§8　そこで、リッチャヴィ族のヴィマラキールティは、マンジュシリー法王子に次のように言った。

「マンジュシリーよ、あなたは、これらの菩薩たちと一緒に師子座にお坐りください。師子座の大きさに順応するように、そのように自分たちの身体の大きさを神力によって変えてください」

するト、神通力を得ている菩薩《ぼさつ》たちは、神通力によって自分の身体を四百二十万ヨージャナの高さになし、それらの師子座に坐った。ところが、新学の菩薩たちは、それらの師子座に坐ることができなかった。

そこで、リッチャヴィ族のヴィマラキールティは、尊者シャーリプトラに言った。

「尊者シャーリプトラよ、師子座に坐るがよい」

シャーリプトラが言った。

「善き人よ、これらの師子座は、高くて広いので、私は師子座に坐ることができません」

ヴィマラキールティが言った。

「そうであれば、尊者シャーリプトラよ、実にその世尊である〝スメール山の燈明の王〟（須弥《しゅみ》燈王《とうおう》）という如来に対して敬礼をなすがよい。その時、坐ることができるであろう」

そこで、それらの偉大なる声聞たちは、その世尊である〝スメール山の燈明の王〟という如来に対して敬礼をなした。その後、それらの菩薩と偉大なる声聞たちは、それらの師子座に坐った。

§9　そこで、尊者シャーリプトラは、リッチャヴィ族のヴィマラキールティに次のように言った。

「良家の息子よ、このように小さなこの家の中に、このように高く、このように広い幾千もの色とりどりのこれらの師子座が入ったということは、希有《けう》なことです。しかも、ヴァイシャーリーの大都城にとって邪魔者となることはありませんし、ジャンブー洲にとっても、村や、町、城市、国、王国、王城にとっても、四つの大陸にとっても決して邪魔者となることはなく、神々、龍、ヤクシャ、ガンダルヴァ、アスラ、ガルダ、キンナラ、マホーラガたちの宮殿にとっても邪魔者となることはありません。かつてそうであったように、その後もそうであったように、今もまさにそのように、それらのすべてが観察されます」

〝不可思議〟という解脱

§10　ヴィマラキールティが言った。

「尊者シャーリプトラよ、如来たちと、菩薩たちには〝不可思議《ふかしぎ》〟（考えも及ばない）という名前の解脱がある。その〝不可思議〟という解脱に住している菩薩が、それほど高く、それほど広く、それほど聳《そび》え立っている、それほど広大な山の王であるスメール山を芥子《けし》の実の殻の中に入れるとしよう。しかしながら、その菩薩は芥子の実の殻を膨張させるのでもなく、また、スメール山を収縮させるのでもなくして、その働きを示すであろう。

四天王に属する〔神々〕、あるいは三十三〔天〕（忉利天《とうりてん》）の神々は、『我々は何の中に放り込まれたのか？』ということを知ることはないであろう。けれども、神通によって教化されるべき他の衆生こそが、山の王であるそのスメール山が芥子の実の殻の中に放り込まれたのを知るであろうし、見るであろう。尊者シャーリプトラよ、これが、菩薩たちにとっての〝不可思議〟という解脱の境地に入ることである。

§11　尊者シャーリプトラよ、そのほか、さらに〝不可思議〟という解脱に住している菩薩が、四大海にある水の集まりを一つの毛穴の中に入れるとしよう。けれども、魚や、亀、鰐《わに》、蛙《かえる》、あるいは水にすむ他の生き物たちには、苦痛はないであろう。また、龍、ヤクシャ、ガンダルヴァ、アスラたちの心に、『我々は何の中に放り込まれたのか』という、このような思いが生じることはなく、その働きは神通によって教化されるべき他の衆生によってこそ知られるであろう。けれども、どの生き物も決して害されたり、悩まされたりすることはないであろう。

§12　また、陶工の轆轤《ろくろ》のように、この三千大千世界《さんぜんだいせんせかい》を右手に取り、回転させて、ガンジス河の砂の数に等しい多くの世界の向こうに放り投げるとしよう。けれども、生き物たちは、『我々はどこへ連れ去られ、どこから来たのか？』ということを知ることはないであろう。また再び、その三千大千世界を本来の場所に持ってこさせて、置くとしても、衆生はどこかへ行ったことも、もどって来たことも知ることはなく、その働きは神通によって教化されるべき他の衆生によってこそ観察されるであろう。

§13　そのほかさらに、尊者シャーリプトラよ、量り知ることのできない長期の生存領域の循環（輪廻《りんね》）を通して教化されるべき衆生がいる。その一方で短期の生存領域の循環を通して教化されるべき衆生がいる。そこにおいて、〝不可思議〟という解脱に住している菩薩は、量り知ることのできない長期の生存領域の循環を通して教化されるべき衆生を教化したいので、七日が経過しただけであっても一劫《いっこう》が経過したかのように示すのである。短期の生存領域の循環を通して教化されるべき衆生を教化したいので、一劫が経過していても七日が経過したかのように示すのである。

そこにおいて、量り知ることのできない長期の生存領域の循環を通して教化されるべき衆生は、七日を一劫が経過したものと認識するであろう。短期の生存領域の循環を通して教化されるべき衆生は、*一劫を七日が経過したものと認識するであろう。

§14　実に以上のように、〝不可思議〟という解脱に住している菩薩は、一つのブッダの国土においてあらゆるブッダの国土に具《そな》わる功徳の荘厳《しょうごん》を示してみせるのである。その菩薩は、すべての衆生さえをも、右の掌《てのひら》の上に置いて、〝心の迅速〟という神通によって十方に飛んで行くとしよう。そして、あらゆるブッダの国土においてその姿の顕現を示すとしよう。けれども、その菩薩は一つの国土からでさえも動いていないのである。

また、十方の世尊であるブッダたちに対してなされる多くの供養のすべてを、菩薩が一つの毛穴の中に現すとしよう。そして、十方の多くの月と太陽や、星の姿のすべてもまた、菩薩が一つの毛穴の中に現し、さらに、十方において吹いている多くの風輪のすべてもまた、口の中に入れるとしよう。それでも、その人の身体は裂かれることもないであろう。また、そのブッダの国土における草や、森の主〔である木々〕は、折れ曲がることもないであろう。

§15　また、十方にある諸々《もろもろ》のブッダの国土が、〔世界の終末に起こる大火災の〕劫火《ごうか》によって焼き尽くされる時でさえも、すべての火の塊りを、菩薩が自分の口の中に入れるとしよう。けれども、その火の塊りがなすべき〔焼き尽くす〕働きをなすことはないであろう。*

幾コーティものガンジス河の砂の数に等しいブッダの国土を通り過ぎて、下方にある一つのブッダの国土を持ち上げて、幾コーティものガンジス河の砂の数に等しいブッダの国土の上方に置くとしよう。それは、あたかも力持ちの男が、針の先でナツメの葉を持ち上げるようなものであろう。

§16　このように、〝不可思議〟という解脱《げだつ》に住している菩薩は、神力によってあらゆる生きとし生けるものを、転輪聖王《てんりんじょうおう》をはじめとする姿に変ずるであろう。

§17　また、十方における劣った衆生や、中ぐらいの衆生、卓越した衆生が多くの種類の言葉によって表現したり、表示したりしたことのすべてを、その菩薩が、神力によってあらゆるブッダの声の響きをなすものに変ずるとしよう。そして、衆生のその音声から、あらゆるものごとは、無常《むじょう》であり、苦《く》であり、空《くう》であり、非我《ひが》であるという声の響きを発させるとしよう。世尊であるブッダたちは、十方において多くの種類の説法によって法を説かれるが、それらの説法をその衆生の声から発させるのである。

§18　尊者シャーリプトラよ、以上の説法は、〝不可思議〟という解脱に住している菩薩たちの、その境地について、ほんのわずか示されただけである。もしも、尊者シャーリプトラよ、私が、〝不可思議〟という解脱に住している菩薩たちの、その境地を示すために詳しく説法するならば、一劫余り、あるいはそれ以上の長きにわたるであろう」

マハー・カーシャパの感嘆の言葉

§19　その時、大徳マハー・カーシャパ（大迦葉《だいかしょう》）は、菩薩たちのこの〝不可思議〟という解脱について聞いて、希有なる思いにとらわれ、大徳シャーリプトラに次のように言った。

「尊者シャーリプトラよ、それは、あたかも実にだれかある人が、生まれつき盲目の人の前にあらゆる色《いろ》・形《かたち》をもつものを示すようなものである。その場合に、その生まれつき盲目の人は、一つの色・形でさえも、見ることはないであろう。

まさにこのように、尊者シャーリプトラよ、この〝不可思議〟という解脱が説かれても、すべての声聞《しょうもん》と独覚《どっかく》たちは今、生まれつき盲目である人たちのように眼を持たず、〝不可思議〟という一つの理由ですら見ることがないのである。この〝不可思議〟という解脱についての教えを聞いて、賢者の一体だれが、この上ない正しく完全な覚り（阿耨多羅三藐三菩提《あのくたらさんみゃくさんぼだい》）へ向けて心を発《おこ》さないであろうか？

それ故に、我々は今、さらに何をなすべきだろうか？　我々は、焼かれて芽を出すことのない種子のように、ずっと感覚器官（根《こん》）が破壊されていて、この大乗において法の器ではないのだ。すべての声聞と独覚たちは、この説法を聞いて後、号泣し、その泣き声によって〔それらの声聞と独覚たちは〕三千大千世界に知れ渡るであろう。ところが、すべての狂喜した菩薩たちは、この〝不可思議〟という解脱についての教えを頂いて、この教えを頭におしいただくことによって信ずるべきであり、信順の志の力を生ずるべきである。菩薩がこの〝不可思議〟という解脱に対する信順の志を持つならば、その菩薩に対して、すべての悪魔が何をなすであろうか?」

大徳マハー・カーシャパ（摩訶迦葉《まかかしよう》）がこの説法をなしている時、三万二千の神々の子たちが、この上ない正しく完全な覚りに向けて心を発した。

方便の智慧の力に入ること

§20　その時、リッチャヴィ族のヴィマラキールティは、大徳マハー・カーシャパに次のように言った。

「尊者マハー・カーシャパよ、十方の無量の世界において、悪魔であることをなす多くの悪魔たち、それらのすべてが、〝不可思議〟という解脱に住している菩薩たちであり、衆生を〔覚りへ向けて〕成熟させるために巧みなる方便によって悪魔であることをなしているのだ。

尊者マハー・カーシャパよ、十方の無量の世界において、手と足、あるいは耳と鼻、あるいは血液と筋肉、あるいは骨の髄、あるいは眼、あるいは身体の最も重要な部分である頭、あるいは四肢と身体の各部分、あるいは王権や王国、国、あるいは妻や、息子、娘、あるいは召使いと女召使い、あるいは馬、象、車、乗り物、あるいは金、宝石、真珠、瑠璃《るり》、螺貝《らがい》、碧玉《へきぎよく》、珊瑚《さんご》、宝玉のすべてのもの、あるいは飲食物、あるいは果汁を菩薩たちに乞う乞食者《こつじきしや》たち、また菩薩を威圧して衣服を乞う乞食者たち、それらのすべての乞食者たちの大部分が、〝不可思議〟という解脱に住している菩薩たちであり、巧みなる方便によってこの堅固で高潔なる心を持つことを示すのだ。それは、どんな理由からか？　尊者マハー・カーシャパよ、それらの菩薩たちは、激しい苦行をなしているが故にこそ、このような姿を示すのである。凡人は、適切でない場合には許しを与えられなければ、菩薩を威圧することをなし得る能力はないのだ。*

尊者マハー・カーシャパよ、それは、あたかも日輪の光明に打ち勝つことをなし得る能力が、蛍の光にないようなものである。尊者マハー・カーシャパよ、まさにこのように、菩薩によって許しを与えられない凡人には、菩薩に近づくことも、ものを乞うことも、なし得る能力がないのだ。尊者マハー・カーシャパよ、それは、あたかも驢馬《ろば》が、象と龍を殴打することに耐えることができないようなものである。まさにそのように、尊者マハー・カーシャパよ、菩薩でない人は、菩薩に対して威圧することに耐えることができないのだ。

菩薩こそが、菩薩に対して威圧することに耐えることができるのであり、〔菩薩こそが、菩薩によって威圧されることに耐えることができるのである〕。* 尊者マハー・カーシャパよ、これが、〝不可思議〟という解脱に住している菩薩たちにとっての方便の智慧《ちえ》の力に入るということである」

《五陰（五蘊）や、十八界、十二入》第二章の注を参照。**《ヨージャナ（由旬）》**ヨージャナ（yojana）は、牛の首につける軛《くびき》のことで、「由延《ゆえん》」「由旬《ゆじゅん》」「踰膳那《ゆぜんな》」と音写された。それが、牛に軛をつけて車につなぎ荷物を運ばせる際に、牛が疲れて軛をはずしてやるまでに進む距離という意味に転じて、距離の単位となった。一ヨージャナの距離については、種々の説があるが、『ジャータカ序』に、成道したブッダが、ブッダガヤーからバーラーナシーを目指して、「十八ヨージャナの距離の旅路につかれた」（*Jātaka*, vol. I, *p*. 81）とある。また、中村元博士は両者の距離をメートル法で次のように記されている。「ブッダガヤーからベナレスまでは直線距離で約二〇〇キロメートルほどあるから、街道を歩けば三〇〇キロメートル近くあるであろう。今日、車が疾駆する舗装された道路によっても、ブッダガヤーからベナレスまでは、約二五〇キロメートルある」（『ゴータマ・ブッダ I』、中村元選集決定版、第一一巻、春秋社、四七八頁）。筆者は、ブッダガヤーとベナレスをバスで往復したことがある。二五〇キロメートルと三〇〇キロメートルの間をとって、二七〇キロメートルとすると、一ヨージャナは一五キロメートルほどと考えることができよう。**《七日を一劫が経過したものと認識するであろう。短期の生存領域の循環を通して教化されるべき衆生は》**この一節は、貝葉写本に欠落しているが、前後関係を考慮して復元した。その方法については、植木訳『梵漢和対照・現代語訳維摩経』第五章二七二頁の注113を参照。**《火の塊りがなすべき〔焼き尽くす〕働きをなすことはない**

であろう》筆者が tan na kuryāt と否定文で訳した箇所は、貝葉写本では tac ca kuryāt（その〔焼き尽くす〕働きをなすであろう）と肯定文になっている。チベット語訳「それによってなされること、それもなされるのである」も肯定文になっている。しかし、文脈のつながりからも、漢訳の「火事は故《もと》の如くなれども、而《しか》も害を為《な》さず」（鳩摩羅什訳）、「此の火勢は熾《さか》んにして焔《ほのお》息まずと雖《いえど》も、而も其《そ》の身に於いて都《すべ》て損害すること無し」（玄奘訳）と比較してもここは否定文であるべきである。**《菩薩を威圧することをなし得る能力はないのだ》**この文章の後に、チベット語訳では「機会を得ないで、殺したり、殺させたりすることは〔普通の人は〕なしえません」という文章が挿入されている。裏を返せば、「凡人」あるいは、「ただの人間」以外の菩薩であれば、「許し／機会を得ないで、殺したり殺させたりする能力がある」と言っていることになるのではないか？　この物騒な一節は、貝葉写本にも、すべての漢訳にも見られない。**《菩薩こそが、菩薩に対して威圧することに耐えることができるのであり、〔菩薩こそが、菩薩によって威圧されることに耐えることができるのである〕》**この文章の原文は、「菩薩こそが、菩薩に対して威圧することに耐える〔ことができる〕」と、「菩薩こそが、菩薩による威圧に耐える〔ことができるのである〕」という二つの意味の掛詞《かけことば》となっている（後者の意味を〔　〕内に入れて掛詞であることを示した）。この箇所は、チベット語訳では「菩薩こそが菩薩に威圧をなすのであり、菩薩によって威圧されたことは、菩薩によって耐えられるのだ」となっている。チベット語訳は、掛詞として貝葉写本に込められている二つの意味の両方を訳したものであり、掛詞として訳した筆者の考えを裏付けているといえよう。

【解説】

マンジュシリー菩薩とヴィマラキールティ菩薩との対話が展開されているというのに、智慧第一の誉《ほま》れ高いはずのシャーリプトラは、空っぽの家の中に座席がないので、どこに坐ればいいのかなどといったことを考えていた。ヴィマラキールティは、その心の思いを察知し、「あなたは法を求めに来たのか、座席を求めに来たのか？」と追及する。シャーリプトラは、「法を求めに来たのであって、座席を求めに来たのではない」と答えた。

それに対して、ヴィマラキールティは、「そうであれば法を求める人は、自分の身体をも求めることはない。その身体のための座席を求めることなどもってのほかである。その身体を構成する肉体（色《しき》）・感受作用（受《じゅ》）・表象作用（想《そう》）・意志作用（行《ぎょう》）・認識作用（識《しき》）の五陰《ごおん》（五蘊《ごうん》）も求めるべきではないし、十八界《じゅうはちかい》、十二入《じゅうににゅう》も、欲界・色界・無色界の三界も求めるべきではないのだ」と言った。

ところが、シャーリプトラは「法を求めに来た」と言いながら、座席のことが気になっていた。このように「法を求める」と言いながら、法にすり替えて全く別のことを追い求めることに陥りやすい。法は無益な議論（戯論《けろん》）を離れ、言葉（文字）を離れたものであるのに、人々は無益な議論に陥って無益な議論を追求している。法は寂滅しているのに、法を求めると言って、生滅という現象に目を奪われて行動してしまっている。何かに執着して法を求めることはできない。言葉で表現された先入観や思い込み、大小、長短、善悪といった二元相対的基準にとらわれない「空」として求めるべきである。「空」とは無為、すなわち作意のないことであり、「法を求める」こと自体が作意である。よって、ヴィマラキールティは以上の議論をした上でシャーリプトラに、「あなたは、〔中略〕いかなる法も求めるべきではないのだ」と結論した。

その「空」を理解させるために、ヴィマラキールティは考えも及ばない（不可思議）ことを繰り広げる。シャーリプトラの「座席はどこに」という思いに応《こた》えて、〝スメール山の旗〟（須弥相《しゅみそう》）という名前の世界から三百二十万個の師子座をヴィマラキールティのもとへ送り届けさせた。その師子座は、三百四十万ヨージャナの高さを持ち、身長が四百万ヨージャナの菩薩たちが用いていたものだ。一ヨージャナが十五キロメートルなので、師子座の高さは五千百万キロメートルに当たる。

そこに坐ることのできないシャーリプトラがからかわれる。〝スメール山の燈明の王〟という如来に敬礼してやっと坐ることのできたシャーリプトラが、「このように小さな家の中に、このように高く、このように広い幾千もの色とりどりのこれらの師子座が入ったということは、希有なことです」と驚嘆の言葉を述べる。

そこで、ヴィマラキールティは、〝不可思議〟という解脱に住している菩薩の境地として、種々の例を挙げる。①山の王であるスメール山（須弥山《しゅみせん》）を芥子《けし》の実の殻の中に入れる、②四大海にある水の集まりを一つの毛穴の中に入れる、③三千大千世界《さんぜんだいせんせかい》を右手に取り、回転させて、ガンジス河の砂の数に等しい多くの世界の向こうに放り投げる、④教化されるべき衆生に応じて、七日を一劫が経過したものと認識させたり、一劫を七日が経過したものと認識させたりする——といった例を示す。

それを聞いて、声聞《しょうもん》のマハー・カーシャパ（大迦葉《だいかしょう》）が、希有なる思いにとらわれ、シャーリプトラに言った。「すべての声聞と独覚《どっかく》たちは今、〔中略〕〝不可思議〟という一つの理由ですら見ることがない」「我々は、焼かれて芽を出すことのない種子のように、ずっと感覚器官（根《こん》）が破壊されていて、この大乗において法の器ではないのだ」と。

マハー・カーシャパが、さらに〝不可思議〟という解脱に住する菩薩を讃嘆して、「この菩薩に対して、すべての悪魔が何をなすであろうか？」と語ったのを受けて、ヴィマラキールティは、その言葉を覆した。「尊者マハー・カーシャパよ、悪魔たち〔中略〕のすべてが、〝不可思議〟という解脱に住した菩薩であり、衆生を覚りへ向けて成熟させるために巧みなる方便によって悪魔の働きをなしているのだ」と。

さらに、身体や、王権や王国、妻や、子ども、金、宝石などを乞う乞食者《こつじきしゃ》たちの大部分が、〝不可思議〟という解脱に住している菩薩たちであるとも付け加えた。そのようなものを布施として乞うという威圧する態度は、菩薩だからこそできるのだという。『ミリンダ王の問い』には、妻子を布施することを批判するギリシア人のミリンダ王の言葉も収録されている（それについては、橋爪大三郎氏との対談『ほんとうの法華経』ちくま新書の八七、八八頁を参照）。本章に「乞食者たちの大部分」とあるのは、物欲を満たすための乞食者もいるということで全部が全部を肯定してはいないようだ。

第六章　天　女（観衆生品第七）

一切衆生を実体のない空と観るべし

§1　その時、マンジュシリー法王子が、リッチャヴィ族のヴィマラキールティに次のように言った。

「善き人よ、菩薩《ぼさつ》は一切衆生をどのように観《み》るべきでしょうか？」

ヴィマラキールティが言った。

「マンジュシリーよ、それは、あたかも智者が水中の月を観るように、そのように菩薩は一切衆生を観るべきです。マンジュシリーよ、それは、あたかも丸い鏡に映った顔を観るように、そのように菩薩は一切衆生を観るべきです。マンジュシリーよ、例えば、蜃気楼《しんきろう》の中の水のように、そのように菩薩は一切衆生を観るべきです。マンジュシリーよ、例えば、幻術師によって化作《けさ》された人を幻術師が観るように、そのように菩薩は一切衆生を観るべきです。

マンジュシリーよ、例えば、反響《こだま》の音響のように、そのように菩薩は一切衆生を観るべきです。マンジュシリーよ、例えば、天空の雲の塊りのように、そのように菩薩は一切衆生を観るべきです。マンジュシリーよ、例えば、泡沫《ほうまつ》の過去世のように、そのように菩薩は一切衆生を観るべきです。マンジュシリーよ、例えば、水の泡の発生と消滅のように、そのように菩薩は一切衆生を観るべきです。

マンジュシリーよ、例えば、芭蕉《ばしょう》（バナナ）の幹に〔あるはずのない堅い〕芯《しん》を観るように、そのように菩薩は一切衆生を観るべきです。マンジュシリーよ、例えば、〔瞬間的に閃《ひらめ》く〕稲光の閃光《せんこう》に〔あるはずのない〕永続性のように、そのように菩薩は一切衆生を観るべきです。マンジュシリーよ、例えば、〔四大元素以外の〕第五の元素（虚空）のように、そのように菩薩は一切衆生を観るべきです。

マンジュシリーよ、例えば、〔六つの感覚器官（六処《ろくしょ》）以外にあるはずのない〕第七の感覚器官（第七根）*のように、そのように菩薩は一切衆生を観るべきです。マンジュシリーよ、例えば、無色界《むしきかい》において〔あるはずのない〕色《いろ》・形《かたち》（色《しき》）の出現のように、そのように菩薩は一切衆生を観るべきです。マンジュシリーよ、例えば、焼かれた種子に〔あるはずのない〕発芽のように、そのように菩薩は一切衆生を観るべきです。マンジュシリーよ、例えば、〔生えているはずのない〕亀の毛で作った衣服のように、そのように菩薩は一切衆生を観るべきです。マンジュシリーよ、例えば、死亡した人にとっての〔あるはずのない〕愛欲と遊びの喜びのように、そのように菩薩は一切衆生を観るべきです。

マンジュシリーよ、例えば、〔有身見《うしんけん》を断じて聖者としての〕流れに入ったもの（預流《よる》＝須陀洹《しゅだおん》）にとっての、〔あるはずのない〕身体が存在するという誤った見解（有身見）のように、そのように菩薩は一切衆生を観るべきです。マンジュシリーよ、例えば、〔天界から人間界にもう〕一度だけ還《かえ》ってきて二度目の生において覚りを得るもの（一来《いちらい》＝斯陀含《しだごん》）にとっての、〔あるはずのない〕三度目の生のように、そのように菩薩は一切衆生を観るべきです。

マンジュシリーよ、例えば、二度と迷いの世界に還ってこないもの（不還《ふげん》＝阿那《あな》含《ごん》）にとっての、〔あるはずのない〕母胎内に入ることのように、そのように菩薩は一切衆生を観るべきです。マンジュシリーよ、例えば、一切の煩悩を断じ尽くした阿《あ》羅漢《らかん》にとっての、〔あるはずのない〕貪愛《とんあい》・憎悪・迷妄〔、すなわち貪欲《とんよく》・瞋恚《しんに》・愚《ぐ》癡《ち》の三毒《さんどく》〕のように、そのように菩薩は一切衆生を観るべきです。

マンジュシリーよ、例えば、何ものも生ずることはないという真理を認める知（無《む》生法忍《しょうぼうにん》）を獲得している菩薩にとっての、〔あるはずのない〕嫉妬《しっと》、破戒、悪意、傷害の心のように、そのように菩薩は一切衆生を観るべきです。マンジュシリーよ、例えば、如来にとっての、〔あるはずのない〕煩悩の残存（薫習《くんじゅう》）のように、そのように菩薩は一切衆生を観るべきです。マンジュシリーよ、例えば、生まれつき盲目の人にとっての、〔あるはずのない〕色・形を見ることのように、そのように菩薩は一切衆生を観るべきです。

マンジュシリーよ、例えば、〔心の働きがすべて尽き果てた〕滅尽定《めつじんじょう》に入っている人にとっての、〔あるはずのない〕呼吸の回復のように、そのように菩薩は一切衆生を観るべきです。マンジュシリーよ、例えば、虚空《こくう》の中における、〔あるはずのない〕鳥の足跡のように、そのように菩薩は一切衆生を観るべきです。マンジュシリーよ、例えば、去勢された男性にとっての、〔あるはずのない〕器官（男根）の出現のように、そのように菩薩は一切衆生を観るべきです。

マンジュシリーよ、例えば、子どものできない女性にとっての、〔あるはずのない〕息子の獲得のように、そのように菩薩は一切衆生を観るべきです。マンジュシリーよ、例えば、如来によって化作《けさ》された人にとっての、生ずるはずのない諸々《もろもろ》の煩悩のように、そのように菩薩は一切衆生を観るべきです。マンジュシリーよ、例えば、夢から覚めた人にとっての夢を見ることのように、そのように菩薩は一切衆生を観るべきです。

マンジュシリーよ、例えば、妄想分別《もうそうふんべつ》しない人にとっての、〔あるはずのない〕煩悩のように、そのように菩薩は一切衆生を観るべきです。マンジュシリーよ、例えば、点《つ》けられてもいない火の出現のように、そのように菩薩は一切衆生を観るべきです。マンジュシリーよ、例えば、完全なる滅度に入った人にとっての、〔あるはずのない〕

再び生まれてくることのように、そのように菩薩は一切衆生を観るべきです。マンジュシリーよ、菩薩は、一切衆生をまさにこのように〔実体のない空《くう》なるものと〕観るべきであります」

菩薩にとっての大いなる慈・悲・喜・捨

§2　マンジュシリーが言った。

「良家の息子よ、もしも、菩薩が一切衆生を以上のように〔実体のない空なるものと〕見るべきであるのなら、この菩薩には、いかにして一切衆生に対する大いなる慈しみ（大慈）があるのでしょうか？」

ヴィマラキールティが言った。

「マンジュシリーよ、菩薩が〔一切衆生を〕以上のように観る時、『実に私は、これらの衆生のものごとの本質（法）を知らせるために、真理の教え（法）をこのように説くべきである』と考えます。それ故に、この菩薩には、対境がないことによって衆生を救済するための真実の慈しみが、一切衆生に対して生じます。外界の対象に取著（取《しゅ》）することがないことによって寂滅《じゃくめつ》した慈しみが生じ、煩悩がないことによって熱悩のない慈しみが生じ、三世にわたって平等であることによってあるがままの慈しみが生じ、生起することがないことによって対立のない慈しみが生じ、自己の内と自己の外とが混合していないことによって不二の慈しみが生じ、絶えることなく専心することによって確固とした慈しみが生じ、金剛石《ダイアモンド》のように堅固で打ち砕かれることのない意向を持つことによって堅固な慈しみが生じ、本性として清らかなことによって清らかな慈しみが生じ、虚空のように平等であることによって平等な慈しみが生じ、敵を打ち砕くことによって阿羅漢《あらかん》の慈しみが生じ、間断なく衆生を〔覚りへ向けて〕成熟させることによって菩薩の慈しみが生じ、あるがままの真理（真如《しんにょ》）を覚っていることによって如来の慈しみが生じ、眠れる衆生を目覚めさせることによって〔目覚めた人である〕ブッダの慈しみが生じ、自《おの》ずから完全に覚ることによって独立自存するものの慈しみが生じ、等しい味を持つことによって覚り（菩提《ぼだい》）の慈しみが生じ、愛執と憎悪を断じていることによって〔無を有であると固執する〕誤認（増益《ぞうやく》）のない慈しみが生じ、大いなる乗り物（大乗《だいじょう》）を明らかにすることによって大いなる憐《あわ》れみ（悲《ひ》）と慈しみ（慈《じ》）が生じ、空《くう》と非我《ひが》を観ることによって疲れることのない慈しみが生じ、教師の握り拳《こぶし》がないことによって〔私欲を超越した〕法を布施する慈しみが生じ、＊破戒の衆生を熟慮することによって持戒の慈しみが生じ、自他ともに護《まも》ることによって＊忍耐の慈しみが生じ、一切衆生を担って運ぶことによって努力精進《しょうじん》の慈しみが生じ、味わいに執着しないことによって禅定《ぜんじょう》の慈しみが生じ、時にかなって獲得させることによって智慧の慈しみが生じ、あらゆる場合に覚りへの門を示すことによって方便の慈しみが生じ、意向が完全に清らかであることによって偽善のない慈しみが生じ、意向の本性によって偽りのない慈しみが生じ、煩悩がないことによって高潔なる心の慈しみが生じ、下心をもってなさないことによって狡猾《こうかつ》さのない慈しみが生じ、ブッダの安楽に立たせることによって安楽の慈しみが生じます。マンジュシリーよ、これが、菩薩にとっての大いなる慈しみ（慈《じ》）なのです」

§3　マンジュシリーが言った。

「それでは、この菩薩にとっての大いなる憐れみ（悲《ひ》）とは何でしょうか？」

ヴィマラキールティが言った。

「菩薩が、積みに積んだ善い果報をもたらす立派な行ない（善根）を一切衆生のために喜捨《きしゃ》するということです」

マンジュシリーが言った。

「それでは、この菩薩にとっての大いなる歓喜（喜《き》）とは何でしょうか？」

ヴィマラキールティが言った。

「与えて歓喜し、後悔しないということです」

マンジュシリーが言った。

「それでは、この菩薩にとって偏見・差別を捨てて大いに他者を平等に利すること（捨《しゃ》）とは何でしょうか？」

ヴィマラキールティが言った。

「両者の利益になるということです」

あらゆるものごとに、依って立つ根拠なし

§4　マンジュシリーが言った。

「〔六種の〕生存領域を循環する輪廻《りんね》（六道輪廻）の恐怖にとらわれている菩薩は、何を得るべきでしょうか？」

ヴィマラキールティが言った。

「マンジュシリーよ、輪廻に対する恐怖にとらわれている菩薩は、ブッダの偉大なる精神を得るべきです」

マンジュシリーが言った。

「ブッダの偉大なる精神に立つことを欲する菩薩は、どこに立つべきでしょうか？」

ヴィマラキールティが言った。

「ブッダの偉大なる精神に立つことを欲する菩薩は、一切衆生の平等性に立つべきです」

マンジュシリーが言った。

「一切衆生の平等性に立つことを欲する菩薩は、何のためにそこに立つべきでしょう

か？」

ヴィマラキールティが言った。

「一切衆生の平等性に立つことを欲する菩薩は、一切衆生を解脱させるためにそこに立つべきです」

§5　マンジュシリーが言った。

「一切衆生を解脱させることを欲する菩薩は、何をなすべきでしょうか？」

ヴィマラキールティが言った。

「一切衆生を解脱させることを欲する菩薩は、衆生を煩悩から解放（解脱）することをなすべきです」

マンジュシリーが言った。

「諸の煩悩を捨て去ることを欲する菩薩は、どのように念《おも》いを傾注するべきでしょうか？」

ヴィマラキールティが言った。

「諸の煩悩を捨て去ることを欲する菩薩は、正しく念いを傾注するべきです」

マンジュシリーが言った。

「しかしながら、どのように念いを傾注して、正しく念いを傾注するのでしょうか？」

ヴィマラキールティが言った。

「不生と不滅について念いを傾注して、正しく念いを傾注するのです」

マンジュシリーが言った。

「何が生じないで、何が滅しないのでしょうか？」

ヴィマラキールティが言った。

「悪（不善）が生じないで、善が滅しないのです」

マンジュシリーが言った。

「善と悪にとって、それぞれ何が根本なのでしょうか？」

ヴィマラキールティが言った。

「存在している身体が根本であります」

マンジュシリーが言った。

「さらに、存在している身体にとって、何が根本なのでしょうか？」

ヴィマラキールティが言った。

「存在している身体にとって、欲望と貪《むさぼ》りが根本であります」

マンジュシリーが言った。

「欲望と貪りにとって、何が根本なのでしょうか？」

ヴィマラキールティが言った。

「欲望と貪りにとって、虚妄《こもう》な分別が根本であります」

花々をめぐる天女と舎利弗の対話

§6　マンジュシリーが言った。

「虚妄な分別にとって、何が根本なのでしょうか？」

ヴィマラキールティが言った。

「虚妄な分別にとって、倒錯した意識が根本です」

マンジュシリーが言った。

「倒錯した意識にとって、何が根本なのでしょうか？」

ヴィマラキールティが言った。

「倒錯した意識にとって、依《よ》って立つ根拠がないことが根本であります」

マンジュシリーが言った。

「依って立つ根拠がないことにとって、何が根本なのでしょうか？」

ヴィマラキールティが言った。

「マンジュシリーよ、依って立つ根拠がないということにいかなる根本があるのでしょうか？　実に以上のように、あらゆるものごと（諸法《しょほう》）は、依って立つ根拠がないという根本に基づいているのです」

§7　その時、ヴィマラキールティのその家に住んでいる天女が、それらの偉大な人である菩薩たちのこの説法を聞いて、満足して、心が高揚し、狂喜し、自分の身体を現してから、天上の花をそれらの偉大な人である菩薩たちや、それらの偉大なる声聞《しょうもん》たちに振り撒《ま》いた。そこに花々が振り撒かれて後、菩薩たちの身体に落ちてきた花々は、地面に落ちた。

しかしながら、偉大なる声聞の身体に落ちてきた花々は、まさにそこに付着して、大地に落ちなかった。それで、それらの偉大なる声聞たちは、神力による奇跡（神《じん》変《ぺん》）によってそれらの花々を取り払おうとしたが、落ちることはなかった。

§8　そこでその天女は、尊者シャーリプトラに次のように言った。

「尊者シャーリプトラよ、あなたは、これらの花々をなぜ取り払おうとなさるのですか？」

シャーリプトラが言った。

「天女よ、これらの花々は、〔出家者にとって法に〕かなっていないからだ。だから、私はこれらの花々を取り去っているのだ」

天女が言った。

「尊者シャーリプトラよ、あなたは、そのように言ってはなりません。それは、どんな理由からでしょうか？　実にこれらの花々は、法にかなったものであるからです。

理由は何でしょうか？　これらの花々は考えることもなく、分別することもありません。しかしながら、大徳シャーリプトラこそが、考え、分別しているのです。

尊者シャーリプトラよ、よく説かれた法（真理の教え）と律（出家者の守るべき規則）のもとで出家して、あれこれと考え、分別するならば、それらの人こそが法にかなっていないのです。しかるに、大徳は、花々についてあれこれと考え、分別しておられます。しかしながら、あれこれと考えず、分別しないならば、それらの人たちこそが法にかなっているのです。

尊者シャーリプトラよ、ご覧なさい。もちろん、これらの菩薩たちは、あれこれと考えることや分別することをすべて打ち破っていることから、これらの偉大な人である菩薩たちの身体には花々が付着しないのです。

それは、あたかも鬼神たちが、恐怖にとらわれた人につけ入るすきを得るようなものです。まさにこのように、色《いろ》・形《かたち》（色《しき》）や、音声、香り、味、触れること〔の五欲〕が、生存領域を循環する輪廻の恐怖にとらえられた人につけ入るすきを得るのです。

しかしながら、あらゆる輪廻の苦悩と恐怖を断っている人たちに色《いろ》・形《かたち》や、音声、香り、味、触れること〔の五欲〕が何をなすでありましょうか？　〔香りが衣服に染み付いて残存するように〕薫《くん》じつけられた〔煩悩の〕余残を断っていない人たちの身*

体に花々が付着するのです。それ故に、薫じつけられた〔煩悩の〕余残をすべて断っている人の身体には、花々は付着しません」

言葉を離れて解脱なし

§9　その時、尊者シャーリプトラは、その天女に次のように言った。

「しかしながら、天女よ、あなたは、この家にどれほど長く滞在しているのか？」

天女が言った。

「大徳シャーリプトラの聖なる解脱〔の獲得以来の長さ〕と同じだけ長く滞在しています」

シャーリプトラが言った。

「天女よ、あなたはこの家に長くは住んでいないであろう」

天女が言った。

「では、大徳シャーリプトラの聖なる解脱は、そこに入られてどれほど長くなるのですか？」

すると、大徳シャーリプトラは黙り込んでしまった。

天女が言った。

「大いなる智慧を持つ人たちの中で第一人者である大徳シャーリプトラは、今、どうして黙り込んでしまわれたのですか？　あなたが答える番が来たのに、質問にお答えになりませんね」

シャーリプトラが言った。

「天女よ、解脱というものは、実に説くことのできないものだ。それ故に、解脱についてどのように話すべきか、私はわからないのだ」

天女が言った。

「実に何であれ、大徳シャーリプトラが語られる言葉（文字）は、すべて解脱の特徴を具《そな》えています。それは、どんな理由からでしょうか？　その解脱であるものは、自己の内にあるのでもなく、外側にあるのでもなく、その両者の中間に認められるのでもないからです。言葉もまた同じです。自己の内にあるのでもなく、外側にあるのでもなく、その両者の中間に認められるのでもありません。* それ故に、尊者シャーリプトラよ、その場合に、言葉を離れて解脱を説いてはなりません。それは、どんな理由からでしょうか？　あらゆるものごと（一切法《いっさいほう》）が平等であることこそ、解脱であるからです」

シャーリプトラが言った。

「天女よ、貪愛・憎悪・迷妄〔、すなわち貪欲《とんよく》・瞋恚《しんに》・愚癡《ぐち》の三毒《さんどく》〕を断っているから、解脱があるのではないか？」

天女が言った。

「『貪愛・憎悪・迷妄を断っているから、解脱がある』というこの説法は、慢心あるものたちのためのものです。慢心のない人たちにとっては、貪愛、憎悪、迷妄〔の三毒〕の本性こそが解脱なのです」

天女の雄弁さの理由

§10　すると、尊者シャーリプトラは、その天女に次のように言った。

「天女よ、素晴らしいことだ。素晴らしいことだ。このような雄弁さが具わっているあなたは、何を獲得したのか？　あるいは、何を自分の眼で見て覚ったのか？」

天女が言った。

「尊者シャーリプトラよ、私は決して何かを獲得したのでも、覚ったのでもありません。それ故に、私にはこのような雄弁さが具わっているのです。このように、『われわれは獲得している』、あるいは『われわれは覚っている』という思いを生じる人たちは、よく説かれた法と律において、慢心あるものたちと言われるのです」

§11　シャーリプトラが言った。

「天女よ、あなたは、声聞のための乗り物（声聞乗《しょうもんじょう》）に属するのか？　あるいは独覚に到るための乗り物（独覚乗《どっかくじょう》）に属するのか？　菩薩のための大いなる乗り物（大乗《だいじょう》）

に属するのか？」

天女が言った。

「声聞のための乗り物を示すことによって、私は声聞のための乗り物に属するものであり、縁起の法を顕現することによって、私は独覚に到るための乗り物に属するものであり、大いなる憐れみを放棄しないことによって、私は大いなる乗り物（大乗）に属するものなのです。

§12　しかしながら尊者シャーリプトラよ、チャンパカ（瞻蔔《せんぼく》）＊の森に入った人たちは、エーランダ（伊蘭《いらん》）＊の悪臭を嗅《か》ぐことはありません。しかるに、チャンパカの森に入った人たちは、チャンパカの芳香だけを嗅ぎます。まさにこのように、尊者シャーリプトラよ、仏法の功徳の芳香に満ちたこの家に住んでいる人たちは、声聞《しょうもん》や独覚の臭いを嗅ぐことはありません。

尊者シャーリプトラよ、この家に入るインドラ神、ブラフマー神、世界の保護者〔である四天王〕たちや、神々、龍、ヤクシャ、ガンダルヴァ、アスラ、ガルダ、キンナラ、マホーラガたちもまた、この善き人から法を聞いて、仏法の功徳の芳香によって、覚りを求める心（菩提心）を生じて、出ていきます。

尊者シャーリプトラよ、私は、十二年間にわたってこの家に住んでおりますが、声聞と独覚に関する話をこの家でこれまで全く聞いたことがありません。他方において、大いなる慈しみ（慈《じ》）や、大いなる憐れみ（悲《ひ》）に関する話のみ、考えも及ばない〔不可思議《ふかしぎ》のブッダの〕法に関する話のみを聞きました。

奇異で驚嘆すべき八つの性質の家

§13　尊者シャーリプトラよ、この家には常に奇異で驚嘆すべき八つの性質が観察されます。八つとは何でしょうか？　ここには、夜も昼も識別されることはありません。常にこの家は、金色《こんじき》の光明によって輝いています。けれども、ここには太陽と月はなく、輝いてもいません。これが、奇異で驚嘆すべき第一の性質です。

そのほか、さらに尊者シャーリプトラよ、この家に入る人たちが、この家に入るやいなや、一切の煩悩がその人たちを煩わせることはありません。これが、奇異で驚嘆すべき第二の性質です。

そのほか、さらに尊者シャーリプトラよ、インドラ神、ブラフマー神、世界の保護者〔である四天王〕たちや、他のブッダの国土から集合している菩薩たちは、この家を立ち去ることがありません。これが、奇異で驚嘆すべき第三の性質です。

そのほか、さらに尊者シャーリプトラよ、この家は、常に法を聞くこと、すなわち六つの完成（六波羅蜜《ろくはらみつ》）に関する話、不退転の法についての話を欠くことがありません。これが、奇異で驚嘆すべき第四の性質です。

そのほか、さらに尊者シャーリプトラよ、この家の中では、音楽や合唱、あるいは神々や人間たちの楽器が奏でられ、それらの音楽からあらゆる時にかなった無量の法を説く声が現れてくるのです。これが、奇異で驚嘆すべき第五の性質です。

そのほか、さらに尊者シャーリプトラよ、この家には、尽きることのないあらゆる宝物で満たされた四つの大きな蔵があります。その蔵から〔施しとして〕持ち出されるのを、貧しく憐れなすべての人たちが受け取って、去るけれども、その蔵は尽きることがありません。これが、奇異で驚嘆すべき第六の性質です。

そのほか、さらに尊者シャーリプトラよ、この善き人が欲するやいなや、〝シャーキャ族の聖者〟（釈迦牟尼《しゃかむに》）という如来、〝無量の光明を持つもの〟（阿弥陀《あみだ》）、〝不動であるもの〟（阿閦《あしゅく》）、〝宝石の徳を持つもの〟（宝徳《ほうとく》）、〝宝石の光を持つもの〟（宝炎《ほうえん》）、〝宝石のような月〟（宝月《ほうがつ》）、〝宝石による荘厳《しょうごん》を持つもの〟（宝厳《ほうごん》）、〝征服しがたいもの〟（難勝《なんしょう》）、〝あらゆる目的を達成したもの〟（一切利成《いっさいりじょう》）、〝多くの宝を持つもの〟（多《た》宝《ほう》）、〝師子の吼《ほ》える声を響かせるもの〟（師子吼《ししく》）、〝師子の声を持つもの〟（師子響《しきょう》）という如来をはじめとして、このように十方にいる無量の如来たちが、この家にお出《い》でになるのです。そして、お出でになって、〝如来の秘密〟という名前の法門に入ることを説かれてからお帰りになります。これが、奇異で驚嘆すべき第七の性質です。

そのほか、さらに尊者シャーリプトラよ、この家には、すべての神々の宮殿の荘厳や、すべてのブッダの国土の功徳の荘厳が観察されます。これが、奇異で驚嘆すべき第八の性質です。

尊者シャーリプトラよ、この家には常に奇異で驚嘆すべきこれらの八つの性質が観察されます。この考えも及ばない〔奇異で驚嘆すべき八つのそれぞれの〕本性を見ながら、だれが声聞の本性を求めるでありましょうか？」

天女の姿に変えられたシャーリプトラ

§14　シャーリプトラが言った。

「天女よ、あなたは、どうして女であることを転じ〔て男の身を示さ〕ないのか？」*

天女が言った。

「私は、まるまる十二年間にわたって、女であることを求めていますが、それを得ることはありません。さらにまた、尊者シャーリプトラよ、幻術師によって化作《けさ》された女性に、『あなたは、どうして女であることを転じ〔て男の身を示さ〕ないのか？』と、このように人が言うならば、その人は、何を言っているのでありましょうか？」

シャーリプトラが言った。

「その化作された女性には、実際に完成されたものは決して何もないのだ」

天女が言った。

「まさにそのように、尊者シャーリプトラよ、あらゆるものごと（一切法《いっさいほう》）は、幻術によって化作されたという固有の性質（自性《じしょう》）を持つものであり、完全なものではない、それにもかかわらず、『あなたは、どうして女であることを転じ〔て男の身を示さ〕ないのか？』などと、あなたにこのような思いがどこから生ずるのでしょうか？」

§15　そこで、その天女は、次のような神通を発揮した。その結果、大徳シャーリプトラは、その天女の姿となり、同様に、その天女は、大徳シャーリプトラの姿となった。

そこで、シャーリプトラの姿をしたその天女が、天女の姿をしているシャーリプトラに尋ねた。

「尊者シャーリプトラよ、あなたは、どうして女であることを転じ〔て男の身を示さ〕ないのですか？」

天女の姿をしているシャーリプトラが言った。

「どのように元に戻すのか、どうして男の姿が消滅し、私に女の姿が生じたのか、私はわからない」

天女が言った。

「もしも、大徳シャーリプトラが女であることを元に戻すことができるのならば、その時は、すべての女性たちもまた女であることを元に戻すでありましょう。大徳シャーリプトラが、女でないのに、女の姿を現しているように、そのようにすべての女たちにもまた女の姿が具わっているのであり、しかも女でないのに、女の姿が観察されるのであります。これを結論して、世尊は『あらゆるものごとは、女でもなく、男でもないのだ』と言われました」

そして、その天女は、その神通《じんつう》を解いた。すると、尊者シャーリプトラは、まさに再び元の自分の姿に戻った。そこで、その天女が尊者シャーリプトラに次のように言った。

「尊者シャーリプトラよ、あなたが得ていた女の姿は今、いったいどこへ行ったのでしょうか？」

シャーリプトラが言った。

「その女の姿は作られたのでもなく、作り変えられたのでもないのだ」

天女が言った。

「まさにそのように、あらゆるものごとは、作られたのでもなく、作り変えられたのでもありません。そこには、作られることもなく、作り変えられることもありません。それが、ブッダの言葉なのです」

天女に論破されたシャーリプトラ

§16　シャーリプトラが言った。

「天女よ、あなたは、ここで死んで後に、どこに生まれるのか？」

天女が言った。

「如来によって化作《けさ》された人が生まれるところ、まさにそこに私は生まれるでありましょう」

シャーリプトラが言った。

「如来によって化作された人には、死ぬこともなく、生まれることもないのだ」

天女が言った。

「まさにそのように、あらゆるものごと（一切法《いっさいほう》）には死ぬこともなく、生まれることもありません」

シャーリプトラが言った。

「天女よ、さらにどれほど長い時間を経てあなたは覚りを覚るのか？」

天女が言った。

「大徳シャーリプトラが、凡人（凡夫《ぼんぷ》）の性質を具えるようになる時、その時、私は覚りを覚るでありましょう」

シャーリプトラが言った。

「天女よ、［すべての煩悩を断じて阿羅漢《あらかん》に達している］私が、凡人の性質を具えるようになるという、そんなことはありえないことだ」

天女が言った。

「まさにそのように、尊者シャーリプトラよ、私が覚りを覚るであろうという、そんなことはありえないことです。それは、どんな理由からでしょうか？　住するところなくして住することこそが、覚りであるからです。それ故に、住することのないものを、決してだれも覚ることはありません」

大徳シャーリプトラが言った。

「天女よ、如来がおっしゃられた。『ガンジス河の砂の数に等しい多くの如来たちが、過去に覚ったし、現在に覚るし、未来に覚るであろう』と」

天女が言った。

「尊者シャーリプトラよ、過去・未来・現在のブッダたちということ、これは、言葉（文字）や、数の決められた約束による表記にすぎないものです。さらに、ブッダたちは、過去のものでも、未来のものでも、現在のものでもありません。覚りは、実に過去・未来・現在の三世を超越したものです。ところで、大徳シャーリプトラは、阿羅漢の位に達しておられるのですか？」

シャーリプトラが言った。

「到達することがないという因によって到達したのだ」

天女が言った。

「まさにそのように、覚ることがないという因によって、覚りがあります」

ヴィマラキールティの天女評

§17　その時、リッチャヴィ族のヴィマラキールティが、尊者シャーリプトラに次のように言った。

「尊者シャーリプトラよ、この天女は、九十二・コーティもの多くのブッダたちに親《しん》近《ごん》し、神通の智慧によって自在に振る舞い、誓願を満たし、無生法忍《むしょうぼうにん》を得て、不退転の位に入っていて、衆生を〔覚りへ向けて〕成熟させるために誓願の力によって欲するままに、このように天女としてあり続けているのである」

《第七の感覚器官（第七根）》貝葉写本とチベット語訳には、存在するはずのないものとして、第七の感覚器官を挙げるのみだが、鳩摩羅什訳では、「第六陰」「第七情」「十三入」「十九界」、玄奘訳では表現は異なるが同じ内容の「第六蘊」「第七根」「十三処」「十九界」を挙げている。これらは、仏教で説く「五陰」（五蘊）、「六根」（六情）、「十二入」（十二処）、「十八界」のそれぞれに一つ多いものであり、非実在のものを意味している。支謙訳には、これらのいずれも挙げていない。**《外界の対象に取著（取）することがないことによって》**これは、貝葉写本とVKN.では、anutpādanatayā（生ずることがないことによって）となっているが、チベット語訳では「把捉すること（取）がないため」、漢訳では「所生無きが故」（鳩摩羅什訳）と、「諸の取無きが故」（玄奘訳）となっている（支謙訳には見当たらない）。以上の訳は、チベット語訳と玄奘訳のように「把捉（取）がない」とするものと、貝葉写本と鳩摩羅什訳のように「生ずることがない」（所生無き）とするものの二つのグループに分類される。後者の場合、「何を」生ずることがないのか、曖昧《あいまい》であることが問題である。それに対して、前者にはすべて「取」という文字が含まれている。チベット語訳でも、それはlen paと訳されているが、これは十二支縁起で九番目の「取」の翻訳語である。それは、「外界の対象に取著（取）すること」であり、こちらのほうが後者よりも具体的である。「取」もlen paも、サンスクリット語のupādāna-の翻訳語である。これに否定を意味する接頭辞an-を付け、さらに女性の中性名詞を作る接尾辞-tāを付けたものの単数・具格の形にすると、anupādānatayāとなる。anupādānatayāとanutpādanatayāが類似していることを考慮すると、後者は、前者の誤記ではないかと思われる。以上の考察から、原型はanupādānatayāであったが、書写の際、anutpādanatayāと誤記され、それが、鳩摩羅什訳の底本と貝葉写本に反映されているといえよう。**《教師の握り拳がない》**歴史上の人物としての釈尊が語っていたことであり、原始仏典にも「私には教師の握り拳（ācariya-muṭṭhi）はない」という釈尊の言葉が記録されている。それは、握り拳の中に隠すようにして秘密のうちにこっそりと、気に入った弟子にしか奥義を教えなかったバラモンたちとの違いを釈尊自らが鮮明にした言葉である。中村元訳『ブッダ最後の旅』（岩波文庫）には、入滅を間近にした釈尊にアーナンダ（阿難《あなん》）が最後の教えを求めたことに対して、釈尊は次のように語って聞かせた。「アーナンダよ、修行僧たちはわたくしに何を期待するのであるか？　わたくしは内外の隔てなしに（ことごとく）理法を説いた。完《まった》き人の教えには、何ものかを弟子に隠すような教師の握拳《にぎりこぶし》は存在しない」（六二頁）。**《自他ともに護ることによって》**これは、貝葉写本とVKN.ではātmaparākṣaṇyanatayā（< ātma-para-akṣaṇyanatā）となっている。ātma-paraは「自他」だが、akṣaṇyanatāの意味が不明である。チベット語訳からの現代語訳である中公版は「自他をともにまもる」（中公版、一〇〇頁）、支謙訳は「彼我皆護」、鳩摩羅什訳は「彼我を護る」、玄奘訳は「自他を護る」となっていて、akṣaṇyanaの相当箇所はすべて「護る」という訳になっている。ベルギーのÉ・ラモット博士は、英語のprotectsに相当するサンスクリットのpālayatiという動詞を当てているが、akṣaṇyanatāとは似ても似つかない。筆者は、意味と単語の類似性を考慮して、rakṣaṇaの誤植であろうと考え訂正した。かつて、筆者が八月下旬のインドでアグラからニュー・デリー行きの列車に乗った時、右の手首にリボンのようなものを巻いている白髪の白ひげをたくわえた男性と隣り合わせたことがあった。それは、ラクシャー・バンダン（rakṣā-bandhan）という祭りで男性が手首に着けるものだと聞いた。神妃が夫の手首にラクシャー（お守り）を着けてやり、夫が悪魔を倒すのを助けたという神話に基づく。そのラクシャーは、「護る」という意味の動詞√rakṣに女性名詞を作る接尾辞-āを付けたrakṣāのことである。このことが

記憶に残っていて、ここは√rakṣ に中性名詞を作る接尾辞 -ana を付けて rakṣana とし、さらに女性の抽象名詞を造る接尾辞 -tā をつけた rakṣanatā の単数・具格のことであろうとひらめいた。それによって、すべてが解決した。これも、あの時のラクシャーに守られたのであろうか？**《あらゆる輪廻の苦悩と恐怖を断っている》**これは、sarva（あらゆる）、saṃsāra（輪廻）、kleśa（苦悩）、bhaya（恐怖）、vigatāḥ（＜vigata、断たれた）の複合語を訳したものである。この sarva-saṃsāra の部分は、チベット語訳では 'du byed thams cad（形成されたすべてのもの）となっている。チベット語の 'du byed がサンスクリットの saṃskāra（形成されたもの）、thams cad が sarva（一切）に相当している。だから sarva-saṃskāra-kleśa-bhaya-vigatāḥ であった可能性があると VKN. は指摘している。支謙訳と鳩摩羅什訳は「已《すで》に畏れを離るる者」となっていて、畏れの内容については触れていない。玄奘訳は「生死の業の煩悩を畏れざる者」となっていて、「生死」は saṃsāra（輪廻）の漢訳の一つであり、貝葉写本と一致している。インド人が恐怖を感じたのは、この身が輪廻することに対してであり、「形成されたもの」に対してではない。従って、VKN. の指摘は採用しない。**《自己の内にあるのでもなく、外側にあるのでもなく、その両者の中間に認められるのでもありません》**この一節は、貝葉写本にも、VKN. にも存在しないが、チベット語訳、漢訳のすべてに対応語があるので筆者は補った。その詳細は、植木訳『梵漢和対照・現代語訳　維摩経』第六章の注136を参照。**《チャンパカ（瞻蔔）》**これは、クチナシの花のような芳香を持つ白い花を咲かせるが、クチナシのアカネ科とは異なり、モクレン科に属する。インドのガンディーが好きな花だったそうで、筆者が、ニュー・デリーのガンディー記念館を訪ねた折、ガンディーが凶弾に倒れるまで寝起きしていた部屋の小さな座机の上にその白い花が一輪さりげなく飾られていた。女性職員に、その花の名前を尋ねると、「チャンパ」と答えて、その部屋の前の木に登ってその花を手折《たお》って筆者に下さった。それが、チャンパであった。チャンパ（campa）に「小さい」といった意味を付加する接尾辞 -ka をつけたのがチャンパカ（campaka）である。チャンパ〔カ〕は、インドでは、多くの人に愛される花のようで、インドの詩聖・タゴールも「チャンパの花」（高良とみ・高良留美子訳）と題する次のかわいらしい詩を書いている（『タゴール著作集』第一巻、第三文明社、一七〇〜一七三頁）。四十五行のうちの最初の五行を引用する。「ぼくが　ふざけて　チャンパの花になり／あの木の　たかいこずえに　さいて／わらいながら　かぜにゆられ／あたらしい　芽のでた　葉っぱのうえで／おどって　いたとしたら　おかあさま／ぼくがわかるかしら？」」。**《エーランダ（伊蘭）》**トウゴマ属の一種で、悪臭を持つ毒草であり、芳香を放つチャンダナ（candana、栴檀《せんだん》）や、チャンパカと対照的に論じられる。**《どうして女であることを転じ〔て男の身を示さ〕ないのか？》**歴史的人物としての釈尊は、男女平等を説いていたにもかかわらず、釈尊滅後、百年たったころから教団の保守・権威主義化が著しくなり、男性・出家者中心主義になるにつれて、女性を差別するようになった。その主張の中で、女性は梵天、帝釈天、ブッダなどの五つになれない〔五障〕とされたり、女性は穢《けが》れていて成仏できないとまで言われたりするようになった。この言葉はそのような女性観を反映したものである。大乗仏教は、女性も成仏できると主張するのに、女性差別の著しいヒンドゥー社会にあって、妥協策として、一たん男の身に転じて後、成仏すると主張した。『法華経』の提婆《だいば》達多《だった》品《ぼん》において龍女という八歳の女性が「変成男子《へんじょうなんし》」の姿を示して成仏する場面が描かれている。それは、小乗仏教の女性観にとらわれ、女性を蔑視するシャーリプトラや智積《ちしゃく》菩薩へのあてつけとしての「変成男子」であって、女性蔑視とは異なっている。詳細については、拙著『差別の超克――原始仏教と法華経の人間観』（講談社学術文庫）第六章と、『思想としての法華経』（岩波書店）第七章を参照。

【解説】

本章のタイトルは、貝葉写本でも、チベット語訳でも「天女」となっている。これは、本章の後半部に天女が登場することからの命名である。ところが、漢訳ではいずれも本章の冒頭で「衆生」（有情《うじょう》）をどのように観るかということが話題になっていることから、「観人物品」（支謙訳）、「観衆生品」（鳩摩羅什訳）、「観有情品」（玄奘訳）となっている。これは、男尊女卑の著しい儒教倫理の中国社会にあって、智慧第一の男性出家者シャーリプトラをやりこめる「天女」を章の名前とすることに抵抗があったからであろうか？

第一章では「衆生こそがブッダの国土」と語られ、第四章では「菩薩は、衆生に病があることによって病になり、衆生に病がないことによって無病となる」とあった。『維摩経』では、衆生が重要なテーマになっているといえよう。§1でその衆生を菩薩がどのように観るべきかというマンジュシリーの問いに対して、ヴィマラキールティが答えを述べている。それは、衆生を実体のない「空《くう》」と観るべきだと言うのだ。その譬《たと》えとして、①反響《こだま》の音響、②雲の塊り、③水の泡、④芭蕉（バナナ）の幹の芯《しん》、⑤稲光《いなびかり》の閃光の永続性、⑥四大元素以外の第五の元素、⑦第七の感覚器官、⑧無色界《むしきかい》における色《いろ》・形《かたち》、⑨焼かれた種子の発芽、⑩亀の毛で作った衣服、⑪虚空中《こくうちゅう》の鳥の足跡、⑫点《つ》けられてもいない火の出現……など、はかないもの、あるはずのないものを列挙し、衆生をそれらのように観るべきだという。こんなに多くの例を並べられると、衆生が否定的に見なされているのではないかと思えてくる。ところが、次の§2を読むとその懸念は吹っ飛んでしまう。

　マンジュシリーも同様の疑問を抱いたのであろう。衆生をそのように見なして、一切衆生に対する大いなる慈しみ（大慈）はどのようにあり得るのかと尋ねた。ヴィマラキールティは、衆生を「空」と見なして、実体視しないからこそ、衆生の個人個人に執着することなく平等に見ることができると答える。だからこそ、①真実の慈しみ、②寂滅した慈しみ、③あるがままの慈しみ、④対立のない慈しみ、⑤不二の慈しみ、⑥確固とした慈しみ、⑦堅固な慈しみ、⑧清らかな慈しみ、⑨平等な慈しみ、⑩疲れることのない慈しみ、⑪私欲を超越した法を布施する慈しみ、⑫偽善のない慈しみ、⑬偽りのない慈しみ、⑭高潔なる心の慈しみ、⑮狡猾《こうかつ》さのない慈しみ、⑯安楽の慈しみ……を生ずることになる。これが菩薩にとっての大いなる慈しみ（慈）だと説いた。それに続けて、大いなる憐れみ（悲）、大いなる喜び（喜）、偏見・差別を捨てて他者を平等に利すること（捨《しゃ》）に言及して、慈・悲・喜・捨の四無量心が完結する。

「菩薩は、衆生をどのように観るべきか」という問いに続き、マンジュシリーの質問に答えて、「六道輪廻の恐怖にとらわれた菩薩の心得るべきこと」が語られる。それは、「ブッダの偉大なる精神」を自らの心として、「一切衆生の平等性」に立ち、一切衆生を解脱させ、煩悩から解放（解脱）するために正しく念いを傾注して、「悪が生じないで、善が滅しない」ようにするべきだと説いた。その「善と悪」がどのように生ずるかと言えば、あらゆるものごと（諸法）には「依って立つ根拠がない」にもかかわらず、何かがあるかのように「倒錯《とうさく》した意識」を抱き、「虚妄《こもう》な分別」をなし、「欲望と貪り」、さらには「存在している身体」にとらわれて、「善と悪」を生じているという。従って、根拠のないものを妄想分別して恐怖にとらわれてはいけないと説いた。

こうしたやり取りを見ていた天女が歓喜して姿を現し、天上の花を振り撒《ま》いた。その花びらが落ちてくると、菩薩の体に付着することなく地面に落ちた。ところが、シャーリプトラをはじめとする声聞の身にくっ付いて離れなかった。シャーリプトラは、「出家者にとって法にかなわないことだ」と言って花びらを取ろうとするが取れない。

そこで天女が、「これらの花は考えることも、分別することもない。シャーリプトラこそが、考え、分別しているのだ」と痛い所を突き、花びら自体が問題なのではなく、花びらに執着しているシャーリプトラの心のほうが出家者としてあるまじきことだと断じた。シャーリプトラは、ここで天女に一本取られてしまう。そこでやめておけばいいのに、次々に余計なことを言っては、そのたびに天女から論破され、コテンパンにやり込められる。

遂《つい》には、「どうして女身を転じて男身を示さないのか」と天女に問うと、シャーリプトラは天女の体に変えられてしまう。女身に変えられて慌てふためくシャーリプトラに天女は、「どうして女身を転じて男身を示さないのか」と質問をそっくりお返しする。答えに窮し、おろおろするばかりのシャーリプトラを、天女は手玉に取り続ける。小乗仏教の女性蔑視に凝り固まったシャーリプトラをコテンパンにやり込める天女の言葉が痛快である。

このやり取りの中で、〈あるのでもなく、ないのでもない〉という「空」の論理によって、天女は「一切のものは男に非ず、女に非ず」と述べ、外見としての男身や女身に固定的実体としてとらわれることの迷妄を打ち破ったといえよう。

そして最後に、このやり取りを引き取るように、主人公のヴィマラキールティがシャーリプトラに語った。「この天女は、多くのブッダたちに親近《しんごん》し、神通の智慧によって自在に振る舞い、誓願を満たし、無生法忍《むしょうぼうにん》を得て、不退転の位に入っていて、衆生を〔覚りへ向けて〕成熟させるために誓願の力によって欲するままに、天女としてあり続けているのである」と。

天女自身は既に不退転の菩薩の境地に達していて、いつでもブッダに成ろうと思えば成れるのに、衆生教化のために敢《あ》えてそれを思いとどまっているというのだ。女性の姿をしているのは、衆生、なかんずく女性を教化するために自ら願って女性の姿を現じているという。すなわち、「誓願の力によって」敢えて女性として生まれてきたのだと語った。こうして、女性として生まれてきたことの自発性と、積極的意義を明かした。

このように、女性蔑視の著しいインドにおいて女性と生まれたことを「衆生（女性）の救済のため」と位置付ける大乗経典には、『大宝積経《だいほうしゃくきょう》』『涅槃経《ねはんきょう》』『宝女所問経《ほうにょしょもんきょう》』『大集経《だいじっきょう》』『順権方便経《じゅんごんほうべんきょう》』などが挙げられる。

これは、ちょうど「業《ごう》」というバラモン教的観念が次第に仏教に入り込み、過去に縛られたものとして現在の自己をとらえるようになってしまったことに対して、「願《がん》兼於《けんお》業《ごう》」（悪業で苦しむ衆生を救うために自ら願って〔悪〕業を身に兼ねること）という考え方を強力に打ち出していったのとよく似ている。それは、俗っぽい言葉で言えば、「業があるから何なんだ」「業があるからこそ、他者の苦が理解できるし、救済できるんだ」と開き直ったようなものであった。それによって、大乗仏教徒は、恵まれない条件を主体的に受け止め、菩薩道という他者救済の原動力としていったのである（植木著『差別の超克――原始仏教と法華経の人間観』二三一～二三五頁を参照）。

ところが、「男にあらず、女にあらず」という「空」の考えに対して、一九九〇年代に「性差に目をつぶるものだ」という批判が女性学者たちの間から起こった。

この批判は、「男にあらず、女にあらず」という主張のみを見て、その前後関係をきちんと踏まえていないことに起因する。「男にあらず、女にあらず」という言葉は、必ず相手が男か女かという二者択一的に男性優位を主張した場面の直後に出てくることに注意しなければならない。しかも、話はそれで終わっていない。男か女かという表面的な違いにとらわれ、二者択一に執着する相手の態度を否定しておいて、その次に必ず全く別の高次の普遍的次元からの見解が主張されているのだ。それは、『維摩経』に限ったことではなく、『首楞厳三昧経《しゅりょうごんさんまいきょう》』などもしかりである。

女性に対する男性優位の二者択一論に対して、女性優位の二者択一論を主張することは、同じものの裏表の関係であって、不毛の論議を繰り返すだけで何ら解決にはならない。〝男であるから〟とか、〝女であるから〟とかという二元相対的立場に立つのではなく、〝人間として何をするか〟という視点に立ったとき、それぞれの違いを認めつつも、その違いを生かすという視点に変わるのではないか。その意味では、本来の仏教の目指す女性の地位向上は、フェミニズムや、フェミニストという言い方よりも、ヒューマニズムや、ヒューマニストという立場に立っていると言ったほうが正確である。

シャーリプトラをやりこめた天女の話も、男か女かという次元の主張に対して、男か女かという次元ではなく、その二元相対的対立を超越したところから天女が答えていることを見落としてはならない。それは「人間として」という次元からの答えであった。男女の違いから対立するのではなく、男女の生物学的違い（sex）を違いとして認めて、さらに人間としての在り方という普遍的な立脚点を提示しているのだ。それは、まさに「ジェンダー平等」（gender equality）と言うべきものであった。

原始仏典の『サンユッタ・ニカーヤ』第一巻には次の言葉が見られる。「慚じることは、その車の制御装置であり、念《おも》いを正していること（正念）はその囲幕である。私は法（真理の教え）を御者《ぎょしゃ》と〔呼び〕、正しく見ること（正見）を先導者と呼ぶ。女性であれ、男性であれ、その人の乗り物がこのようであれば、その人は実にこの乗り物によってまさにニルヴァーナのそばにいる」「心がよく安定し、智慧が生じているのであるから、正しく法（真理の教え）を観察した者にとって、女人であることが、いったい何〔の妨げ〕をなすというのでしょうか」――この文章から、男女の性差は何ら問題ではなく、人間としての振る舞いこそが重要だということが読み取れる。釈尊在世中の女性出家者たちは、手記詩集に「私はブッダの教えをなし遂げました」と歓喜の言葉を異口同音につづっている（植木訳『テーリー・ガーター――尼僧たちのいのちの讃歌』を参照）。

ところが、釈尊滅後百年ほどして教団が保守・権威主義化し、男性・出家者中心主義が顕著となり、在家や女性が軽視され、女性は穢れていて成仏できない（女人不作仏《にょにんふさぶつ》）と主張されるようになる。それに対して、紀元一世紀ごろ成立し始める『法華経』や『維摩経』で、女性の名誉回復がテーマとして取り上げられるようになった。それが本章である（『差別の超克――原始仏教と法華経の人間観』四二一～四二八頁を参照）。

第七章　如来の家系（仏道品第八）

非道を行く時、仏法に通達した道を行く

§1　その時、マンジュシリー法王子はリッチャヴィ族のヴィマラキールティに次のように言った。

「良家の息子よ、菩薩《ぼさつ》は、ブッダの説かれた法においてどのように〔通達して〕道を行くのでしょうか？」

ヴィマラキールティが言った。

「マンジュシリーよ、菩薩が、道に外れた進路（非道《ひどう》）を行く時、その時、菩薩はブッダの説かれた法において〔通達して〕道を行くというのです」

マンジュシリーが言った。

「菩薩にとっての道に外れた進路とはどのようなものでしょうか？」

ヴィマラキールティが言った。

「菩薩は、五つの無間業《むけんごう》（五無間業《ごむけんごう》）*の道を行く時、悪意と傷害の心に汚されません。地獄の道を行《い》っても、あらゆる煩悩の塵《ちり》を離れています。畜生《ちくしょう》の道を行っても、無知

の闇を離れています。アスラ（阿修羅《あしゅら》）の道を行っても、慢心や、厚顔、尊大さがありません。ヤマの世界の道*を行っても、あらゆる福徳、智慧《ちえ》の資糧を得ています。〔色界《しきかい》第四禅の〕不動定《ふどうじょう》と無色界《むしきかい》の道*を行っても、その道に入ることはありません。

貪愛《とんあい》（貪《とん》）の道を行っても、あらゆる欲望の享受において貪愛を離れています。憎悪《ぞうお》（瞋《しん》）の道を行っても、あらゆる衆生に対して衝突することがありません。愚かさ（癡《ち》）の道を行っても、あらゆるものごとを智慧によって洞察する心を持っています。

もの惜しみ（慳貪《けんどん》）の道を行っても、自己の内と自己の外のあらゆるものを喜捨《きしゃ》し、身命《しんみょう》を顧みることがありません。破戒《はかい》の道を行っても、あらゆる戒律に熟達し、〔衣食住に関する貪《むさぼ》りを払い除く〕頭陀行《ずだぎょう》の徳を具《そな》え、〔少欲《しょうよく》〕知足《ちそく》に立っていて、〔原子の大きさほどの〕わずかな過失にも恐怖をおぼえます。悪意による恨みや怒りの道を行っても、慈しみ（慈《じ》）の中にいて、究極的には悪に染まらない心を持っています。

怠惰《たいだ》の道を行っても、善い果報をもたらすあらゆる立派な行ない（善根《ぜんこん》）を求めることに専念していて、絶えず努力精進《しょうじん》に取り組んでいます。錯乱した感覚器官の道を行っても、空虚ならざる禅定《ぜんじょう》を行ない、本来の禅定の状態に入っています。無智の道を行っても、世間的なものであれ超世間的なものであれ、あらゆる論書に精通していて、智慧の完成（智慧波羅蜜《ちえはらみつ》）に通達しています。

偽善と諂《へつら》いの行ないの道を行っても、巧みなる方便を行なうことを目的として行き、深い意味を込めた言葉*を語るのに巧みであります。慢心の道を〔行くことを〕示しても、すべての世間の人々のための橋梁《きょうりょう》〔の役〕を担っています。煩悩の道を行っても、本性として完全に清められていて、究極的に〔煩悩に〕染まることはありません。*悪魔の道を行っても、あらゆるブッダの教えの中にあって、他の教えに頼ることがありません。声聞《しょうもん》の道を行っても、衆生のために未《いま》だ聞いたこともない法を聞かせる人*であり、独覚《どっかく》の道を行っても、衆生を〔覚りへ向けて〕成熟させるために大いなる憐《あわ》れみ（大悲）を成就しています。

貧困の道を行っても、宝を打ち出す手を獲得していて、いくら享受しても尽きることがありません。感覚器官に障害のあるものの道を行っても、〔勝《すぐ》れた身体的〕特徴によって見事に飾られていて、容貌《ようぼう》が端整であります。賤《いや》しい家系の生まれの道を行っても、如来の高貴な家系の家族として養われ、福徳と智慧の豊かな資糧を具えています。

虚弱で顔色が悪く容貌も醜いものの道を行っても、〔怪力の持ち主〕ナーラーヤナ神（那羅延天《ならえんてん》）の身体を得ていて、一切衆生が見ることを願うところであります。老いと病に疲弊する振る舞いを示しても、究極的に病気を根絶していて、死の恐怖を超越しており、財物を享受するものの道を示しても、無常であるという思いを観察することが頻繁であり、あらゆる財物を追求することがありません。

菩薩は、後宮《こうきゅう》や舞踊者による多くの荘厳《しょうごん》を見せても、〔色《しき》・声《しょう》・香《こう》・味《み》・触《そく》に対する五つの〕世俗的欲望（五欲《ごよく》）の泥沼から抜け出していて、〔五欲の〕住所に住むことがありません。鈍感なものの道を行っても、種々の雄弁さによって荘厳されていて、〔法を心に留《とど》めて忘れさせない〕ダーラニーを得ています。〔仏教以外の〕外道《げどう》を信ずるものの道を行っても、真実の〔仏教の〕指導者であります。あらゆる世間の道を行っても、あらゆる道から自由であります。涅槃《ねはん》の道を行っても、生存領域を循環する輪廻《りんね》という間断なき連続を断つことはありません。マンジュシリーよ、このように道に外れた進路を行っても、菩薩はブッダの説かれたあらゆる法において〔通達して〕道を行くのであります」

あらゆる煩悩が如来の家系

§2　その時、リッチャヴィ族のヴィマラキールティは、マンジュシリー法王子に次のように言った。

「マンジュシリーよ、如来たちの家系とはどのようなものでしょうか？」

マンジュシリーが言った。

「良家の息子よ、存在している身体（有身《うしん》）が諸々《もろもろ》の如来の家系であり、無知（無《む》明《みょう》）と存在への愛着（有愛《うあい》）が如来の家系であり、貪愛《とんあい》・憎悪《ぞうお》・迷妄《めいもう》〔の三毒《さんどく》〕が如来の家系であり、〔無常《むじょう》・苦《く》・空《くう》・無我《むが》を常《じょう》・楽《らく》・我《が》・浄《じょう》と見なす〕四つの顚倒《てんどう》が如来の家系であり、〔心を覆う貪欲《とんよく》・瞋恚《しんに》・睡眠《ずいめん》・掉悔《じょうけ》・疑《ぎ》という〕五つの障害（五蓋《ごがい》）が如来の家系であり、六つの感覚器官（六処《ろくしょ》）が如来の家系であります。心（識）の安住する七種の場所（七識住《しちしきじゅう》）が如来の家系であり、〔八正道の正反対である〕八つの邪道（八邪法《はちじゃほう》）が如来の家系であり、〔自己への不利益、愛する人への不利益、嫌いな人への利益をそれぞれ過去にもたらし、現在もたらし、未来にもたらすということに対する〕九つの嫌悪感（九悩処《くのうしょ》）が如来の家系であり、十種の悪しき行ないの道（十不善業道《じゅうふぜんごうどう》）が如来の家系であります。

良家の息子よ、これが如来にとっての家系なのであります。良家の息子よ、要するに、＊〔自己と世界についての〕六十二の誤った見解（六十二見《ろくじゅうにけん》）に陥っていることが如来にとっての家系なのです」

§3　ヴィマラキールティが言った。

「マンジュシリーよ、いかなる深い意味を込めて、あなたはそのように語るのですか？」

マンジュシリーが言った。

「良家の息子よ、無為《むい》を見ていて、〔煩悩を残りなく断じて〕凡夫の生を離れる位（離生位《りしょうい》）に入り〔そこに〕住している人は、この上ない正しく完全な覚り（阿耨多羅《あのくたら》

きるのです。

三藐三菩提《さんみゃくさんぼだい》）に向けて心を発《おこ》すことはできません。煩悩の家である有為《うい》に住していて、真理を見ていない人こそが、この上ない正しく完全な覚りに向けて心を発すことができるのです。

良家の息子よ、例えば、それは、地上の堅い不毛の地（砂漠）において、*青スイレンや、紅蓮華《ぐれんげ》、白スイレン、白蓮華《びゃくれんげ》など芳香のあるものが、芽を出さないようなものです。汚泥《おでい》や川の中の洲《す》に置かれた青スイレンや、紅蓮華、白スイレン、白蓮華など芳香のあるものが、芽を出します。良家の息子よ、まさにこのように、無為によって凡夫の生を離れる位に達した衆生において、ブッダの諸々《もろもろ》の特質（仏法）が芽を出すことはありません。煩悩という汚泥や〔川の中の〕洲に達した衆生において、ブッダの諸々の特質は芽を出します。

あたかも、虚空中《こくうちゅう》の種子が芽を出さず、地面に置かれた種子が芽を出すように、まさにこのように、無為によって凡夫の生を離れる位に達した衆生において、ブッダの諸々の特質が芽を出すことはなく、身体は存在するというスメール山に等しい高慢で誤った見解（有身見《うしんけん》）を生じて後、覚りを求める心を生じ、そこに、ブッダの諸々の特質が芽を出すのです。

従って、良家の息子よ、この道理によって、あなたは次のように知るべきであります。あらゆる煩悩は、如来たちにとっての家系と同様なのです。良家の息子よ、あたかも、大海に下りなくては、値もつけられない貴重な財宝を得ることができないように、まさにこのように、煩悩の大海に下りてこないで、一切智という心の宝を生じることはできません」

マハー・カーシャパの感嘆の言葉

§4　その時、大徳マハー・カーシャパは、マンジュシリー法王子に感嘆の言葉を発した。

「素晴らしいことです。素晴らしいことです。マンジュシリーよ、あなたは、この言葉を巧みに語られました。これは真実であります。あらゆる煩悩が如来たちにとっての家系なのです。私たちのようなものに今、どうして覚りを求める心を生じ得る能力があるでしょうか。五つの無間業《むけんごう》の罪（五無間罪《ごむけんざい》）を得ているものが、覚りを求める心を生じる能力を有しているのであり、ブッダの教えを完全に覚ることができるのです。しかしながら、私はできません。

§5　それは、〔眼・耳・鼻・舌・身の〕感覚器官に障害のある人にとって、〔色《しき》・声《しょう》・香《こう》・味《み》・触《そく》に対する〕五つの世俗的欲望の徳が価値のないもので、役に立たないように、あらゆる煩悩（結《けつ》）を断ち切っている声聞《しょうもん》にとって、あらゆるブッダの教えは、価値がなく、役に立ちません。さらにまた、その声聞には、それらのブッダの教えを取得することをなし得る能力はありません。それ故に、マンジュシリーよ、凡人（凡夫）たちは如来の恩を知るものたちであり、声聞たちはそうではありません。

それは、どんな理由からでしょうか？　凡人たちこそ、ブッダの徳について聞いて、三宝《さんぼう》の系譜を絶やさないためにこの上ない正しく完全な覚りに向けて心を発《おこ》します。しかしながら、声聞たちは、生きている限りでさえもブッダの特質である〔十種の智慧の〕力（十力《じゅうりき》）と〔説法における四種の〕畏《おそ》れなきこと（四無畏《しむい》）について聞いて、この上ない正しく完全な覚りに向けて心を発す能力を持ちません」

ヴィマラキールティの眷属

§6　その時、〝あらゆる姿を示現するもの〟（普現色身《ふげんしきしん》）という名前の菩薩が、その聴衆の中に一緒に集まり、一緒に坐《すわ》っていた。その菩薩が、リッチャヴィ族のヴィマラキールティに次のように言った。

「しかしながら、資産家よ、あなたの母と父、女召使い、召使い、職人、雇い人はどこにいるのですか？　友人、親戚《しんせき》、眷属《けんぞく》はどこにいるのですか？　侍者、あるいは馬、象、乗り物、御者《ぎょしゃ》、荷馬車はどこにあるのですか？」

このように言われて、リッチャヴィ族のヴィマラキールティは、〝あらゆる姿を示現するもの〟という菩薩に次の詩によって告げた。

友よ、菩薩たちにとって、智慧の完成（般若波羅蜜《はんにゃはらみつ》）が母であり、巧みなる方便《ほうべん》が父である。その母と父から、指導者である菩薩たちは生まれるのだ。（1）

それらの菩薩たちにとって、法の喜びが妻であり、慈しみ（慈《じ》）と憐《あわ》れみ（悲《ひ》）が二人の娘である。真理と法の二つが二人の息子である。空《くう》の意味についての思索が家である。（2）

同様に、あらゆる煩悩が、望み通りに従順な弟子たちであり、覚りに導く七つの要素（七覚支《しちかくし》）こそが友人たちであり、それら〔の友人たちである七覚支〕によって最も勝れた覚りを覚るのである。（3）

常に付き従う伴侶《はんりょ》たちこそが、これらの六つの完成（六波羅蜜《ろくはらみつ》）であり、〔人々を〕包容して救う〔四つの〕ことがら（四摂法《ししょうぼう》）が家の女たちである。それら〔の家の女たち〕の合唱や伎楽《ぎがく》が諸の法である。（4）

それらの菩薩たちにとって、ダーラニーが庭園であり、覚りに導く〔七つの〕要素という花によって覆われるのだ。解脱の知が果実であり、法という巨大な財産が樹木である。（5）

〔八つの〕解脱（八解脱《はちげだつ》）が〔蓮の〕池である。三昧《さんまい》の水で満たされ、清らかな紅蓮華《ぐれんげ》で覆われていて、そこで沐浴《もくよく》して無垢《むく》となるのだ。（6）

神通がそれらの〔菩薩たちの〕荷馬車である。それは、最高の大いなる乗り物

（大乗）であり、覚りを求める心（菩提心《ぼだいしん》）が御者であり、〔その乗り物の行く〕八種類の正しい道（八正道《はっしょうどう》）は安穏である。（7）

これらの〔菩薩たちの身に着ける〕装飾は、〔三十二種類の勝れた〕身体的特徴（三十二相）と、八十種類の副次的な身体的特徴（八十種好）である。恥じ入ること（慚愧《ざんき》）が衣服であり、それらの善であり高潔な心が飾りである。（8）

それらの菩薩たちは、正しい教えという財産を持ち、その財産を使用することが説法である。〔その正しい教えという財産を〕会得することと、それを覚りへと廻向《えこう》することが大いなる利潤である。（9）

四種類の禅定が寝台であり、清らかな生計〔という布団〕で覆われている。目覚めることが智慧であり、それらの菩薩たちには、〔聞いて〕学ぶことと、心を集中することが常に具わっている。（10）

それらの菩薩たちにとって、不死（甘露《かんろ》）が食べ物であり、解脱が果汁の飲み物である。清らかな意向を持つことが沐浴〔して身を清めること〕であり、薫香《くんこう》を身に塗ることが戒律を持《たも》つことである。（11）

実にそれらの菩薩たちは、煩悩という敵を打ち破っていることで無敗の勇者であり、〔五陰魔・煩悩魔・死魔・天魔からなる〕四種類の魔（四魔《しま》）を砕き、覚り（菩提《ぼだい》）の座に〔勝利の〕旗を立てている。（12）

意のままに生まれることを示すけれども、生まれることもなく、生起することもない。あらゆる国土において光輝の王のような太陽が上るのが見られる。(13)

実に幾コーティものブッダたちに対して、指導者〔であるブッダ〕たちのためのあらゆる供養の品々によって供養するけれども、決して自己においても、ブッダにおいても〔分別の〕拠《よ》り所を作ることがない。(14)

衆生が修行するようにと、諸々のブッダの国土を浄化する。〔けれども、〕虚空《こくう》のように国土〔の空《くう》なること〕を証得しているし、衆生において衆生という意識を持つことはない。(15)

畏れることのない菩薩たちは、一切衆生に具わる姿形や、声を、一瞬にして示現するのだ。(16)

それらの菩薩たちは、悪魔のなすことを知悉《ちしつ》しているけれども、悪魔たちに随順している。方便の完成に到っていて、悪魔たちのあらゆる行ないを示してみせるのである。(17)

幻の特質を楽しんでいるそれらの菩薩たちは、衆生を〔覚りへ向けて〕成熟させるために、年老い、病になり、自らの死の姿を示すのだ。(18)

その大地を焼き尽くし、〔世界の終末に起こる大火災の〕劫火《ごうか》を示現する。〔世界が〕常住《じょうじゅう》しているという意識にとらわれている衆生に、〔世界が〕無常《むじょう》であるということを示すのである。
一つの王国において、幾千・コーティもの衆生によって〔食事に〕招かれても、(19)
〔一時に〕すべての〔衆生の〕家でご馳走《ちそう》になり、すべて〔の衆生〕を覚りへと(20)
向かわせるのだ。
呪術《じゅじゅつ》であれ、学問であれ、多くの種類の技芸であれ、何であっても、あらゆる面(21)
で完成に達していて、一切衆生に喜びを与える。
世間にある多くの異端のすべてにおいて、出家して種々の誤った見解に陥ってい(22)
る衆生を、それらの菩薩たちは解放させるのだ。
月や太陽、あるいはシャクラ神、ブラフマー神、世界の主〔という神々〕となり、(23)
同様に水、火、大地、風となる。
疫病に悩まされる時代（疾病劫《しつびょうこう》）において、〔それらの菩薩たちは〕最上の薬と(24)
なり、それによって衆生は、病から解放され、快適で健康になる。
飢饉に悩まされる時代（飢饉劫《ききんこう》）において、〔それらの菩薩たちは〕飲み物や食(25)
べ物になり、飢えと渇《かわ》きを取り除いてから、生命あるものたちに法を説き示すの
だ。
武器の恐怖に悩まされる時代（刀兵劫《とうひょうこう》）において、それら〔の菩薩たち〕は、慈
しみを修し、幾百・コーティもの多くの衆生を憎悪のないところに〔運び〕安住

させるのである。

また、大戦争の真っただ中にあって、それらの菩薩たちは、〔いずれの側にも〕中立の立場に立っていて、大いなる力を有する菩薩たちは、和平の締結を目指すのである。(26)

またどこであれ、諸のブッダの国土の中にある考えることもできないほど多くの地獄にさえも、それらの菩薩たちは衆生の安寧のために意のままに赴くのだ。(27)

どこであれ、畜生の在り方（畜生道《ちくしょうどう》）において示されたそれほど多くの生存領域のあらゆる所で、それらの菩薩たちは法を説き示す。それによって、指導者と呼ばれるのだ。(28)

〔色《しき》・声《しょう》・香《こう》・味《み》・触《そく》に対する五つの〕世俗的欲望（五欲《ごよく》）を享受することさえも示すが、禅定《ぜんじょう》に耽《ふけ》っているものたちのためには、禅定することを示す。それらの菩薩たちは、悪魔を当惑させ、つけ入るすきを与えることがないのだ。(29)

火の中に紅蓮華《ぐれんげ》を奇跡的にも現すように、それらの菩薩たちは、〔色・声・香・味・触に対する五つの〕世俗的欲望と禅定とを奇跡的に〔同時に〕現すのだ。(30)

それらの菩薩たちは、〔好色な〕男たちを引き寄せるために意のままに遊女とな(31)

る。それらの菩薩たちは、愛欲の鉤《かぎ》によって〔好色な男たちの〕欲望をそそって、ブッダの知の中に住まわせるのである。(32)

また、首相や大臣となるのだ。衆生の安寧のために、それらの菩薩たちは常に村長や隊商の隊長、祭官、しかも(33)

貧しい衆生のために、尽きることのない蔵となり、それらの菩薩たちは、施物《せもつ》(布施《ふせ》)を与えて、それらの貧しい衆生に覚りを求める心(菩提心《ぼだいしん》)を生じさせるのだ。(34)

高慢で尊大な衆生の中で、それらの菩薩たちは大力士となり、すべての慢心を根絶している最上の覚りを求めさせるのだ。(35)

恐怖に苦しめられた衆生のために、常にその衆生の前に立ち、それらの衆生に畏れなきこと(無畏《むい》)を施して、覚りに向けて成熟させるのだ。(36)

それらの菩薩たちは、実に五種類の神通《じんつう》(五通《ごつう》)を具えている聖仙となり、純潔の行ない(梵行《ぼんぎょう》)を遵守《じゅんしゅ》して、衆生を戒律や、忍耐、柔和《にゅうわ》、自己抑制に安住させるのだ。(37)

ここで、給仕を必要とする衆生を見たら、指導者である菩薩たちは、召使いや奴隷となり、あるいは弟子であることに〔身を〕落とすのだ。(38)

実にいかなる手段によってであれ、衆生が法を喜ぶことになるようにと、大いな

る方便を十分に学んでいる菩薩たちは、あらゆる行動を示すのである。(39)

それらの菩薩たちには、無限の知識、さらにまた無限の行動範囲が具わっていて、無限の知を完成しており、無限の生命あるものたちを解放するのだ。(40)

あらゆるブッダたちが、幾コーティ劫、また幾百・コーティ劫もの時間をかけて如実に語るとしても、それらの菩薩たちの徳の究極を〔語りつくす〕適切な言葉は存在しないであろう。(41)

智慧が見《み》出《いだ》されない下劣な衆生を除いて、賢明な人が、これらの法を聞いて、だれが、最も秀でた覚りを求めないであろうか？(42)

《五無間業》最も重い罪とされる五逆罪のこと。第三章の注《逆罪》を参照。**《ヤマの世界の道》**ヤマ(yama) は、人の死後、天界にある祖先を支配する神とされていて、「閻魔《えんま》」などと音写された。中国と日本では道教《どうきょう》の影響で冥界《めいかい》の十王の一人で地獄にいる裁判官とされた。けれども、ヤマは、もともとは亡くなって天上界にある祖先を支配している神で、恐ろしいものとは無縁であったが、後に恐ろしいものとされるようになった。死後の霊を意味する語には、プレータ (preta < pra-ita) という語がある。これは、pra（あちらに）と「行く」という意味の動詞√i の過去受動分詞 ita（行った）からなるもので、「あちらに行った」、すなわち「死んだ」を意味する。これが、「死者の霊」といっ

た意味になり、中国の「鬼」に相当する。「鬼」は子孫の食べ物の供養を待ち望んで飢えていると考えられて、「餓鬼」と漢訳された。このように、死者の霊に関係していることから、ヤマの世界と餓鬼界とは、区別することなく用いられたのであろう。**《不動定と無色界の道》**これに相当する箇所は、貝葉写本では **aneñjyarūpagatiñ**（< **aneñjya-rūpa-gati**）となっている。貝葉写本のままでは、**aneñjya**（不動）、**rūpa**（色《しき》）、**gati**（道）の複合語で、直訳すれば「不動と色の道」となる。ところが、鳩摩羅什訳では「色・無色界の道」とある。「不動」が「不動定」の略であれば、これは色界第四禅のこととなり、鳩摩羅什訳の「色」に対応する。そうなると、貝葉写本の **rūpa**（色）と重複することになるが、鳩摩羅什訳の第二項が「無色界」とあり、**rūpa** を **arūpa**（無色）に改めれば問題が解決する。従って、**aneñjyârūpa-gatiṃ**（< **aneñjya-arūpa-gatiṃ**、不動定と無色界の道）に改めた。**《深い意味を込めた言葉》**これは、**saṃdhā**（意図）と **bhāṣya**（語ること、言葉）の複合語になっている。これは、「仏陀の本懐としての一乗思想を、その中心の意味として含むものと理解され」て「『法華経』の重要思想を表明する用語」（勝呂信静著『法華経の成立と思想』大東出版社、四二六頁）と言われるように、『法華経』ではしばしば用いられている。それは、植木訳『梵漢和対照・現代語訳 法華経』から拾い出しただけでも、上巻で七七、八五、八七、一三一、一三三、一七五、一七七、一八一、一九一、三四九、五四五頁、下巻で一七、一一九、一四九、二六七、三九九頁が挙げられる。『維摩経』では貝葉写本のこの一箇所だけに出てくるが、支謙訳と鳩摩羅什訳には対応する訳語は見られず、玄奘は「密語」と漢訳している。チベット語訳には **saṃdhā-bhāṣya** に相当する語は存在していない。

チベット語訳からの現代語訳である中公版は、「意図を含んで語り」（中公版、一一四頁）と現代語訳しているが、玄奘訳を参考にして訳されたのであろうか？ **《究極的に〔煩悩に〕染まることはありません》**貝葉写本では antâsaṃkliṣṭāḥ（< anta-asaṃkliṣṭa）となっている。鳩摩羅什訳では「常に清浄たり」、玄奘訳では「究竟して染無し」とあり、「常」「究竟」と漢訳された atyanta と「無染」「清浄」と漢訳された asaṃkliṣṭa との複合語に改めた。**《未だ聞いたこともない法を聞かせる人》**これは、aśruta-dharma-śrāvayitā の訳である。aśruta（〔未だ〕聞いたこともない）、dharma（真理の教え〔法〕）、śrāvayitā に分解できる。最後の śrāvayitā は、男性名詞 śrāvayitṛ（聞かせる人）の単数・主格である。この śrāvayitṛ は、「（師から）聞く」という意味の動詞√śru の使役語幹 śrāvaya- に行為者名詞を作る接尾辞 -itṛ をつけたものである。従って「聞かせる人」という意味になる。ここは、師の教え（声）を「聞く人」を意味する「声聞」（śrāvaka）に対して、師の教えを「聞かせる人」を対照させている。これは、『法華経』信解品第四において、マハー・カーシャパ（大迦葉）が「聞く人」から「聞かせる人」へと転じて、「真の声聞」となることを宣言した次の言葉を思い出させる。「保護者よ、今、私たちは、〔仏の声（教え）を聞くだけでなく、仏の声を聞かせる人として〕真の声聞であり、最高の覚りについての声を人々に聞かせるでありましょう。また、私たちは覚りの言葉を宣言しましょう。それによって、恐るべき決意に立った声聞なのであります」（植木訳『サンスクリット版縮訳　法華経　現代語訳』、角川ソフィア文庫、九〇頁）。**《要するに》**「簡略」を意味する saṃkṣepa の具格 saṃkṣepeṇa の副詞的用法で、鳩摩羅什は『法華経』でも「以要言之」（要《よう》を以《もっ》て之《これ》

を言わば）と漢訳している。**《地上の堅い不毛の地（砂漠）において》**この箇所は、貝葉写本とVKN. では **ujjaṅgaleṣu pṛthivī-praveśeṣu** となっている。**pṛthivī-praveśeṣu**（< **pṛthivī-praveśa**）は、**pṛthivī**（大地）と **praveśa**（入ること）の複合語だが、ここでは意味をなさない。これは、訂正を必要とするが、それには本文と同じ **ujjaṅgala**（堅い不毛の地）と、**pṛthivī-praveśa** に類似している **pṛthivī-pradeśa**（地上のある地点）という語が出てくる『法華経』法師品（植木訳『梵漢和対照・現代語訳　法華経』下巻、一六、一七頁）の **sa udakârtham ujjaṅgale pṛthivī-pradeśa udapānaṃ khānayet**（その人が、水の〔獲得の〕ために地上の堅い不毛の地〔砂漠〕において井戸を掘らせるとしよう）という文章が参考になった。この文章にならって、ここは **pṛthivī-praveśeṣu** ではなく、**pṛthivī-pradeśeṣu** であるべきと考え、筆者は改めた。

【解説】

「菩薩は、ブッダの説かれた法においてどのように〔通達して〕道を行くのでしょうか？」というマンジュシリーの問いに対して、ヴィマラキールティは、「道に外れた進路（非道《ひどう》）を行く時、菩薩はブッダの説かれた法において〔通達して〕道を行く」と答えた。「道に外れた進路（非道）」とは、人として、修行者として「あってはならない悪い道」を意味する。その答えにマンジュシリーも驚いたのであろう。その「菩薩にとっての道に外れた進路」とは何かと問い直す。

その具体例として、①五無間業《ごむけんごう》（五逆罪）の道、②地獄の道、③貪愛《とんあい》（貪《とん》）・憎悪《ぞうお》（瞋《しん》）・愚かさ（癡《ち》）の三毒の道、④破戒《はかい》の道、⑤恨みや怒りの道、⑥無智の道、⑦外《げ》道《どう》を信ずるものの道……など三十個を挙げた。①の五逆罪とは、父を殺す、母を殺す、阿羅漢を殺す、仏身より血を出《い》だす、教団を分裂させるの五つで、いずれも由々しきものばかりである。これらの項目だけを見ると、それでいいのかな？と思えるが、それぞれの項目の後に続く文章まで見ると、「菩薩は、五つの無間業《むけんごう》（五無間業《ごむけんごう》）の道を行く時、悪意と傷害の心に汚されません」「地獄の道を行《い》っても、あらゆる煩悩の塵を離れています」というように、「～の道を行っても……」と言った後で、「……」の部分に「離れている」「染まらない」といった言葉が来ているので安心する。そのような三十項目にも染まらない主体性を具えて、迷いの世界にいる衆生を正しい道へと教導するというのである。それが、菩薩にとっての「ブッダの説かれた法において〔通達して〕道を行く」ことであった。

ここに挙げた項目は、第二章の§2から§6において挙げられたヴィマラキールティの特徴と類似している。そこでは具体的人物との関わりが論じられていたが、ここではそのような人物たちの置かれている状況との関わりが論じられている。

ところが、「道に外れた進路（非道）を行く時、その時、菩薩はブッダの説かれた法において〔通達して〕道を行くというのです」の部分を鳩摩羅什が漢訳した「若菩薩行於非道。是為通達仏道」は、これまで「若し菩薩にして非道を行ぜば、是れを仏道に通達すと為す」と書き下されてきた。ところが、一九九九年に発見されたサンスクリット原典を見ると、「行」はcarati（行ずる）ではなくgacchati（行く）の訳であった。従って、筆者は「若し菩薩にして非道を行かば、是れを仏道に通達すと為す」に改めた（詳細は、植木訳『梵漢和対照・現代語訳　維摩経』第7章の注15を参照）。「非道を行ずる」と「非道を行く」では意味が全く違ってくる。「五つの無間業《むけんごう》の道を行く」と違い、「五つの無間業を行ずる」は、父や母を殺すことなどを実行するということになり、物騒な話になる。「非道を行ずる」こと自体が「仏道」であるかのように解釈され、「非道」を正当化する根拠とされるようなところもあった。それは、「非道を行ずる」と書き下したことに伴う大きな誤解である。

続いて、「如来の家系」、すなわち如来と血筋のつながる身内について、今度はヴィマラキールティが質問役に回った。マンジュシリーは、如来の家系として無知、存在への愛着、貪《とん》・瞋《しん》・癡《ち》の三毒、八邪法《はちじゃほう》、十不善業道《じゅうふぜんごうどう》などを挙げた。いずれも、これまで教団で否定されてきたものばかりである。そこには、いかなる深い意味が込められているのかという問いに対して、マンジュシリーは、地上の堅い不毛の地から蓮華が芽を出すことなく、汚泥にまかれた蓮華が芽を出すのと同様、煩悩を残りなく断じている人は、覚りを求める心を発《おこ》すことはできないが、煩悩に住して真理を見ていない人こそが、覚りを求める心を発すことができる。だから、あらゆる煩悩は如来たちにとっての家系だと答えた。

それは、小乗仏教の目指すことと、大乗仏教の菩薩の目指すことの比較である。それを聞いて、釈尊滅後の教団の後継者となるマハー・カーシャパが、第五章§19に続き、ここでも感嘆の言葉を発した。小乗の出家者である声聞たちにはブッダの教えを取得できないけれども、凡人（凡夫）こそが理解できるのだと。

そこで、〝あらゆる姿を示現するもの〟（普現色身《ふげんしきしん》）という名前の菩薩が、ヴィマラキールティの家族や、友人、身の回りの人やものの在りかを尋ねる。

それに対して、ヴィマラキールティは四十二個の偈《げ》（詩）をもって答えた。菩薩たちにとって、智慧の完成（般若波羅蜜《はんにゃはらみつ》）が母で、巧みなる方便《ほうべん》が父で、両者によって生まれた子どもが菩薩で、法の喜びが妻、慈しみ（慈《じ》）と憐れみ（悲《ひ》）が二人の娘、真理と法が二人の息子、空《くう》についての思索が家……であるという。このように、仏道修行に絡むあらゆることを挙げて、それらが家族や友人、身の回りの人やもののそれぞれに相当していると説く。在家として家族に囲まれて生活する菩薩の在り方が、あらゆる局面で利他の振る舞いと直結しているということであろう。

その菩薩の積極的で具体的な利他の行動が列挙される。疫病、飢饉《ききん》、戦争などの現実問題に対して、坐《ざ》して瞑想《めいそう》にふけるのではなく、行動に立ち上がる菩薩像がつづられている。衆生の安寧のためには、村長や、隊商の隊長、祭官、首相、大臣などの社会的リーダーとなって行動することもあるという。

特に、大戦争の真っただ中にあっては、菩薩は中立の立場に立って和平の締結を目指すという。中立の思想には、スイスのように紛争の当事国とは一線を画して、いずれともかかわらないというものと、当事国のいずれの側にも加担しないが、積極的に当事国に働きかけて仲裁・調停役を果たす国際連合のようなものの二種類がある。『維摩経』の貝葉写本から読み取れる菩薩思想は後者である。

チベット語訳は「大戦争が起こった中にあって、彼らはどの勢力にも中立であるだろう。大きな力を備えたものである菩薩たちは、仲裁され、共に集うことを好むのだ」となっており、その現代語訳である中公版は、「大戦争を（和解に）導くさなかにあっては、彼らはいずれの側にも平等（中立）である。大力を有する菩薩たちは、和平が実現し、ともに結ばれることを喜びとするから」（中公版、一二二頁）となっている。チベット語訳の「仲裁され、共に集うことを好む」と、その現代語訳である中公版の「和平が実現し、ともに結ばれることを喜びとする」は、自ら積極的に行動するというよりも、他人任せの傍観者的な感がある。

それに対して、漢訳は「若《も》し大戦陣有らば、之《これ》を立つるに等力を以《もっ》てし、菩薩は威勢を現じて降伏《ごうぶく》して和安ならしむ」（鳩摩羅什訳）と、「能《よ》く大戦陣に於《お》いて、力を朋覚に示現し、往復して和好ならしめ、菩提心を勧発《かんぼっ》す」（玄奘訳）となっている。玄奘訳では「往復して和好ならしめ」とあるように、当事者のところを行き来して「和好ならしめ」る行動が読み取れる。さらに鳩摩羅什訳では「威勢を現じて降伏して和安ならしむ」と、積極的に和平のために行動するという意味合いが出ている。ただ、玄奘訳の場合のみが「菩提心を勧発す」というように、宗教的な結末になっている点が異なっている。

貝葉写本は、調停の具体的内容として「和平の締結を目指す」として、積極的な平和行動に取り組むことを述べていることが注目される。

第八章　不二の法門に入ること（入不二法門品第九）

三十一人の菩薩が語る不二の説

§1　その時、リッチャヴィ族のヴィマラキールティが、それらの菩薩《ぼさつ》たちに言った。

「善き人（善士）たちよ、菩薩にとって二元対立を超えた不二*の法門に入ることは、どのようなことか？　それぞれ説いてください」

そこに、〝法において自在に変現するもの〟（法自在《ほうじざい》）という名前の菩薩が集まってきていた。その人が、次のように言った。

「良家の息子よ、生ずることと滅することが二元的に対立するものです。生ずることもなく、起こることもないもの、それには決して滅することはありません。何ものも生ずることはないという真理を認める知（無生法忍《むしょうぼうにん》）を獲得することが、不二の法門に入ることです」

§2　〝吉祥によって保護されたもの〟（徳守《とくしゅ》）という菩薩が言った。

「我れと我がものということ、これが二元的に対立するものです。自己についてあれこれと分別（増益《ぞうやく》）しなければ、我がものということはありません。あれこれと分別しないこと、これが不二の法門に入ることです」

§3　〝吉祥の峰〟（徳頂《とくちょう》）という菩薩が言った。

「汚れと清らかさということ、これが二元的に対立するものです。汚れについて完全に知ることで、清らかさについて偏重して考えることがなくなります。偏重して思考することをすべて取り払った、偏重のない思考への随順に赴く道、これが、不二の法門に入ることです」

§4　〝善き星辰《せいしん》〟（善宿《ぜんしゅく》）という菩薩が言った。

「心が動揺することと、心に念じて熟慮するということ、これが二元的に対立するものです。しかしながら、心が動揺することもなく、心に念じて熟慮することもなく、心を働かせることもないならば、ものごとを断定することもありません。ものごとを断定することのないこと、これが、不二の法門に入ることです」

§5　〝すぐれた腕を持つもの〟（妙臂《みょうひ》）という菩薩が言った。

「菩薩の心と声聞の心ということ、これが二元的に対立するものです。しかしながら、〔それらを〕幻の心に等しいものと見るならば、そこには菩薩の心も声聞の心もありません。〔それぞれの〕心の特徴が等しいこと、これが、不二の法門に入ることです」

§6　〝瞬《まばた》きをしないもの〟（不眴《ふじゅん》）という菩薩が言った。

「感受することと、感受しないということ、これが二元的に対立するものです。感受しないならば、それを知覚することもなく、〔知覚することがないならば、〕そこにおいて、推論や議論をなすこともありません。あらゆるものごと（一切法《いっさいほう》）には、人為的な作為もなく、消失することもないということ、これが、不二の法門に入ることです」

§7　〝勝《すぐ》れた眼を持つもの〟（善眼《ぜんげん》）という菩薩が言った。

「一つの特徴を持つこと、〔一つも特徴のないということ、〕これが二元的に対立するものです。しかしながら、判断せず、分別しないならば、一つの特徴を持つ〔とすること〕もなく、特徴がないとすることもありません。〔一つの〕特徴と、〔それとは〕異なる特徴が、平等な特徴を持っている〔という理解〕に入るならば、これが、不二の法門に入ることとです」

§8　〝プシュヤ星〟（弗沙《ほっしゃ》）という菩薩が言った。

「善と悪ということ、これが二元的に対立するものです。善と悪に立脚しないこと、それが特徴のないこと（無相《むそう》）です。特徴のない究極（無相際《むそうさい》）には不二の本性があります。ここにおいて完成されていること、これが、不二の法門に入ることとです」

§9　〝師子《しし》〟という菩薩が言った。

「過失のあることと、過失のないということ、これが二元的に対立するものです。しかしながら、金剛石で飾られた智慧《ちえ》を持っていることによって、束縛されることもなく、解放されることもないということ、これが、不二の法門に入ることです」

§10　〝師子の心を持つもの〟（師子意《しいい》）という菩薩が言った。

「これは煩悩のあるもの（有漏《うろ》）、これは煩悩のないもの（無漏《むろ》）ということ、これが二元的に対立するものです。しかしながら、平等性によって真理に達している人は、煩悩のあること（有漏《うろ》）と、煩悩のないこと（無漏《むろ》）を意識することはなく、あるいは意識のないことに達しているのでもありません。また、意識することのない平等性には、平等性に達していることもなく、意識に縛られていることもありません。このよう［な理解］に入るならば、これが、不二の法門に入ることです」

§11　〝快く信順するもの〟（浄解《じょうげ》）という菩薩が言った。

「これは快いもの、これは不快なものということ、これが二元的に対立するものです。しかしながら、極めて清らかな智慧を持っていることで、あらゆる快さを離れていて、*天空のよう［に広大］な知性を持つならば、執着することがありません。これが、不二の法門に入ることです」

§12　ナーラーヤナ（那羅延《ならえん》）菩薩が言った。

「これは世間的なもの、これは超世間的なものということ、これが二元的に対立するものです。世間的なものに、本性としての空が具《そな》わっているならば、そこから何も出てくることもなく、入ることもなく、行くこともなく、行かないこともありません。もしも、出てくることもなく、入ることもなく、行くこともなく、行かないこともないならば、これが、不二の法門に入ることです」

§13　〝制御された思考を持つもの〟（善意《ぜんい》）という菩薩が言った。

「生存領域を循環する輪廻《りんね》と涅槃《ねはん》ということ、これが二元的に対立するものです。輪廻の本性を見れば、輪廻することもなく、完全に涅槃することもありません。このように理解するならば、これが、不二の法門に入ることです」

§14　〝明らかに見るもの〟（現見《げんけん》）という菩薩が言った。

「尽きることと尽きないということ、これが二元的に対立するものです。尽きることとは、究極まで尽きることとです。究極まで尽きたもの、それは〔もはや〕尽きることはありません。それ故に、尽きることがないと言われます。また、尽きることのないものといっても、それは刹那《せつな》的なもの〔で、空なるもの〕です。刹那的なものには、尽きることも〔尽きないことも〕ありません。このよう〔な理解〕に入ったことが、不二の法門に入ったと言われるべきです」

§15　〝普《あまね》く守られたもの〟（普守《ふしゅ》）という菩薩が言った。

「我《が》と、〔何かが我なのではない〕非我《ひが》ということ、これが二元的に対立するものです。その我の本質を了解していない人が何を非我となすのでありましょうか？　我の本性を見ている人は、我と非我を二元的に対立するものになしません。これが、不二の法門に入ることです」

§16　〝閃光《せんこう》を発する神〟（雷天《らいてん》）という菩薩が言った。

「知（明《みょう》）と無知（無明《むみょう》）ということ、これが二元的に対立するものです。無知の本性を具えていることこそが、知なのです。けれども、無知なるものは、本性を具えておらず、計算することもできないもので、計算の道を超越しております。この点についての洞察を持ち、不二についての洞察を持つこと、これが、不二の法門に入ることです」

§17　〝見るも美しいもの〟（喜見《きけん》）という菩薩が言った。

「色《しき》（身体・物質）と空《くう》ということ、これが二元的に対立するものです。色こそが、まさに空の本性なのです。*色が消滅することで空の本性があるのではありません。色の本来の性質こそが空の本性なのです。〔色と〕同様に、受《じゅ》（感受作用）・想《そう》（表象作用）・行《ぎょう》（意志作用）・識《しき》（認識作用）〔のそれぞれ〕と空ということ、これが二元的に対立するものです。

〔受・想・行のそれぞれについても同じことが言えるが、〕識こそが、まさに空の本性なのです。識が消滅することで空の本性があるのではありません。識の本来の性質こそが空の本性なのです。ここにおいて、執着された〔色・受・想・行・識という〕

五つの集まり（五陰《ごおん》）を、このような知によって了解すること、これが、不二の法門に入ることです」

§18　〝光明の旗を持つもの〟（明相《みょうそう》）という菩薩が言った。

「一方では〔地・水・火・風の〕四大元素、他方では虚空《こくう》の元素ということ、これが二元的に対立するものです。四大元素は、まさに虚空を本性としています。四大元素は、過去世において虚空を本性とするものであり、未来世において虚空を本性とするものです。同様に、現在においてもまた虚空を本性とするものです。* また、〔四大〕元素〔についての理解〕に入るための知がこのようであること、これが、不二の法門に入ることです」

§19　〝すぐれた理解力を持つもの〟（妙意《みょうい》）という菩薩が言った。

「眼に対する色《いろ》・形《かたち》（色《しき》）、これが二元的に対立するものです。しかしながら、眼について熟知して、色・形に対して貪《むさぼ》ること（貪欲《とんよく》）もなく、憎悪すること（瞋恚《しんに》）もなく、無知であること（愚癡《ぐち》）もないということ、それが寂滅と言われます。〔眼に対する色・形と同様に〕耳に対する音声、鼻に対する香り、舌に対する味、身体に対する感触、意に対する法——これが二元的に対立するものです。〔耳と声、鼻と香、舌と味、身と触についても同じことが言えるが、〕さらに、意について熟知して、法に対して貪ることもなく、憎悪することもなく、無知（無明《むみょう》）であることもないということ、それが寂滅と言われます。このように、寂滅に住することに、不二の法門に入ることが具わっています」

§20　〝尽きることのない知性を持つもの〟（無尽意《むじんに》）という菩薩が言った。

「布施と、一切智の廻向《えこう》ということ、これが二元的に対立するものです。布施の本性こそが一切智であり、まさに一切智を本性とするのが廻向であります。

〔布施と〕同様に、持戒・忍耐・努力精進・禅定・智慧〔のそれぞれ〕と、一切智の廻向ということ、これが二元的に対立するものです。〔持戒・忍耐・努力精進・禅定のそれぞれについても同じことが言えるが、〕智慧の本性こそが一切智であり、まさに一切智を本性とするのが廻向であります。ここにおいて、それらが一つであるという道理〔についての理解〕に入ること、これが、不二の法門に入ることです」

§21　〝深遠な知性を持つもの〟（深慧《じんね》）という菩薩が言った。

「一方では実体がないこと（空《くう》）、他方では特徴がないこと（無相《むそう》）、さらに他方では欲望を離れていること（無願《むがん》）――〔そのそれぞれを対立的にとらえる〕ということ、これが二元的に対立するものです。実に空であるものには決して何も特徴（相《そう》）はありません。特徴がないところには、欲望もありません。欲望のないところには、心が起こることもなく、意が起こることもなく、意識が起こることもありません。一つの解脱への入り口があるところ、そこには〔空・無相・無願による〕あらゆる解脱への入り口*があるべきです。これが、不二の法門に入ることです」

§22　〝和らいだ感覚器官を持つもの〟（寂根《じゃくこん》）という菩薩が言った。

「ブッダ（仏《ぶつ》）と、真理の教え（法《ほう》）と、教団（僧《そう》）と〔を対立的にとらえると〕いうこと、これが二元的に対立するものです。ブッダの本性こそが法であり、〔まさに〕法を本性とするのが教団なのです。〔仏・法・僧の三宝《さんぼう》という〕これらのすべての宝は、無為《むい》なるものです。また、虚空も無為なるものです。あらゆるものごとの在り方は、虚空に等しいものです。このよう〔な考え〕に随順すること、これが、不二の法門に入ることです」

§23　〝さえぎられることのない眼を持つもの〟（心無礙《しんむげ》）という菩薩が言った。

「存在している身体と、存在している身体の消滅ということ、これが二元的に対立するものです。〔しかしながら〕存在している身体こそが、まさに消滅であります。それは、どんな理由からでしょうか？『それが存在する身体である』という誤った見解（有身見《うしんけん》）が見出《みいだ》されることはないからです。その結果、その誤った見解によって、それが存在する身体であるということ、あるいはそれが存在する身体の消滅であるということを分別することはありません。それは、分別もなく、妄想もなく、絶えざる妄想もないもので、滅の本性に達しています。生ずることもなく、滅することもないということ、これが、不二の法門に入ることです」

§24　〝よく訓練されたもの〟（上善《じょうぜん》）という菩薩が言った。

「〔悪を防ぎ善に導く〕身体（身《しん》）と言葉（口《く》）と心（意《い》）の行ないを定めた規律〔のそれぞれが対立している〕ということ、それが二元的に対立するものです。それは、どんな理由からでしょうか？　これらの〔身《しん》・口《く》・意《い》の三業《さんごう》という〕ものは、実に形成する性質を持ちません。

身体（身）に形成する本性が具わっていないならば、その性質こそが言葉（口）に形成する本性がないことであり、その性質こそが心（意）に形成する本性がないことであります。〔従って、あらゆるものごとには、形成する本性は具わっていません。〕あらゆるものごと（一切法《いっさいほう》）に形成することが具わっていないならば、その〔形成することのないこと〕が知られるべきであり、通達されるべきであります。ここにおいて、形成することがないことを知るということ、これが、不二の法門に入ることです」

§25　〝福徳の国土〟（福田《ふくでん》）という菩薩が言った。

「福徳と、罪と、そのいずれにも動じないもの〔の三種類〕が形成する働きをなすということ、これが二元的に対立するものです。しかしながら、福徳と、罪と、そのいずれにも動じないもの〔の三種類〕が形成することのない本性を持つということ、それが不二ということです。福徳と、罪と、そのいずれにも動じないものの〔三種類の〕形成する働きに、自身に特有の性質としての空の本性が具わっているならば、そこには福徳と、罪と、そのいずれにも動じないものの形成する働きはありません。このように熟考すること、これが、不二の法門に入ることです」

§26　〝紅蓮華《ぐれんげ》の荘厳《しょうごん》を持つもの〟（華厳《けごん》）という菩薩が言った。

「自我から活動を起こしたものが二元的に対立するものです。自我について知り尽くした人は、二元的な対立を起こすことがありません。不二に立脚している人には、識別して認識することは存在しません。従って、識別して認識されるものがないこと、これが、不二の法門に入ることです」

§27　〝幸運を胎内にはらむもの〟（徳蔵《とくぞう》）という菩薩が言った。

「知覚によって顕現されたものが二元的に対立するものです。認識されることのないものを人は知覚することはなく、それを受け取ることもなく、捨て去ることもありません。そこにおいて、受け取ることもなく、捨て去ることもない、これが、不二の法門に入ることです」

§28　〝より勝れた月〟（月上《がつじょう》）という菩薩が言った。

「闇と光明ということ、これが二元的に対立するものです。闇もなく、光明もないということ、これが不二であります。それは、どんな理由からでしょうか？　まさにそのように、〔心の働きがすべて尽き果てた〕滅尽定《めつじんじょう》（滅受想定《めつじゅそうじょう》）に入った人には闇もなく、光明もないからです。あらゆるものごと（一切法《いっさいほう》）は、このような特徴（相《そう》）を持っています。ここにおいて平等性〔についての理解〕に入るということ、これが、不二の法門に入ることです」

§29　〝宝石の印章を手に持つもの〟（宝印手《ほういんしゅ》）という菩薩が言った。
「涅槃《ねはん》に対する喜び、輪廻に対する嫌悪ということ、これが二元的に対立するものです。涅槃に対する喜びも〔なく、輪廻に対する嫌悪も〕ないならば、これが不二です。それは、どんな理由からでしょうか？　束縛されているからこそ、解脱があるべきであるからです。

まさに徹頭徹尾、束縛されていない人は、どうして解脱を求めるでありましょうか？　束縛されておらず、解放されてもいない男性出家者は、喜びを生じることもなく、憂いを生じることもありません。これが、不二の法門に入ることです」

§30　〝宝石を頭頂に持つ王〟（珠頂王《じゅちょうおう》）という菩薩が言った。
「正しい道と邪道ということ、これが二元的に対立するものです。正しい道に達したものは、邪道を遂行することはありません。遂行しないことに立っているものには、正しい道という意識もなく、邪道という意識もありません。実に意識について十分に知っている人にとって、知は二元的な対立に近づくことはありません。これが、その人にとっての不二の法門に入ることです」

§31 〝真実を喜ぶもの〟（楽実《らくじつ》）という菩薩が言った。

「真実と虚偽ということ、これが二元的に対立するものです。真実を見ている人も、まさに真実を見ることはありません。ましてや、どうして虚偽を見るでありましょうか？　それは、どんな理由からでしょうか？　その〔真実と虚偽〕は、肉眼で見られるのではなく、智慧の眼で見られるからです。しかも、見ることもなく、識別することもないように、そのように〔その智慧の眼で〕見るのです。見ることもなく、識別することもないならば、これが、不二の法門に入ることです」

マンジュシリーの語る不二の法門

§32　以上のように、それらの菩薩たちは、それぞれ自分の説を語って後に、マンジュシリー法王子に次のように言った。

「マンジュシリーよ、菩薩にとって不二の法門に入ることとは、どのようなことなのでしょうか？」

マンジュシリーが言った。

「善き人たちよ、あなたたちはすべて、巧みに語った。しかしながら、あなたたちが〔言葉で〕説いた限りでは、そのすべてが二元的に対立するものです。一つの説法でさえもやめて、あらゆるものごと（一切法《いっさいほう》）について詳述することもなく、解説することもないこと、〔また〕発言もなく、陳述もなく、言説もなく、〔概念を仮に〕設けて言うこともない、これが、不二の法門に入ることです」

〝沈黙〟で応えたヴィマラキールティ

§33　そこで、マンジュシリー法王子は、リッチャヴィ族のヴィマラキールティに次のように言った。

「良家の息子よ、私たちはそれぞれ自分の説を語りました。不二の法門に入るあなたの教説もまた、お説きになってください」

しかしながら、リッチャヴィ族のヴィマラキールティは、沈黙して何も語らなかった。

すると、マンジュシリー法王子は、リッチャヴィ族のヴィマラキールティに感嘆の言葉を発した。

「素晴らしいことです。素晴らしいことです。良家の息子よ。菩薩たちにとって、これが不二の法門に入ることであり、そこには文字や言葉、音声、識別して認識することの追求はありません」

この説法がなされている時、不二の法門に入ったことで、五千人の菩薩たちに何ものも生ずることはないという真理を認める知（無生法忍《むしょうぼうにん》）の獲得があった。

《不二》dvaya（二重の、二種類の、対の）に否定を意味する接頭辞a-を付けたアドヴァヤ（advaya）の訳で、対立する二つのものが、それぞれ不変の実体がなく空として一体であること。**《これは快いもの、これは不快なものということ……あらゆる快さを離れていて》**貝葉写本から現代語訳したこの「快いもの」「不快なもの」「あらゆる快さ」に相当する箇所は、チベット語訳、支謙訳、鳩摩羅什訳、玄奘訳の間でそれぞれ、少しずつずれている。それについては、「序論」で詳述したので、そこを参照されたい。**《色こそが、まさに空の本性なのです》**これは、rūpam eva hi śūnyatā. の訳である。これを鳩摩羅什は、「色即是空《しきそくぜくう》」（色は即ち是れ空なり）と漢訳した。これは、『般若心経《はんにゃしんぎょう》』の言葉として知られるが、既に鳩摩羅什訳の『維摩経』で用いられていたのだ。「色即是空。空即是色」と漢訳された『般若心経』の原文は、yad rūpaṃ sā śūnyatā / yā śūnyatā tad rūpam（色なるもの、それは空の本性である。空の本性なるもの、それは色である）となっている。**《四大元素は、過去世において虚空を本性とするものであり、未来世において虚空を本性とするものです。同様に、現在においてもまた虚空を本性とするものです》**これを鳩摩羅什は「如前際後際空故中際亦空」と漢訳した。ところが、サンスクリット原典が発見される以前には、これが、「前際《ぜんさい》・後際《ごさい》空なるが如く、故に中際《ちゅうさい》も亦《また》空なり」（『国訳一切経』経集部第六巻）、「前際・後際の空なるが如く、故に中際も亦空なり」（高崎校註『維摩経』）——と書き下されてきた。これでは、四大元素と虚空界のことが論じられてきたのに、途中で過去・未来・現在の話にすりかわってしまう。従って、筆者は、貝葉写本で過去（前際）・未来（後際）・現在（中際）に相当する語が副詞であることから、「前際・後際に空なるが如く、故に中際にも亦空なり」に改めた。これは、鳩摩羅什の訳が誤っているのではなく、書き下しの仕方の誤りである。詳細は、植木訳『梵漢和対照・現代語訳　維摩経』第八章の注58を参照。**《〔空・無相・無願による〕あらゆる解脱への入り口》**鳩摩羅什は、これを具体的な数を挙げて「三解脱門《さんげだつもん》」と漢訳している。これは「三三昧《さんざんまい》」とも言われ、解脱への入り口としての三種類の三昧（samādhi）のことである。三つとは「あらゆるものごとには実体がない（空《くう》）」「あらゆるものごとには特徴がない（無相《むそう》）」「あらゆるものごとは欲望を離れている（無願《むがん》）」のことである。

【解説】

本章において、これまでの二大菩薩による対話形式が打って変わる。ヴィマラキールティが「菩薩にとって二元対立を超えた不二の法門に入ることは、どのようなことか？」と問いかけ、三十一人の菩薩がそれぞれ自らの思いを語り、それを受けてマンジュシリーが発言し、最後にヴィマラキールティに意見を求めるという構成になっている。

最初に意見を述べたのは、〝法において自在に変現するもの〟（法自在《ほうじざい》）という菩薩であった。「生ずることと滅すること」という二つの対立するものを挙げ、その不二を論じた。あらゆるものは、因（直接的原因）と縁（間接的原因）が和合して成り立っていて、独立自存する不変の実体はなく、「空」としてある故に「不生」と言われる。「不生」なるものは、滅することもない。そのような真理を認める知（無生法忍《むしょうぼうにん》）を獲得することが、不二の法門に入ることだと答えた。

　これに続いて菩薩たちが次々に発言し、「我れと我がもの」「汚れと清らかさ」「菩薩の心と声聞の心」「善と悪」「快いものと不快なもの」「輪廻《りんね》と涅《ね》槃《はん》」「我《が》と非我《ひが》」「知（明《みょう》）と無知（無明《むみょう》）」「色《しき》（身体・物質）と空《くう》」「闇と光明」「正しい道と邪道」「真実と虚偽」――などをめぐって、不二の法門に入ることについて三十一人の菩薩たちが自ら理解していることをそれぞれに語った。

　それを受けてマンジュシリーが、「あなたたちはすべて、巧みに語った」と評価しつつも、言葉で説く限りは、すべてが二元的に対立するものであり、解説も、発言も、陳述も、言説もなく、〔概念を仮に〕設けて言うこともないことが、不二の法門に入ることだと語った。そして、ヴィマラキールティの意見を求めた。けれども、ヴィマラキールティは、沈黙して何も語らなかった。

　すると、マンジュシリーが、「素晴らしいことです。〔中略〕菩薩たちにとって、これが不二の法門に入ることであり、そこには文字や言葉、音声、識別して認識することの追求はありません」と感嘆の言葉を発して第八章は終わる。

以上の流れは、①三十一人の菩薩たちの陳述、②「言葉を離れることが不二」というマンジュシリーの〝言葉による〟コメント、③ヴィマラキールティの沈黙——の三段階からなる。この流れの中で、ヴィマラキールティの沈黙が無量の意味をもって雷のように響き渡り、居並ぶ人たちを圧倒した。

この場面は、古来、「維摩の一黙、響き雷の如し」として重視されてきた。しかし、沈黙のみが重要なのではない。三十一人が言葉を費やして語ったことは無意味かと言えば、そうではない。沈黙だけが重要なら、三十一人の菩薩にもマンジュシリーにも語らせることなく、冒頭からヴィマラキールティが沈黙したままでいればよいことになる。そもそも、三十一人の菩薩たちが語ったのは、ヴィマラキールティから「それぞれ説いてください」と言われたからだった。ここは、①があっての②であり、①と②があっての③である。また、③があってこそ①も②も深い意味を帯びてくる。そういう意味では、①と②に対する③も二元的対立なのではなく、〝不二〟なのである。

第六章にも、シャーリプトラが天女にやり込められる場面の一つとして、言葉をめぐるやりとりがあった。シャーリプトラが、「解脱《げだつ》というものは、説くことのできないものだ」と語ったのに対して、天女はすかさず、「大徳が語られる言葉は、すべて解脱の特徴を具《そな》えています」「シャーリプトラよ、言葉を離れて解脱を説いてはなりません。〔中略〕あらゆるものごとが平等であることこそ、解脱であるからです」と語った場面がそれである。それに対して、本章では言葉によっても表現できないという側面が強調されている。『維摩経』は、その両面を重視している。沈黙という否定を経て、積極的に言語表現に打って出るのだ。

言葉による表現の問題を考えるには、釈尊の成道後の初めての説法（初転法輪《しょてんぽうりん》）の場面が示唆に富む。釈尊は、ベナレス近郊の鹿野苑《ろくやおん》で五人を相手に自分の覚った法を説き続けた。覚りというものは、「不可思議《ふかしぎ》」（言葉によって思議することもできない）、「言語道断《ごんごどうだん》」（言語で表現する道が断たれている）などと言われるように本来、言葉による表現を超えたものであり、言葉に表現することは大変に困難なことである。

それでも釈尊は、何とか分かってもらいたいという思いで説き続けた。手を替え、品を替えして、言葉のもどかしさを痛感しつつ、すれ違いを繰り返し、言葉を選びながら、試行錯誤しながら説いたであろう。

仏教では、言語の持つ限界をよく自覚している。その限界を知りつつも、言語で表現せざるを得ないことも知っている。だから、釈尊は積極的に説くことを決意した。それなのに言語の限界のみを見て「不立文字《ふりゆうもんじ》」を強調することは、仏教本来の言語観の一面しか見ていないことになる。言語の限界を知りつつも言語によって説かねばならないがゆえに、「真諦《しんたい》」（最高の真理、あるいは究極の真理）、「俗諦《ぞくたい》」（世俗的、世間的な真理）という言葉も生まれた。仏は、この真俗二諦《しんぞくにたい》によって法を説くのであり、世俗の言説によらなければ最高の真理も説くことはできない。

「真諦」のみの世界にひたって「我は覚った」と思っていても、それは一人よがりかもしれない。その覚りを「俗諦」として他者と共有した時に、はじめて真の覚りとなるといえよう。覚りは主観の世界にとどめず、客観の世界に不動のものとなってはじめて意味がある。釈尊がいかにブッダ・ガヤーで覚ったとしても、それを説いて他者と共有することがなかったならば、釈尊は「ブッダ」ではなく、「独覚《どっかく》」で終わったであろう。その意味で「独覚」とは、哲学でよくいう「独我論《どくがろん》」の域を出ていない。

独覚は、サンスクリット語では「プラティエーカ・ブッダ」（単独に覚った人）といい、これを音写して「辟支仏《びゃくしぶつ》」、あるいは「辟支迦仏《びゃくしかぶつ》」、意訳して「独覚」とされた。師なくして独自に覚りを開く人のことで、大乗仏教においては、自己中心的（自利《じり》）であるとして、出家修行者としての声聞《しょうもん》とともに二乗として括《くく》られ、成仏できないもの（二乗不作仏《にじょうふさぶつ》）と批判された。

どれほどの時間を要したか分からないが、五人の比丘《びく》に何とか分かってもらいたいという釈尊の熱意、慈悲が通じた。こうして、一番最初にコンダンニャ（憍陳如《きょうじんにょ》）という人が覚った。この時、釈尊は、「コンダンニャが覚った！」と、歓声を上げた。これをパーリ語で「アンニャート・コンダンニョ」、サンスクリット語で「アージュニャータハ・カウンディヌヤハ」、漢字で「阿若憍陳如《あこやきょうじんにょ》」と音写され、それが、この人の名前のようになった。

釈尊の説法を聞いて、すれ違いを繰り返しながらも覚りを得たことは、コンダンニャ自身も歓喜したであろうが、それにもまして釈尊は、自分の覚りを共有する人が現れたことで、コンダンニャ以上に歓喜したであろう。それは、自らの覚りの完成でもあった。ここに、対話は相手のためだけではなく、自分自身のためにもしているということが読み取れよう。

初転法輪での釈尊の説法に、言葉による表現の限界と、言葉による表現の必然性の両面を見る思いである。

第九章　化作された菩薩による食べ物の請来（香積仏品第十）

食事時間にとらわれるシャーリプトラ

§1　その時、尊者シャーリプトラ（舎利弗）の心に次の思いが生じた。

「食事のために定められた時間が、*終わりそうだ。けれども、これらの偉大な人である菩薩《ぼさつ》たちは、立ち上がろうとしない。これらの菩薩たちは、どこで食事をするのだろうか？」

その時、リッチャヴィ族のヴィマラキールティは、尊者シャーリプトラの心の思いを心で知って、尊者シャーリプトラに次のように言った。

「尊者シャーリプトラよ、如来があなたに説かれた八つの解脱（八解脱《はちげだつ》）によってあなたは、楽しく過ごすがよい。あなたは、絶え間なく〔欲望の対象である〕食事のことにとらわれながら法を聞いてはならない。けれども、尊者シャーリプトラよ、かつて味わったことのない食事を食べるまで、しばらく待つがよい」

〝最高の香りの集積を持つもの〟の世界を示す

§2　するとその時、リッチャヴィ族のヴィマラキールティは、三昧《さんまい》に入って、次のような神通力の顕現をなした。このブッダの国土から上の方向に、四十二のガンジス河の砂の数に等しい多くのブッダの国土を通り過ぎて、〝あらゆる香りの中で最も勝《すぐ》れた香りを持つところ〟（衆香《しゅこう》）という名前の世界があるのをそれらの菩薩たちや、それらの偉大なる声聞たちに示した。

そこには、〝最高の香りの集積を持つもの〟（香積《こうしゃく》）という名前の如来が、今、滞在し、存在し、時を過ごしておられる。その世界には、十方のすべてのブッダの国土における天上界と人間界のそのような種類の香りが漂っている。その世界では、木々からそれらの最も卓越した香りが漂っている。その世界には、声聞や独覚の名前すら存在しない。ただ清らかな菩薩たちの集まりが存在するだけである。

その〝最高の香りの集積を持つもの〟という如来は、それらの菩薩たちのために法を説かれる。その世界には、あらゆる香で作られた楼閣があり、あらゆる香で作られたそぞろ歩き（経行《きょうぎょう》）の場所や、庭園、宮殿がある。それらの菩薩たちが摂取する食べ物に具《そな》わるその香りが無数の世界に充満している。

その時、世尊であり〝最高の香りの集積を持つもの〟という如来は、食事のためにそれらの菩薩たちと一緒に坐《すわ》られた。そこでは、大いなる乗り物（大乗《だいじょう》）で出《い》で立った〝香りで荘厳《しょうごん》された食べ物を持つもの〟（香厳《こうごん》）という名前の神々の子たちが、その世尊と、それらの菩薩たちのために奉仕と給仕に励んでいる。その時、そのすべての聴衆は、その世界を見、その世尊とそれらの菩薩たちが食堂に坐って食事しているのを見た。

菩薩を化作して〝最高の香りの集積を持つもの〟の世界に派遣

§3　すると、リッチャヴィ族のヴィマラキールティが、それらのすべての菩薩たちに言った。

「善き人たちよ、あなたたちの中でだれか、あのブッダの国土から食べ物をもらって来ること（請来《しょうらい》）ができますか？」

その時、マンジュシリーの神通力によって、決して誰ももらって来ることができなかった。

そこで、リッチャヴィ族のヴィマラキールティは、マンジュシリー法王子に次のように言った。

「マンジュシリーよ、あなたは、このような聴衆を恥ずかしく思いませんか？」

マンジュシリーが言った。

「良家の息子よ、如来は、『未《いま》だ学ばざるものを軽んじるべきではない』と言われたのではありませんか？」

§4　そこで、リッチャヴィ族のヴィマラキールティは、その座から立ち上がることなく、それらの菩薩たちの面前で一人の化作《けさ》された菩薩を作り出した。金色《こんじき》に輝き、〔三十二種類の〕身体的特徴（三十二相）と〔八十種類の〕副次的特徴（八十種好《はちじっしゅごう》）で見事に飾られた身体を具えていて、その菩薩にはこのような輝かしい容姿があった。それ故に、その聴衆のすべては、暗くかげってしまった。

そこで、リッチャヴィ族のヴィマラキールティは、その化作《けさ》された菩薩に次のように言った。

「良家の息子よ、行くがよい。上の方向に四十二のガンジス河の砂の数に等しい多くのブッダの国土を通り過ぎて、〝あらゆる香りの中で最も勝れた香りを持つところ〟という名前の世界がある。そこには、〝最高の香りの集積を持つもの〟という名前の如来がおられる。その如来は今、食事のために坐っておられる。そこへ行って、私の名において、その如来の両足を頭におしいただくことによって敬意を表して後に、次のように言うがよい。

『リッチャヴィ族のヴィマラキールティは、世尊の両足を頭におしいただくことによって敬意を表して後に、世尊が病もなく、不安もなく過ごしておられるか？　また健康、生活、体力はどうであるか？　ご機嫌麗しく快適に過ごしておられるか？　と尋ねています』と。

『また、次のように言っています。

〈世尊よ、食事の残り物を私にお与えください。というのは、〔その食事の残り物が〕サハー世界においてブッダのなすべきことをなすでありましょう。劣ったものに信順の志を持つこれらの衆生に、〔仏法に対する〕勝れた理解を求めさせることにもなるでありましょう。如来の名前が広く流布《るふ》することにもなるでありましょう〉と』

§5　すると、その化作された菩薩は、リッチャヴィ族のヴィマラキールティに、「よろしゅうございます」と言った。その言葉を聞いて後、直ちにそれらの菩薩たちの面前から上に向かって上昇しているのが見られた。けれども、その化作された菩薩が上昇して行くのを、〔あまりの速さなので〕それらの菩薩たちは見ることはなかった。

すると、その化作された菩薩は、その〝あらゆる香りの中で最も勝れた香りを持つところ〟という世界に到着した。そこにおいて、その化作された菩薩は、世尊である〝最高の香りの集積を持つもの〟という如来の両足を頭におしいただくことによって敬意を表して後に、次のように言った。

「世尊よ、ヴィマラキールティ菩薩は、世尊の両足を頭におしいただくことによって敬意を表しています。また、世尊が病もなく、不安もなく過ごしておられるか？　また健康、生活、体力はどうであるか？　ご機嫌麗しく快適に過ごしておられるか？と尋ねています。

香りで薫じられた食べ物をもらい受ける

また、そのヴィマラキールティは、世尊の両足を頭におしいただくことによって敬意を表して後に、次のように申しました。
『世尊よ、食事の残り物を私にお与えください。というのは、この食べ物がサハー世界においてブッダのなすべきことをなすでありましょう。劣ったものに信順の志を持つそれらの衆生に、勝れたブッダの真理の教え（仏法）に対する理解を求めさせることにもなるでありましょう。また、世尊の名前が広く流布されることにもなるでありましょう』と」

§6　その時、その世尊である〝最高の香りの集積を持つもの〟という如来のブッダの国土にいる菩薩たちは、〔化作された菩薩の出現に〕驚いて、その〝最高の香りの集積を持つもの〟という如来に次のように言った。
「世尊よ、このように偉大な人は、どこから来られたのでしょうか？　あるいは、そのサハー世界はどこにあるのでしょうか？　劣ったものに信順の志を持つとは、実にどういうことなのでしょうか？」

それらの菩薩たちは、このようにその如来に尋ねた。

そこで、その世尊は、それらの菩薩たちに次のようにおっしゃられた。

「良家の息子たちよ、このブッダの国土から下の方に四十二のガンジス河の砂の数に等しい多くのブッダの国土を通り過ぎて、サハー世界がある。〔時代・思想・煩悩・衆生・寿命の〕五つの濁り（五濁《ごじょく》）の〔盛んな〕そのブッダの国土において、シャーキャムニという名前の如来が、低劣なものに信順の志を持つ衆生に法を説いておられる。

そこでは、ヴィマラキールティという名前の菩薩が、〝不可思議《ふかしぎ》〟という解脱《げだつ》に住していて、菩薩たちに法を説いている。そのヴィマラキールティは、私の名前を宣揚し、この世界についての称讃《しょうさん》を輝かせ、そして〔サハー世界の〕それらの菩薩たちの善根を増大させるために、この化作された菩薩を派遣したのだ」

§7　すると、それらの菩薩たちは、次のように言った。

「世尊よ、このように神通と力と畏《おそ》れなきことを得ているこの菩薩を化作した菩薩は、どれほどに偉大な精神をもっているのでしょう」

その世尊がおっしゃられた。

「その菩薩は、そのように偉大な精神を持っている。それ故に、化作された菩薩たちをあらゆるブッダの国土に派遣し、それらの化作された菩薩たちは、ブッダのなさることをもって衆生のために奉仕しているのだ」

§8　その時、その世尊である〝最高の香りの集積を持つもの〟という如来は、〝あらゆる香りを願望するもの〟という鉢の中のあらゆる香りで薫《くん》じられたその食べ物をその化作された菩薩に与えた。

九万人の菩薩のサハー世界来訪

すると、そこにいた九万人もの菩薩たちが言葉を発した。

「世尊よ、私たちは、その世尊であるシャーキャムニに敬意を表するために、またこのヴィマラキールティや、それらの菩薩たちに会うために、そのサハー世界にまいりましょう」

その世尊がおっしゃられた。

「良家の息子たちよ、今がその時だと考えるならば、行くがよい。けれども、良家の息子たちよ、諸々《もろもろ》の香りを漂わせるのを抑えてからその世界に入るがよい。それらの衆生が、その香りによって恍惚《こうこつ》と放縦《ほうじゅう》に陥ることがあってはならない。自分の〔本当の〕姿を示すことを抑えて、サハー世界において、それらの衆生が圧倒されて恥じることがないようにせよ。

あなたたちは、その世界に対して、劣ったところという思いを抱いて、嫌悪《けんお》感《かん》を生じてはならない。それは、どんな理由からか？　ブッダの国土は、まさに虚空の国土である。しかも、世尊であるブッダたちは、衆生を覚りへ向けて成熟させるために、あらゆるブッダの境地を〔直ちに〕示すことはないからだ」

§9　その時、化作された菩薩は、その食べ物を受け取ると、ブッダの威神力とヴィマラキールティの願力によって、まさにその瞬間のそのまた瞬時のうちに、それらの九万人の菩薩たちと一緒に、〝あらゆる香りの中で最も勝れた香りを持つところ〟という世界において姿を消して、リッチャヴィ族のヴィマラキールティの家の中に姿を現して立った。

尽きることのない香気ある食べ物

§10　そこで、ヴィマラキールティは、以前のあの師子座と同様の九万の師子座を神力によって現した。その師子座に、それらの菩薩たちが坐った。そして、その化作《けさ》された菩薩は、食べ物で満たされたその鉢をリッチャヴィ族のヴィマラキールティに差し出した。ヴァイシャーリーの大都城のすべてが、その食べ物の香りで薫じられ、千世界に至るまで、芳しい香気が漂った。

その時、ヴァイシャーリー城のバラモンと資産家たちや、ソーマチャトラ（月蓋《がつがい》）という名前のリッチャヴィ族の首長*は、その香りを嗅《か》いで、奇異なる思いにとらわれ、驚嘆すべき思いを抱いて、身も心も歓喜して、まるまる八万四〔千人のリッチャヴィ族の人たちとともにヴィマラキールティの家にやって来た〕。*

〔それらの人たちは、この家の中で、それほど高く、それほど広くて大きな、色とりどりの師子座に坐っている菩薩たちを見た。それを見て、信順の志と大いなる歓喜を生じた。それらのすべての人たちは、それらの偉大なる声聞《しょうもん》や、それらの偉大なる菩薩に敬意を表して後、一隅に立った。〕*

大地を活動範囲とする神々の子たちや、欲界《よっかい》を活動範囲とする〔神々たち〕、色界《しきかい》を活動範囲とする神々たちは、まさにその食べ物の香りによって興奮し、リッチャヴィ族のヴィマラキールティの家に近づいた。

§11　すると、リッチャヴィ族のヴィマラキールティは、大徳シャーリプトラと、それらの偉大なる声聞たちに次のように言った。

「尊者たちよ、大いなる憐《あわ》れみ（大悲《だいひ》）という芳香によって薫じられたこの如来の不死（甘露《かんろ》）の食べ物を召し上がるがよい。あなたたちは、限定された〔低劣な〕行ないに心を縛り付けてはならない。施された食べ物を消化し浄化することができないことがないようにせよ」

§12　その時、ある声聞たちに次の思いが生じた。

「このように取るに足りないこのわずかな食べ物を、このように多くの聴衆がどうやって食べるのであろうか？」と。

その化作された菩薩が、それらの声聞たちに次のように言った。

「尊者たちよ、あなたたちは、如来の〔無量の〕智慧《ちえ》や福徳を自分の〔低劣な〕智慧や福徳と等しくしてはならない。四大海の水に枯渇して尽きることがあるとしても、この食べ物には決して尽き果てることはないのだ。同様にたとえ、あらゆる衆生が一劫の間、スメール山ほどの量で一口ずつ*食べ続けるとしても、この食べ物には尽き果てることはないであろう。

それは、どんな理由からか？　これは、如来の鉢の中に残された、尽きることのない持戒《じかい》・三昧《さんまい》・智慧〔すなわち戒《かい》・定《じょう》・慧《え》の三学〕から生じた食べ物であり、これを尽きさせることはできないからだ」

§13　そこで、その聴衆のすべては、その食べ物で満足させられた。けれども、その食べ物はいまだに尽きていない。その食べ物を食べた菩薩や、声聞、インドラ神、ブラフマー神、世界の保護者〔である四天王〕、そしてそのほかの衆生の身体に〝あらゆる快さで飾られたところ〟（一切楽荘厳《いっさいらくしょうごん》）という世界にいる菩薩たちのそのような快さと同じ快さが生じた。それらの人たちのあらゆる毛穴からその香りが漂った。それは、あたかもその〝あらゆる香りの中で最も勝れた香りを持つところ〟という世界にある樹木の香りのようであった。

言葉でなく香りによって法を説く

§14　その時、リッチャヴィ族のヴィマラキールティは、〔事情を〕察しつつ、世尊であり〝最高の香りの集積を持つもの〟という如来のブッダの国土からやって来たそれらの菩薩たちに、次のように言った。

「良家の息子たちよ、〝最高の香りの集積を持つもの〟という如来の説法はどのようなものでしょうか？」

それらの菩薩たちが次のように言った。

「その如来は、言葉（文字）や語源的説明によって法を説かれることはありません。まさにその香りによって、それらの菩薩たちは鍛練に赴くのです。それらの菩薩たちが坐っているそれぞれの香木の下のどこからでもそのような香りが漂い、その香りを嗅ぐと直ちに〝菩薩のあらゆる徳を生み出す源〟（一切徳蔵《いっさいとくぞう》）という名前の三昧《さんまい》を得ます。直ちにその三昧を獲得して、すべての人たちに菩薩の徳が生じるのです」

衆生を屈服させる強引な説法

§15　すると、それらの菩薩たちは、リッチャヴィ族のヴィマラキールティに次のように言った。

「それでは、このサハー世界でシャーキャムニ世尊は、どのような説法をなさるのでしょうか？」

ヴィマラキールティが言った。

「善き人たちよ、サハー世界のこれらの衆生は教化しがたい。それらの教化しがたい衆生に、世尊は、まさに頑固で教化しがたい〔衆生を〕屈服させる強引な話を説かれるのだ。しかしながら、頑固で教化しがたい衆生を屈服させることとは、どういうことであり、頑固で教化しがたい衆生を屈服させる強引な話とは、どういうことか？

それは次のようなものである。

『〔五つの生処について〕これが地獄であり、これが畜生としての在り方*であり、これがヤマの世界であり、これらが不運の生まれであり、これが感覚器官に障害をもって生まれることである。

〔身《しん》・口《く》・意《い》の三業《さんごう》について〕これが身体（身《しん》）による悪しき行為であり、これが身体による悪しき行為の報いである。これが、言葉（口《く》）による悪しき行為であり、これが、言葉による悪しき行為の報いである。これが心（意《い》）による悪しき行為であり、これが心による悪しき行為の報いである。

〔十悪について〕これが生き物を殺害すること（殺生《せっしょう》）であり、これが与えられていないものを〔勝手に〕盗《と》ること（偸盗《ちゅうとう》）であり、これが愛欲による誤った行為（邪《じゃ》姪《いん》）であり、これが偽って語ること（妄語《もうご》）であり、これが二枚舌（両舌《りょうぜつ》）であり、これが粗暴な言葉（悪口《あっく》）であり、これが支離滅裂なたわごと（綺語《きご》）であり、これが貪《むさぼ》り（貪欲《とんよく》）であり、これが悪意（瞋恚《しんに》）であり、これが虚妄《こもう》の見解（愚癡《ぐち》）であり、これがそれら〔の十悪〕の報いである。

これが、もの惜しみ（慳貪《けんどん》）であり、これが破戒《はかい》であり、これが忿怒《ふんぬ》であり、これが怠惰《たいだ》であり、これが心の散乱である。これが悪しき智慧であり、これが悪しき智慧の結果である。これが〔出家者の戒律の条文集である〕プラーティモークシャ（波羅《はら》提木叉《だいもくしゃ》）の教訓に対する違反であり、これがプラーティモークシャである。これがなされるべきことであり、これがなされるべきでないことである。これが精神集中であり、これが煩悩《ぼんのう》を断つことである。これが障害であり、これが障害のないことである。これが過失であり、これが過失を離れていることである。

これが、正しい道であり、これが邪道《じゃどう》である。これが善であり、これが善ではない。これが非難されるべきことであり、これが非難されるべきでないことである。これが煩悩のあるもの（有漏《うろ》）であり、これが煩悩のないもの（無漏《むろ》）である。これが世俗的であり、これが超世俗的である。これが有為であり、これが無為である。これが苦痛である。これが浄化であり、これが輪廻であり、これが涅槃《ねはん》である』

以上、このように〔一つではない〕多くの事柄において呵責《かしゃく》することで、荒れ狂う馬のような心*を持つ衆生を、安住させるのである。それは、身体の要所を打つことによって〔苦痛を与え〕、荒れ狂う馬、あるいは象が屈服するようになるようなものである。まさにそのように、このサハー世界では、頑固で教化しがたいそれらの衆生は、あらゆる苦と呵責《かしゃく》の強引な話によって屈服するようになるのである」

サハー世界独自の「善を蓄積する十種の法」

§16　それらの菩薩たちが言った。

「ブッダの威徳を示すことを抑え、貧困で低劣であることを示すことによって、頑固な衆生を教え導かれるとは、確かにシャーキャムニ世尊には未曾有《みぞう》なことが具わっております。このように苦痛に満ちたこのブッダの国土に住んでいる菩薩たちにもまた、考えも及ばない大いなる憐れみ（大悲《だいひ》）が具わっております」

ヴィマラキールティが言った。

「善き人たちよ、あなたたちが言うように、それはその通りである。このサハー世界に生まれてきた菩薩たちの大いなる憐れみもまた堅固である。それらの菩薩たちは、この世界に一度生まれてきただけで、衆生のためにより多くの利益をもたらすのだ。しかるに、その〝あらゆる香りの中で最も勝れた香りを持つところ〟という世界においては、一千劫《こう》かかっても衆生のための利益が〔菩薩によってもたらされることは〕

ないのだ。

§17 それは、どんな理由からか？ 善き人たちよ、このサハー世界には、他のブッダの国土には存在せず、それらの菩薩たちが獲得している「善を蓄積する十種類の法」があるからだ。十種類とは何々であるか？

すなわち、(1) 貧困な者たちの中にあって布施を積み重ねること、(2) 破戒者たちの中にあって持戒を積み重ねること、(3) 憎悪(瞋恚《しんに》)を抱く者たちの中にあって忍耐(忍辱《にんにく》)を積み重ねること、(4) 怠惰な者たちの中にあって努力精進を積み重ねること、(5) 心が散乱している者たちの中にあって禅定《ぜんじょう》を積み重ねること、(6) 無智な者たちの中にあって智慧を積み重ねること、(7) 不遇に陥っている者たちの中にあって〔仏法を聴聞することを妨げる生まれの〕八つの不遇(八難《はちなん》)を超越するための説法をすること、(8)〔小乗《しょうじょう》という〕限定された〔低劣な〕行ないの者たちの中にあって大いなる乗り物(大乗《だいじょう》)についての説法をすること、(9) 善根を植えられていない者たちの中にあって善根を積み重ねること、(10) 絶えることなく常に、〔布施《ふせ》・愛語《あいご》・利行《りぎょう》・同事《どうじ》の〕四種類の包容の仕方(四摂法《ししょうぼう》)によって衆生を〔覚りへ向けて〕成熟させること――である。

他のブッダの国土には存在しないこれらの「善を蓄積する十種類の法」を、それらの菩薩たちは、獲得しているのだ」

仏国土に生まれるための八つの在り方

§18　それらの菩薩たちが言った。

「菩薩は、どのような法を具えて、サハー世界で死んで後に、傷つけられず、苦しめられずに、完全に清められたブッダの国土に〔生まれて〕行くのでしょうか？」

ヴィマラキールティが言った。

「良家の息子たちよ、菩薩は、八つの在り方を具えて、サハー世界で死んで後に、傷つけられず、苦しめられずに、完全に清められたブッダの国土に〔生まれて〕行くのだ。八つの在り方によってとは、どのような在り方によってか？

すなわち、（1）私はあらゆる衆生のために利益をなすべきである。けれども、それらの衆生から見返りとして決して何も利益を求めるべきではない。（2）この私は、あらゆる衆生の苦しみを彼らに代わって耐え忍ぶべきであり、またこの私は、すべての善根をあらゆる衆生のために施与《せよ》すべきである。（3）あらゆる衆生に対して憎悪することも衝突することもない。（4）すべての菩薩たちに対して師〔であるブッダに等しいもの〕という思いで好意を抱いている。（5）かつて聞いたことのない諸の法や、かつて聞いたことのある諸の法を聞いてそれらの法を誹《そし》ることがない。（6）他者の利得に対して嫉《ねた》むことがなく、自己の利得によって他者を蔑《さげす》むことがないし、心の観察をしている。（7）自己の誤りを点検し、他者の過失を譏《そし》らない。（8）放逸《ほういつ》でないことを喜んで、あらゆる功徳を受け入れる――である。

以上の八つの在り方を具えている菩薩は、サハー世界で死んで後に、傷つけられず、苦しめられずに、完全に清められたブッダの国土に〔生まれて〕行くのだ」

その時、リッチャヴィ族のヴィマラキールティと、マンジュシリー法王子は、その集まってきている聴衆に法をそのように説き、その結果、まるまる一千もの生命あるものたちがこの上ない正しく完全な覚り（阿耨多羅三藐三菩提《あのくたらさんみゃくさんぼだい》）に向けて心を発《おこ》した。また、一万人の菩薩たちに、何ものも生ずることはないという真理を認める知（無生《むしょう》法忍《ぼうにん》）の獲得があった。

《食事のために定められた時間》 これは、kāla（時）を訳したものだが、それも「定められた時」「正しい時」という意味が込められている。仏教において出家者は、午前中のみに食事することが許されていて、正午を過ぎて食事することは禁じられていた。その食事のために定められた時間をここではkālaと言っている。**《リッチャヴィ族の首長》** 鳩摩羅什は、adhi-pati（首長）を「長者主」と訳し、その注釈に「彼の国に王無し。唯《ただ》、五百の居士《こじ》、共に国政を治む。今、主と言うは衆《しゅ》の推《お》す所なり」と記している。リッチャヴィ族は、ヴァッジという国のヴェーサーリーという都市に住んでいて、ヴァッジ国では、釈尊のころから共和政治が行なわれていたことが知られている（中村元訳『ブッダ最後の旅』、岩波文庫、一一、一八七頁参照）。また、中村元博士は、次のようにも述べておられる。「このヴァッジの国では、めいめいの人が『おれこそ王である』と言っていました。だから、今日のことばでいえばデモクラシーに近いような政治を行っていたそうです。めいめいの人が自分は王であると思って、その合議制によって国事を決定し、その指導者は選挙によって選ばれていました」（現代語訳大乗仏典3『「維摩経」「勝鬘経」』東京書籍、一七頁）。**《八万四〔千人のリッチャヴィ族の人たちとともにヴィマラキールティの家にやって来た〕》**この〔　〕内の一節は、貝葉写本には欠落している。筆者は、チベット語訳、および漢訳に従って補った。**《〔それらの人たちは、この家の中で、……一隅に立った。〕》**〔　〕内は、貝葉写本には欠落しているが、筆者はチベット語訳、および貝葉写本の他の箇所を参考にして補った。その手法についての詳細は、植木訳『梵漢和対照・現代語訳維摩経』第九章の注82を参照。**《スメール山ほどの量で一口ずつ》**この箇所の原文は、**sumeru-mātrair ālopaiḥ** となっている。**sumeru-mātrair**（＜sumeru-mātra-、スメール山ほどの量の）は男性・複数・具格で、性・数・格が同じ **ālopaiḥ**（＜ālopa-、一口〔の食べ物〕）を修飾している。従って、「スメール山ほどの量」であるのは「一口〔の食べ物〕」だということになる。これらの二語は具格であり、副詞的な用法になるので、筆者は「スメール山ほどの量で一口ずつ」と訳した。ところが、チベット語訳からの現代語訳であるはずの中公版は、これを「一口ずつお握りをスメール山の高さほども」（中公版、一四〇頁）と訳している。この訳では、「一口ずつのお握り」をいくつも積み重ねた結果が「スメール山の高さほど」になるという意味に受け取れる。しかし、原文の修飾・被修飾の関係では、「一口」分が「スメール山の高さほど」であった。チベット語訳も、「この食べ物を、スメール山ぐらいほど〔の量〕で一口ずつ」となっている。中公版は、一口分にしては大きすぎると気を回して訳し変えたのであろう。**《畜生としての在り方》**これは、支謙訳と鳩摩羅什訳で「畜生」と漢訳されているが、玄奘は「傍生趣《ぼうしょうしゅ》」と漢訳している。これは、サンスクリットの **tiryag-yoni** の直訳である。**tiryag**（< **tiryak**）は、「横の」「水平の」という意味の形容詞 **tiryañc** の派生語で、直立して歩く人間に対して、「体を水平にして動くもの」、すなわち「畜生」を意味している。「傍生」は、サンスクリットの「体を水平にして動くもの」という原意にこだわって、「傍行の生類」という意味の漢訳である。**《荒れ狂う馬のような心》**この箇所は、チベット語訳でも、「調御されていない馬のような心」と、いずれも馬に譬《たと》えられているが、鳩摩羅什訳では「猨猴《えんこう》の如き」とサルに譬えられている。支謙訳と玄奘訳ではいずれにも譬えていない。

【解説】

本章のタイトルは、**nirmita**（化作された）、**bhojana**（食べ物）、**ānayana**（もたらすこと、請来）、**parivarta**（章）からなる複合語であり、直訳して「化作された食べ物の請来」となる。しかし、本文中に食べ物が化作されたとは述べてなく、化作されたのは菩薩である。以上のことを勘案して、筆者は「化作された菩薩による食べ物の請来」と訳した。ところが、チベット語訳の「化作された者により供物〔食物〕を受け取る」や、漢訳の「香積仏品《こうしゃくぶっぽん》」（支謙訳、鳩摩羅什訳）、「香臺仏品《こうだいぶっぽん》」（玄奘訳）とは異なっている。漢訳は、いずれも食べ物を与えるブッダの名前を章名としている。

第五章では、室内に椅子がないので「どこに坐るのだろう」と考えていて、ヴィマラキールティから「法を求めに来たのか、椅子を求めに来たのか」と追及されたシャーリプトラが、ここでも正午近くになって、「どこで食事するのだろう」と考えているところをまたもやとがめられた。

これをきっかけとして、ヴィマラキールティは、「味わったことのない食事」を振る舞うために、遥《はる》か彼方《かなた》にある〝最高の香りの集積を持つもの〟（香積《こうしゃく》）という如来の〝あらゆる香りの中で最も勝れた香りを持つところ〟（衆香《しゅこう》）という世界から「香りで荘厳された食べ物」を取り寄せる。その任務に耐えられる菩薩は一人もなく、ヴィマラキールティは、金色《こんじき》に輝き、三十二相八十種好を具えた輝かしい容姿の菩薩を化作して派遣する。

〝最高の香りの集積を持つもの〟という如来の国土の菩薩たちは、その化作された菩薩の突然の出現に驚き、サハー世界や、シャーキャムニ如来、そこに住む衆生、さらには、その菩薩を化作して派遣したヴィマラキールティについて興味を抱く。化作された菩薩が、「香りで薫じられた食べ物」をもらい受けてサハー世界に戻ろうとすると、九万人の菩薩たちもついてきた。

こうしてヴィマラキールティの室内において、二つの世界における説法の在り方などについてお互いに質問が交わされる。本章は、両者の比較によってサハー（娑婆《しゃば》）世界での修行の勝れていることをクローズアップすることを意図しているようだ。

まず、香りに満ちた世界について語られる。そこには、小乗仏教の修行者である声聞や独覚の名前すら存在せず、清らかな菩薩だけが存在している。その世界には、あらゆる香《こう》で作られた楼閣や、そぞろ歩き（経行《きょうぎょう》）の場所、庭園、宮殿がある。その菩薩たちの食べ物に具わる香りが無数の世界に充満している。そこの如来は、言葉や語源的説明によって法を説くことはない。その香りによって、菩薩たちを教化する。それらの菩薩たちが坐っているそれぞれの香木の下のどこからでもそのような香りが漂い、その香りを嗅ぐと直ちに菩薩の徳が生じるという。そこには何の苦労も必要ない。

それに対してサハー世界は、時代・思想・煩悩・衆生・寿命の五つの濁り（五濁《ごじょく》）の盛んなところであり、衆生は低劣なものに信順の志を抱いている。それらの衆生は教化しがたく、世尊は、言葉によって、頑固で教化しがたい衆生を屈服させる強引な話を説くのだ。すなわち、地獄、餓鬼、畜生などの悪しき境遇を語り、身体・言葉・心（身《しん》・口《く》・意《い》の三業《さんごう》）による悪しき行為と、その悪しき行為の報いを説き聞かせる。それは、身体の要所に苦痛を与えて、荒れ狂う馬や象を屈服させるようなものである。

こうした話を聞いて、「低劣なものに信順の志を持つ」ということの意味も理解できなかった九万人の菩薩たちは、頑固な衆生を教導するシャーキャムニ世尊と、苦痛に満ちた国土に住む菩薩たちの考えも及ばない大いなる憐れみ（大悲）に感嘆の言葉を発した。香りに満ちた世界で何の苦労もなく菩薩の徳を得られる自分たちと違い、悪条件の中で教化に務める菩薩たちの在り方こそ、真の菩薩だと知ったと言えよう。

そこで、ヴィマラキールティは、「このサハー世界に生まれてきた菩薩たちの大いなる憐れみもまた堅固で〔中略〕この世界に一度生まれてきただけで、衆生のためにより多くの利益をもたらす」「〝あらゆる香りの中で最も勝れた香りを持つところ〟という世界においては、一千劫《こう》かかっても衆生のための利益が〔菩薩によってもたらされることは〕ない」と語った。苦悩に満ちた世界であるからこそ菩薩の存在意義があるということだ。我々の住むサハー世界を穢れたところとして極楽浄土への往生を説く浄土教の思想への批判の意味が込められているのであろう。日蓮《にちれん》の「極楽百年の修行は、穢土の一日の功徳に及ばず」（『報恩抄』）という言葉を思わせる。

ところが、§18になると「サハー世界で死んで後に、傷つけられず、苦しめられずに、完全に清められたブッダの国土に〔生まれて〕行く」という一節が三回も出てくる。サハー世界独自の「善を蓄積する十種の法」が説かれる§17までは、サハー世界での修行の勝れていることが語られてきたのに、§18ではサハー世界で死んで別の国土に生まれ変わるという話になって、「何で?」という疑問が生じる。
この箇所に相当する鳩摩羅什訳は、「此の世界に於いて行ずるに瘡疣《そうゆう》無くして、浄土に生ず」となっている。「サハー世界で死んで」に相当する箇所は、鳩摩羅什訳では「此の世界に於いて行ずるに」となっていて食い違っている。また、鳩摩羅什訳に「浄土」という言葉が出てくるが、これは **pariśuddhaṃ buddha-kṣetraṃ**（完全に清められたブッダの国土）の訳である。この訳語は、第一章に対応する仏国品第一にも出てきたが、そこは **buddha-kṣetra**（ブッダの国土）を訳したものであった。「浄土」という言葉は、仏典翻訳史上で『維摩経』が初出だとされる。

ただし、『維摩経』や『法華経』に遅れて成立した『阿弥陀経』などの浄土教でいう死後に往生する「浄土」とは全く異なっていることに注意しなければならない。第一章で論じられたのは、衆生（人間）を離れてブッダの国土（浄土）はないというのだから、死後の世界の話でも、遥か彼方の別世界のことでもなかった。我が身を穢《けが》れたものと見なして、我が身を厭《いと》わせることとも真逆のことである。本来の仏教において法（真理の教え）は、〝いま〟〝ここ〟に生きているこの〝わが身〟に体現されるものであったのだ。

このように、この§18の表現は、本書の第一章で論じられたこととも、本章の§17まで語られていたこととも矛盾する。五世紀初頭の鳩摩羅什訳と十二世紀に書写されたサンスクリットの貝葉写本との七百年の間に浄土教の思想が取り込まれたのではないかと思われる。

第十章 「尽きることと尽きないこと」という法の施し（菩薩行品第十一）

アームラパーリーの森の世尊のもとへ

§1 その時、世尊は、アームラパーリー〔という遊女〕の所有する〔マンゴーの〕森で法を説いておられたが、その〔説法が行なわれている〕場所が大きく広くなった。そして、その聴衆が、金色《こんじき》に輝いて見えた。

すると、尊者アーナンダが、世尊に次のように申し上げた。

「世尊よ、アームラパーリーの所有するこの森が、このように広大になり、聴衆のすべてが金色に輝いて見えますが、これは何の前兆なのでしょうか？」

世尊がおっしゃられた。

「アーナンダよ、このリッチャヴィ族のヴィマラキールティと、マンジュシリー法王子の二人が、大いなる聴衆に囲まれて、如来のもとに近づいてくる」と。

§2 そこで、リッチャヴィ族のヴィマラキールティは、マンジュシリー法王子に次のように言った。

「マンジュシリーよ、私たちは、世尊のもとへまいりましょう。これらの偉大な人である菩薩《ぼさつ》たちは、如来にお会いし、敬意を表するでありましょう」

マンジュシリーが言った。

「良家の息子よ、今がその時だとあなたが考えるならば、まいりましょう」

そこで、リッチャヴィ族のヴィマラキールティは、次のような神通力の顕現をなした。そのすべての聴衆を、それらの師子座とともに右の掌《てのひら》の上に置いて、世尊のおられるところへ近づいた。そして、その聴衆を地面に置き、世尊の両足を頭におしいただくことによって敬意を表して、世尊の周りを右回りに七度回って礼拝し、一隅に立った。

そこで、〝最高の香りの集積を持つもの〟という如来のブッダの国土からやって来たそれらの菩薩たち、および他〔の菩薩と声聞たち〕は、それらの師子座から下り、世尊の両足を頭におしいただくことによって敬意を表して、一隅に立った。

同様に、インドラ神、ブラフマー神、世界の保護者〔である四天王〕と神々の子たちも、世尊の両足を頭におしいただくことによって敬意を表して、一隅に立った。

すると、その世尊は、それらの菩薩たちを〔その場に〕ふさわしいあいさつで慰労してから、次のようにおっしゃられた。

「良家の息子たちよ、それぞれ自分の師子座に坐《すわ》るがよい」

世尊によって許可されて、それらの菩薩たちは〔師子座に〕坐った。

§3　そこで世尊は、尊者シャーリプトラにおっしゃられた。

「シャーリプトラよ、あなたはこれらの最も勝れた衆生である菩薩たちの〔神力による〕自在な振る舞いを見たであろう」

シャーリプトラが言った。

「世尊よ、見ました」

世尊がおっしゃられた。

「そこにおいて、あなたの心にはどのような思いが生じたのか?」

シャーリプトラが言った。

「世尊よ、その時、私には不可思議《ふかしぎ》な思いが生じました。私は、考えることも、比較することも、数えることもできない、それらの菩薩たちのそのような不可思議な働きがなされたのを見ました」

請来した食べ物が消化に要する時間

§4　すると、尊者アーナンダが、世尊に次のように申し上げた。

「世尊よ、かつて嗅《か》がれたことのない香りを、私は嗅いでいます。このようなこの香りは、何に属するのでしょうか?」

世尊がおっしゃられた。

「アーナンダよ、実にこれらの菩薩たちの身体のあらゆる毛穴から香気が漂っているのだ」

シャーリプトラもまた言った。

「尊者アーナンダよ、私たちのあらゆる毛穴からもまたこのような香気が漂っている」

アーナンダが言った。

「この香気の発生は何ゆえでしょうか？」

シャーリプトラが言った。

「〝最高の香りの集積を持つもの〟という如来の〝あらゆる香りの中で最も勝《すぐ》れた香りを持つところ〟という世界のブッダの国土からリッチャヴィ族のヴィマラキールティが食べ物をもらって請来《しょうらい》した。多くの人たちが、それを食べて、すべての人たちの身体からこのような香気が漂っているのだ」

§5　すると、尊者アーナンダが、ヴィマラキールティ菩薩に次のように言った。

「しかしながら、良家の息子よ、この香りはどれほど長く、持続するのでしょうか？」

ヴィマラキールティが言った。

「この食べ物が消化されずにいる間であろう」

アーナンダが言った。

「それでは、この食べ物は、どれほど長くかかって消化するのでしょうか？」

ヴィマラキールティが言った。

「七つの七日間〔、すなわち七週間〕かかって消化するであろう。そして、〔その後〕さらに七日間にわたって、この食べ物のエネルギーが充満するであろう。けれども、消化しないことによる害はないであろう。

§6　尊者アーナンダよ、〔煩悩を残りなく断じて〕凡夫の生を離れる位（離生位《りしょうい》）に入っていない男性出家者たちが、この食べ物を食べるならば、それらの男性出家者たちが凡夫の生を離れる位に入った後に消化するであろう。しかしながら、凡夫の生を離れる位に入っている人が、食べるならば、それらの人たちの心が解脱していないうちは消化しないであろう。未《いま》だ覚りを求める心（菩提心《ぼだいしん》）を生じていない衆生が食べたならば、それらの衆生が覚りを求める心を生じて後に、消化するであろう。既に覚りを求める心を生じている人が食べたならば、それらの人たちが無生法忍《むしょうぼうにん》を獲得していないうちは、消化しないであろう。しかしながら、無生法忍を獲得している人たちが食べたならば、それらの人たちがあと一度の生涯だけ迷いの世界に束縛された一生補処《いっしょうふしょ》の菩薩となった後に消化するであろう。

§7　尊者アーナンダよ、それはあたかも、〝美味〟という名前の薬のようなものである。全身に行きわたっている毒が消滅してしまわない限り、その薬は体内にあって消化されることはない。毒が消滅したその後に、その薬は消化されるのだ。まさにそのように、尊者アーナンダよ、あらゆる煩悩という毒が無毒にならない限り、その食べ物は消化されることはないのだ。〔あらゆる煩悩という毒が無毒になった〕その後に、その食べ物は消化されるのだ」

ブッダのなすべきことをなすもの

すると、尊者アーナンダが、世尊に次のように申し上げた。

「世尊よ、この食べ物が、ブッダのなすべきことをなすのですね」

世尊がおっしゃられた。

「それは、その通りである。アーナンダよ、それはあなたの言う通りである。

§8　アーナンダよ、あるブッダの国土では、菩薩たちがブッダのなすべきことをなし、あるブッダの国土では、菩提樹がブッダのなすべきことをなすところも存在するのだ。あるブッダの国土では、〔三十二種類の勝れた〕相の如来の姿を見せることで、ブッダのなすべきことをなすところも存在するのだ。同様に、ブッダのなすべきことを天空の虚空《こくう》がなすのである。それらの衆生は、このようにして化導されるのだ。

§9　同様に、夢・影・水中の月・反響《こだま》の音響・幻・陽炎《かげろう》といった譬喩《ひゆ》による説明や、言葉の分析による説法が、衆生のためにブッダのなすべきことをなすのだ。あるブッダの国土では、言葉によって〔識別して〕認識することが、ブッダのなすべきことをなすところも存在する。アーナンダよ、そのように完全に清められたブッダの国土では、詳述しないこと、解説しないこと、教示しないこと、言説すべきでないことが、それらの衆生のために、ブッダのなすべきことをなすのだ。

§10　アーナンダよ、世尊であるブッダたちの〔行《ぎょう》・住《じゅう》・坐《ざ》・臥《が》の四《し》〕威儀《いぎ》や、食べることなどで、衆生を化導するためにブッダのなすべきことをなさないものは、決して何もないのだ。アーナンダよ、〔五陰魔《ごおんま》・煩悩魔《ぼんのうま》・死魔《しま》・天魔《てんま》の〕四種類からなる魔（四魔《しま》）や、衆生を悩ませる八万四千もの煩悩の門、それらのすべてによって、世尊であるブッダたちは、ブッダのなすべきことをなすのである。

アーナンダにも理解できない菩薩の智慧

§11　アーナンダよ、これが〝あらゆるブッダの特質に入ること〟という名前の法門である。もしも、その法門に入ったならば、菩薩は、荘厳《しょうごん》のためのあらゆる勝《すぐ》れた徳を具《そな》えている諸々《もろもろ》のブッダの国土に対して畏縮することもなく、落ち込むこともないのだ。また、荘厳のためのあらゆる勝れた徳を具えている諸々のブッダの国土に対して、圧倒されることもなく、高ぶることもないのだ。その菩薩は、如来たちに対して大変に尊敬を生じるのだ。あらゆるものごとが平等であることを確信している世尊であるブッダたちが、衆生を〔覚りへ向けて〕成熟させるために、ブッダの国土が種々であることを見せること、これは、希有《けう》なことである。

§12　アーナンダよ、譬《たと》えば、諸々のブッダの国土には属性の優劣といった差別があるけれども、虚空に覆われたブッダの国土には虚空の差別がないようなものである。アーナンダよ、まさにこのように、如来たちには色《いろ》・形《かたち》（色《しき》）としての身体（色身《しきしん》）に差別はあるが、如来たちの滞ることのない知に差別はないのである。

§13　アーナンダよ、形態・色・威厳・容貌《ようぼう》・諸々の属性・高貴で偉大な精神を持つこと・戒律（戒《かい》）・三昧《さんまい》（定《じょう》）・智慧《ちえ》（慧《え》）・解脱《げだつ》・解脱したことを自覚する知見《ちけん》（解脱知見《げだつちけん》）、〔十《じゅう》〕力《りき》・〔四種の〕畏《おそ》れなきこと（四無畏《しむい》）・諸のブッダの特質、大いなる慈しみ（大慈《だいじ》）・大いなる憐《あわ》れみ（大悲《だいひ》）・〔他人の〕幸せを求める〔行・住・坐・臥の四〕威儀・行ない・振る舞い、寿命の長さ・説法・衆生を〔覚りへ向けて〕成熟させること・衆生を解脱させること・国土を清めること――〔以上の〕ブッダの特質をすべて完成させる点で、すべてのブッダたちは実に等しいのだ。

それ故に、サミャク・サンブッダ（正しく完全に覚った人）、タターガタ（如来《にょらい》）、ブッダ（目覚めた人）と言われるのである。アーナンダよ、これらの三つの言葉に具わる意味の詳細と言葉の分析を、あなたが一劫《いっこう》かかって続けても、それを完全に理解することは容易ではないのだ。

アーナンダよ、三千大千世界《さんぜんだいせんせかい》に属している衆生が、あなたと同じように、〔ブッダから直接〕多く〔の教え〕を聞いて、〔聞いたことを〕記憶するためのダーラニーを獲得しているものたちの中で第一であるとしても、アーナンダと同じようなそれらのすべての衆生でさえも、これらの三つの言葉、すなわちサミャク・サンブッダ、タターガタ、ブッダ――の意味について確定する教説を、一劫かかっても完全に理解することはできないのだ。このように、アーナンダよ、ブッダの覚りは実に無量であり、このように如来たちの智慧と雄弁さは考えも及ばないものなのだ」

§14　すると、尊者アーナンダが、世尊に次のように申し上げた。

「世尊よ、きょうから私はもはや、多く〔の教え〕を聞いたものたちの中で第一〔多《た》聞第一《もんだいいち》〕だと自分のことを称しないことにいたしましょう」

世尊がおっしゃった。

「アーナンダよ、あなたは、心を畏縮させてはならない。それは、どんな理由からか？　アーナンダよ、私は、声聞たちに言及して、あなたが多く〔の教え〕を聞いたものたちの中で第一だと決定したのであって、菩薩たちに言及してではないのだ。

アーナンダよ、菩薩たちのことは考慮せずにしておくがよい。それらの菩薩たちについて、賢い人も〔底深さを〕理解できないのだ。アーナンダよ、すべての大海の深さは測ることができる。しかるに、菩薩たちの智慧と知識、記憶のためのダーラニー、雄弁さの深さは測ることはできないのだ。アーナンダよ、あなたたちは菩薩としての修行に対して無関心でいるべきである。それは、どんな理由からか？　アーナンダよ、リッチャヴィ族のヴィマラキールティが、食事の前〔、すなわち午前中〕*の一時《ひととき》に顕《あら》わしたこれらの荘厳は、神通を獲得しているすべての声聞《しょうもん》と独覚《どっかく》たちが、幾百・千・コーティ劫もの間、あらゆる神通変化《じんづうへんげ》による奇跡（神変《しんぺん》）をもってしても、顕わすことはできないからだ」

法の施しの要請に応えて

§15　すると、世尊であり〝最高の香りの集積を持つもの〟という如来のブッダの国土である〝あらゆる香りの中で最も勝れた香りを持つところ〟という世界からやって来ていたそれらの菩薩たちのすべてが、合掌して〔シャーキャムニ〕如来に敬礼しながら、次のような言葉を言った。

「世尊よ、私たちがこのブッダの国土に対して抱いていた劣っているという思い、その思いを私たちは捨てましょう。それは、どんな理由からでしょうか？　世尊よ、世尊であるブッダたちに具わるブッダの境地は、実に考えも及ばないもの（不可思議《ふかしぎ》）であるからです。巧みなる方便によって衆生を〔覚りへ向けて〕成熟させるために、衆生が欲するのに従って国土の荘厳を現されました。

世尊よ、私たちが、その〝あらゆる香りの中で最も勝れた香りを持つところ〟という世界に帰って、世尊のことを思い出すことができるように、私たちに法の施し*を与えてください」

§16　世尊がおっしゃられた。

「良家の息子たちよ、菩薩たちには〝尽きることと尽きないこと〟という名前の解脱（尽無《じんむ》尽解《じんげ》脱法門《だつほうもん》）がある。あなたたちは、それを学ぶべきである。しかしながら、それは何か？　〝尽きること〟が有為《うい》と言われ、〝尽きないこと〟が無為《むい》と言われる。それ故に、菩薩は有為を尽きさせるべきではない。かといって、無為に住すべきではない。

菩薩は有為を尽きさせず

§17　その場合、『有為にとって尽きないこととは〔何か？〕』、それはすなわち、大いなる慈しみ（大慈）から退かないことであり、大いなる憐れみ（大悲）を放棄しないことである。高潔な心をもって出《い》で立った一切智を求める心を忘れないこと、衆生を〔覚りへ向けて〕成熟させるのに倦《う》むことがないこと、〔布施《ふせ》・愛語《あいご》・利行《りぎょう》・同《どう》事《じ》の四種類の〕包容の仕方（四摂法《ししょうぼう》）を放棄しないこと、正しい教え（正法《しょうほう》）を獲得するために身体と生命を喜捨《きしゃ》すること、善い果報をもたらす諸の立派な行ない〔善根〕を積み重ねることに対して飽き足りることなく、廻向《えこう》が巧みであることに住していて、法の探求において怠惰《たいだ》でなく、法を説く際に教師の握り拳《こぶし》がなく、如来に会って供養することを切望している。〔生死《しょうじ》の世界へ〕意のままに誕生して恐れるところがない。好運の時であれ不運の時であれ〔心が〕高ぶったり、落ち込んだりしない。いまだ学んでいない人を軽蔑《けいべつ》することがない。既に学んでいる人に対して師という思いで敬意を抱いている。煩悩に満たされた人たちを道理にかなって立ち直らせ、〔雑踏を遠離《おんり》して〕心の平静を楽しむけれどもそれに満たされて〔執着して〕いない。自分の幸福に執着することなく、他者の幸福に満足して喜んでいる。

禅定《ぜんじょう》、三昧《さんまい》、等至《とうじ》に対してアヴィーチ〔無間《むけん》〕地獄という思いを抱き、逆に生存領域を循環する輪廻に対して庭園と宮殿という思いを抱いている。物を乞う人たちに対して善き友〔善知識〕という思いを抱き、自分の所有物のすべてを喜捨《きしゃ》することに対して一切智が完成するという思いを抱き、破戒のものたちに対して救済する思いを抱き、〔六つの〕完成〔六波羅蜜《ろくはらみつ》〕に対して母と父*という思いを抱き、覚りを助ける〔三十七の修行〕法〔三十七道品《さんじゅうしちどうほん》〕に対して自分の従者という思いを抱いている。あらゆる善い果報をもたらす立派な行ないを積み重ねても、それで十分だとなさず、あらゆるブッダの国土の諸の徳を自分の国土において完成し、〔三十二種類の〕身体的特徴と〔八十種類の〕副次的特徴の完成のために〔だれに対しても制限することなく供養し、布施《ふせ》をする〕無遮会《むしゃえ》の祭りを行ない、〔さらに〕一切の悪を行なわないことによって身体と言葉と心の荘厳がある。身体と言葉の完全な浄化によって、また心の完全な浄化によって無数劫（阿《あ》僧祇《そうぎ》劫《こう》）の長きにわたって輪廻を繰り返し、心が勇敢であり、ブッダの無量の徳を聞くことによって、怠ることがない。

煩悩という敵を鎮圧するために智慧という剣を手に持っている。一切衆生の重荷に耐えるために五《ご》陰《おん》（五《ご》蘊《うん》）、十八界《じゅうはちかい》、十二入《じゅうににゅう》を遍《あまね》く知る。悪魔の軍勢を打ち破るために努力精進《しょうじん》の焔《ほのお》が燃え上がっている。法を求めるために、慢心をなくしている。法を受持すべきであるために、知を求めている。あらゆる世間の人々を喜ばせるために、わずかの願望をもって満足（少欲知足）し、あらゆる世間のものごとに混じり合うことはない。

世間の人々に随順するためにあらゆる〔行《ぎょう》・住《じゅう》・坐《ざ》・臥《が》の四〕威儀を破壊しない。あらゆる力用《りきゆう》を示すために神通力を生ずる。聞いたことをすべて忘れることなく保持するためにダーラニーと記憶と知を具えている。あらゆる衆生の疑惑を断ち切るために能力の勝劣を知る。法を説くために滞ることのない神力を持つ。〔法と、その意義内容、諸方の言語に通じた〕智慧に基づく〔自在な〕雄弁さ（弁無《べんむ》礙《げ》解《げ》）を獲得していることによって滞ることのない雄弁さを持つ。十種類の善き行ない〔の道〕（十善《じゅうぜん》業道《ごうどう》）を完全に清めることによって神々や人間の好運を受ける。〔慈《じ》・悲《ひ》・喜《き》・捨《しゃ》からなる〕四つの無量〔の利他の心〕（四無量心《しむりょうしん》）を生じることによってブラフマー神の道に立つ。説法を求めて歓喜して讃嘆の言葉を発することによってブッダの声を獲得する。身体と言葉と心〔による行ない、すなわち身《しん》・口《く》・意《い》の三業《さんごう》〕を制御して卓越した状態になっていることによって、ブッダの〔行《ぎょう》・住《じゅう》・坐《ざ》・臥《が》の四《し》〕威儀《いぎ》を獲得し、あらゆるものごと（一切法）に満たされて〔執着して〕いない。菩薩の集団（菩薩僧伽《ぼさつそうぎゃ》）を導くことによって大いなる乗り物（大乗《だいじょう》）に教導する。あらゆる徳を消滅させないために不注意（放逸《ほういつ》）であることはない。

良家の息子たちよ、菩薩は、まさに以上のように、この法に対して信順の志を抱いていて、有為《うい》を尽きさせることはないのだ。

菩薩は無為に住さず

§18　次に、〔菩薩にとって〕無為《むい》に住しないとはどのようなことであろうか？

菩薩は、空《くう》の本性における修習をなす時、空の本性を目の当たりにすることはない。菩薩は、無相《むそう》における修習をなすけれども、無相を目の当たりにすることはない。菩薩は、無願《むがん》における修習をなすけれども、無願を目の当たりにすることはない。菩薩は、無作《むさ》における修習をなすけれども、*無作を目の当たりにすることはない。

〔諸行《しょぎょう》は〕無常《むじょう》であると観察するけれども、善い果報をもたらす立派な行ない〔を積むこと〕に飽き足りることがない。〔一切は皆〕苦であると観察するけれども、意のままに〔この世に〕生を受ける。〔諸法は〕無我《むが》であると観察するけれども、自己の本性を放棄することはない。〔涅槃《ねはん》は〕寂静《じゃくじょう》であると観察するけれども、永遠の寂滅《じゃくめつ》を生じることはない。

〔世間の汚れから〕切り離された〔清らかさ〕を観察するけれども、身と心によって奮励する。拠《よ》り所（アーラヤ）がないと観察するけれども、白く清らかな法という拠り所を放棄することはない。〔菩薩は〕執着を離れているということを観察するけれども、衆生が執着している重荷を担う。汚れがないということを観察するけれども、生存領域を循環する輪廻の流転《るてん》を経験する。行ずることがないということを観察するけれども、衆生を〔覚りへ向けて〕成熟させるために行ずる。

無我《むが》ということを観察するけれども、衆生に対する大いなる憐れみ（大悲）を放棄することはない。生まれないことを観察するけれども、〔煩悩を残りなく断じて凡夫の生を離れる〕声聞《しょうもん》の〔小乗《しょうじょう》的〕覚り（離生位《りしょうい》）に堕することはない。〔ものごとが〕空虚であるということ、価値がないということ、内実がないということと、主宰者がないということ、住《とど》まる処《ところ》がないということを〔菩薩は〕観察する。けれども、福徳は空虚でなく、知は無価値ではなく、思惟《しい》は〔内実で〕満たされていて、独立自存するものの知によって灌頂《かんじょう》され〔て主宰者に即位し〕ていて、独立自存するものの知〔の探究〕に専念し、解明された義（了義《りょうぎ》）というブッダの家系に身を置いている。

“尽きることと尽きないこと”という解脱

まさに以上のように、良家の息子たちよ、法に対して信順の志を持っているこのような菩薩は、無為《むい》に住することもなく、有為《うい》を尽きさせることもないのだ。

§19　福徳の蓄積に専心しているから、無為に住することもなく、知の蓄積に専心しているから、有為を尽きさせることもない。大いなる慈しみ（大慈）を具えているから、無為に住することはなく、大いなる憐れみを具えているから、有為を尽きさせることはない。衆生を〔覚りへ向けて〕成熟させるから無為に住することなく、ブッダの真理の教え（仏法）を願い求めるから有為を尽きさせることはないのだ。ブッダの〔三十二種類の勝れた身体的〕特徴を完成させるから無為に住することなく、一切知者の智慧（一切種智《いっさいしゅち》）を完成させるために有為を尽きさせることはない。方便に巧みであるから無為に住することなく、智慧によってよく考えるから有為を尽きさせることはない。ブッダの国土の完全な浄化のために無為に住することはなく、ブッダの神力が加えられているから有為を尽きさせることはない。

衆生の利益を理解するから無為《むい》に住することなく、法の意味を示すから有為《うい》を尽きさせることはない。善い果報をもたらす立派な行ない（善根）を積み重ねるから無為に住することはなく、善根の薫習《くんじゅう》が残るから有為を尽きさせることはない。誓願《せいがん》を完成させることを目的とするので無為に住することなく、欲望を離脱している（無願《むがん》）から有為を尽きさせることはない。意向が完全に清められているから無為に住することなく、高潔なる心が完全に清められているから有為を尽きさせることはない。

五つの神力による自在な振る舞いを具えているから無為に住することなく、ブッダの知に六つの神通力が具わっているから有為を尽きさせることはない。〔布施《ふせ》・持戒《じかい》・忍辱《にんにく》・精進《しょうじん》・禅定《ぜんじょう》・智慧《ちえ》の〕諸の完成（波羅蜜《はらみつ》）の集積を満たすことを目的としているので無為に住することなく、時間の果てに達することはないから有為を尽きさせることはない。法の財宝を集めるから無為に住することなく、限定された〔低劣な小乗《しょうじょう》の〕法を求めないから有為を尽きさせることはない。あらゆる薬を集めているから無為に住することなく、適切に薬を使用するから有為を尽きさせることはない。誓願が堅固《けんご》であるから無為に住することなく、誓願によって救済することから有為を尽きさせることはない。法の薬を集めるから無為に住することなく、適切に法の薬を使用するから有為を尽きさせることはない。一切衆生の煩悩という病を熟知しているから無為に住することなく、あらゆる〔煩悩の〕病を鎮《しず》めるから有為を尽きさせることはない。良家の息子たちよ、まさにこのように、菩薩は有為を尽きさせることはなく、無為に住することもないのだ。これが、菩薩たちにとっての『尽きることと尽きないこと』という名前の解脱と言われるのだ。善き人たちよ、あなたたちは、そこにおいて奮励するべきである」

九万人の菩薩の帰還

§20　その時、それらの菩薩たちは、この教説を聞いて、満足し、高揚し、心が満たされ、狂喜し、喜悦と歓喜を生じ、世尊に対して敬意を表するために、またそれらの菩薩たちや、この法門に対して敬意を表するために、この三千大千世界《さんぜんだいせんせかい》のすべてをあらゆる抹香《まっこう》、薫香《くんこう》、末香《まっこう》の集合や、花々で膝《ひざ》の高さまで覆った。さらに世尊の集会の場をそれらで充満させてから、世尊の両足を頭におしいただくことによって敬意を表し、世尊の周りを右回りに三度回って後に、〔感極まって〕感嘆の言葉を発し、このブッダの国土において姿を消して、その瞬間のそのまた瞬時のうちにその〝あらゆる香りの中で最も勝れた香りを持つところ〟という世界に到達した。

《食事の前〔、すなわち午前中〕》これは pūrva（前の）と bhakta（食事）の複合語で、「食事の前」

を意味する。出家者は、正午を過ぎて食事をしてはならなかったので、それは言い換えれば「午前中」ということである。それは「朝飯前」ということでもある。梵文『無量寿経』にも「朝食前」という語が頻出している。中村元・早島鏡正・紀野一義訳註『浄土三部経』上巻（岩波文庫）三〇、九一、九二頁など参照。**《法の施し》**筆者が「法の施し」、すなわち「法という施し」と訳したdharma-prābhṛtaは、dharma（法）とprābhṛta（施物）の複合語で、一般に「法施」（法という施物）と漢訳され、「教え（法）を説いて聞かせること」を意味する。『法華経』の観世音菩薩普門品（植木訳『梵漢和対照・現代語訳　法華経』下巻、五〇四頁）では、無尽意菩薩が観世音菩薩に対して語った「私たちは……法のための施物、法のための贈り物を贈りましょう」という言葉の中に出てくる。ところが、『法華経』では施されるものは法ではなく真珠の首飾りであった。従って、筆者は『法華経』においては、「法のための施物」と訳し替えた。しかし、この『維摩経』では、その必要はないようだ。**《母と父》**サンスクリット語では母（mātā）が先に来て、父（pitṛ）が後ろに来る。これは、インド古代の母系制社会の名残《なごり》である。この箇所はチベット語訳では母と父の順番が逆になっている。漢訳はすべて「父母」となっている。**《無相における修習をなすけれども……無願における修習をなすけれども……菩薩は、無作における修習をなすけれども》**ここに「無相」「無願」「無作」が論じられているが、それはチベット語訳、玄奘訳とも共通している。ところが、鳩摩羅什訳は「無相」「無作」「無記」、支謙訳は「無相」「無数」「無願」と微妙な違いを見せている。

【解説】

本章のタイトル「『尽きることと尽きないこと』という法の施し」は、本章で「『尽きることと尽きないこと』（尽・無尽）という解脱の法門」が明かされていることからの命名である。ところが、その法門が、菩薩の行として明かされていることをとらえて、三つの漢訳ではいずれも「菩薩行品」となっている。

第四章から第九章までの第二幕は、ヴィマラキールティの邸宅を舞台としてヴィマラキールティとマンジュシリーが主役を務めていたが、本章から第十二章までの第三幕では、舞台を再度、アームラパーリーの園林に戻し、釈尊が登場して『維摩経』全体が締めくくられる。

〝最高の香りの集積を持つもの〟という如来の国土からやって来ていた九万人の菩薩たちも含めて、ヴィマラキールティの部屋にいたものたちが全員、アームラパーリーの園林へと戻ってくる。すると園林が、これまで嗅いだことのない芳香に包まれる。シャーリプトラなどの声聞たちは、こぞってヴィマラキールティのところへ行っていたが、アーナンダは侍者として釈尊のそばにいた。だから、これまでの経緯を見聞していない。アーナンダは、「その香りは何に属し、いつまで続くのか」と尋ねた。ヴィマラキールティは、「〝最高の香りの集積を持つもの〟という如来の国土からの食べ物を食べた人すべての身体が発するものであり、それぞれの煩悩がなくなるまで香るのだ」と答えた。

その食べ物がブッダのなすべきことをなしているというアーナンダの指摘を受けて、釈尊は日常の振る舞いから、四種類の魔や、八万四千もの煩悩といった極端なものまで挙げて、ブッダのなすべきことをなすものが、ブッダの国土によって多種多様であることを明かした。

そして、ブッダの智慧と雄弁さは考えも及ばないものであるとアーナンダに対して繰り返し語る。アーナンダが〝多聞第一〟であるのは、声聞たちの間でのことで、菩薩たちの中でのことではないのだと言って聞かせる。その上で、ヴィマラキールティが食事の前の午前中のわずかな時間になしたことは、声聞と独覚たちがどんなに時間をかけ、神通力による奇跡を用いても現すことはできないことを強調した。

その時、九万人の菩薩たちのすべてが、サハー世界を劣ったところだと思っていたことを反省するとともに、ブッダの境地が考えも及ばないもの（不可思議《ふかしぎ》）であると讃嘆し、自分たちの国土に戻っても釈尊のことを思い出すためにと言って、法の施しをお願いした。

こうして説かれたのが、本章のタイトルにある〝尽きることと尽きないこと〟という法門（尽無尽解脱法門《じんむじんげだつほうもん》）であった。

〝尽きること〟とは、直接・間接の諸条件、すなわち因と縁の和合によって成り立つ物事や現象が永続しないということであり、それは有為《うい》と言われ、現実世界のことを意味する。それに対して、〝尽きないこと〟とは、生滅の現象を越えた絶対的存在である涅槃《ねはん》・真如《しんにょ》などが常住不変であるということであり、無為《むい》と言われる。それは、覚りの世界のことを意味する。

その有為と無為に対する菩薩の在り方が、「菩薩は有為を尽きさせるべきではない。かといって、無為に住すべきではない」と示される。小乗仏教においては、有為を否定して無為に至ることを目指させたといえるが、ここでは「有為という現実の世界を否定することも、尽きさせることもあってはならない」とし、「無為という覚りの世界に至っても、そこに安住していてはいけない」と言っている。それが菩薩の有為と無為に対する在り方だと言う。覚りと現実の両方の世界に身を置いて初めて、菩薩行は成り立つ。覚りすまして現実を見下すようなことは菩薩のやるべきことではない。それは小乗仏教の声聞の在り方だということであろう。

その上で、「有為にとって尽きないこととは〔何か？〕」として、「大いなる慈しみ（大慈）から退かないことであり、大いなる憐れみ（大悲）を放棄しないことである」と述べ、その具体例を多数挙げている。

さらに、「〔菩薩にとって〕無為《むい》に住しないとはどのようなことであろうか？」として、多くの具体例を挙げている。例えば、「〔諸行《しょぎょう》は〕無常《むじょう》であると観察するけれども、善い果報をもたらす立派な行ない〔を積むこと〕に飽き足りることがない」とある。これは、諸行は有為であり、それを無常なものだと観るところに無為があるが、有為の諸行において善い果報をもたらす立派な行ないを積むことに努めているということだ。

有為と無為の両者があいまった菩薩は、「無為《むい》に住することもなく、有為《うい》を尽きさせることもない」。すなわち、「方便に巧みであるから無為に住することなく、智慧によってよく考えるから有為を尽きさせることはない」し、「衆生の利益を理解するから無為《むい》に住することなく、法の意味を示すから有為《うい》を尽きさせることはない」のである。

その教えを聞いた九万人の菩薩たちは、満足し、歓喜して、〝あらゆる香りの中で最も勝れた香りを持つところ〟という自分たちの世界に帰って行った。

第十一章　〝不動であるもの〟という如来との会見（見阿閦仏品第十二）

見ないことによって如来を見る

§1　その時、世尊はリッチャヴィ族のヴィマラキールティに次のようにおっしゃられた。

「良家の息子よ、如来を見たいと欲する時、あなたはどのように如来を見るのか？」

世尊からこのように言われて、リッチャヴィ族のヴィマラキールティは、世尊に次のように申し上げた。

「世尊よ、私が如来を見たいと欲する時、私は見ないことによって如来を見るのです。如来は、過去世から生まれてきたのでもなく、未来世に越えてゆくのでもなく、現在世において存在しているのでもないと、私は見ております。それは、どんな理由によってでしょうか？

如来は、肉体（色《しき》）があるがままであることを固有の本性としていますが、肉体なのではありません。感受作用（受《じゅ》）があるがままであることを固有の本性としていますが、感受作用なのではありません。表象作用（想《そう》）があるがままであることを固有の本性としていますが、表象作用なのではありません。意志作用（行《ぎょう》）があるがままであることを固有の本性としていますが、意志作用なのではありません。認識作用（識《しき》）があるがままであることを固有の本性としていますが、認識作用なのではありません。

如来は、〔地・水・火・風の〕四大元素の集まったものではなく、虚空《こくう》の元素に等しいものであります。六つの感覚器官（六処《ろくしょ》）から生じたものではなく、眼の〔行く〕道を超越し、耳の〔行く〕道を超越し、鼻の〔行く〕道を超越し、舌の〔行く〕道を超越し、身の〔行く〕道を超越し、意の〔行く〕道を超越しています。〔欲界《よっかい》・色界《しきかい》・無色界《むしきかい》の〕三界《さんがい》と結ばれることなく、〔貪欲《とんよく》・瞋恚《しんに》・愚癡《ぐち》の〕三つの汚れを離れていて、〔空《くう》・無相《むそう》・無願《むがん》の〕三つの解脱〔門〕に随順し、三つの明知《みょうち》（三明《さんみょう》）*を獲得しています。

如来は、獲得することなく、獲得しているのです。あらゆるものごとにおいて無執着の究極に達していながら、真実という究極を究極としていません。あるがままの真理（真如《しんにょ》）に住していながら、それとは互いに遠ざかっています。因より生じたのでもなく、縁に依存するのでもありません。特徴がない（無相《むそう》）のでもなく、特徴がある（有相《うそう》）のでもなく、同一の特徴を有する（一相《いっそう》）のでもなく、種々の特徴を有する（異相《いそう》）のでもありません。〔このように私は如来を見ております〕」。

考えられることもなく、認識されることもなく、識別されることもありません。こちら側にあるのでもなく、あちら側にあるのでもなく、その中間にあるのでもありません。ここでもなく、そこでもありません。ここにもなく、他にもありません。知によって知ることもできないし、分別して知ることの中にあるのでもありません。闇でもなく、光でもありません。名前もなく、特徴もありません。力が弱いのでもなく、力が強いのでもありません。ある場所に位置しているのでもなく、ある地点に住しているのでもありません。善でもなく、悪でもありません。有為《うい》なのでもなく、無為《むい》なのでもありません。

如来は、決していかなる意味によっても語られるべきものではありません。布施の面からも、もの惜しみの面からも、持戒の面からも、破戒の面からも、忍耐の面からも、悪意の面からも、努力精進の面からも、怠惰の面からも、禅定の面からも、心の散乱の面からも、智慧《ちえ》の面からも、悪しき智慧の面からも語られるべきではありません。真理の面からも、虚偽の面からも、出離することの面からも、出離しないことの面からも、語られるべきでもなく、語られざるべきでもありません。

到達されるべきでもなく、到達されるべきでないのでもなく、すべての言葉による会話が根絶されています。真の国土〔である福田《ふくでん》〕であるのでもなく、真の国土〔である福田〕でないのでもありません。布施《ふせ》を受けるに値するのでもなく、布施を受けるに値しないのでもありません。把握されるべきでもありません。〔精神的に〕触れられるものでもありません。特徴もありません（無相《むそう》）。作られるものでもありません（無為《むい》）。数えることを離れています。

平等の本性に従って平等であり、ものごと（法《ほう》）の本性に従って等しく、比類のない努力精進《しょうじん》をもち、比較することを超越しています。行くこともないし、行かないこともない、〔それらを〕超越しているのでもありません。見られることも、聞かれることも、覚られることも、十分に知られることもありません。あらゆる縛りを解きほどいています。一切知者の智慧と平等であることを獲得しています。一切衆生が平等であり、あらゆるものごと（一切諸法《いっさいしょほう》）に差別がないことを達観しています。あらゆる面において非難されるべきところがなく、無一物で、汚点がなく、想念もなく、分別もありません。

作られたことがなく、生じられたこともありません。出現したこともなく、生起したこともなく、形成されたこともなく、〔未来にも〕生ずることはありません。恐れることもなく、煩悩もなく、憂うこともなく、喜ぶこともなく、〔人生に襲ってくる飢・渇・寒・暑・貧・迷の六つの苦悩の〕波もなく、*あらゆる振る舞いや説示によっても告げることのできないものであります。

世尊よ、如来の身体はこのようなものです。それは、まさにこのように見られるべきです。如来をこのように見る人たちは、如来を正しく見ているのです。しかるに、如来を他の方法で見る人たちは、誤って見ているのです」

〝極めて楽しいところ〟から転生してきたヴィマラキールティ

§2　すると、尊者シャーリプトラが世尊に次のように申し上げた。

「世尊よ、良家の息子であるヴィマラキールティは、死して後、どのブッダの国土から〔生まれ変わって〕このブッダの国土にやって来たのでしょうか？」

世尊がおっしゃられた。

「シャーリプトラよ、まさにこの善き人に、『あなたは、死して後に、どこからここに生まれ変わってきたのか？』と、あなたが自分で尋ねるがよい」

そこで、尊者シャーリプトラは、リッチャヴィ族のヴィマラキールティに次のように言った。

「良家の息子よ、あなたは、死して後に、どこからここに生まれ〔変わっ〕てきたのか？」

ヴィマラキールティが言った。

「大徳が覚られた法には、死ぬこと、あるいは生まれることが具《そな》わっているのか？」

シャーリプトラが言った。

「その法には、死ぬことも、生まれることも、決して何も具わっていません」

　ヴィマラキールティが言った。

「尊者シャーリプトラよ、そのように死ぬこともなく、生まれることもないあらゆる諸法について、『あなたは、死して後に、どこからここに生まれ変わってきたのか？』ということのような思いがどうしてあなたに生ずるのか？　尊者シャーリプトラよ、もしもあなたが、化作《けさ》された女か男に、『あなたは、死して後に、どこからここに生まれ変わってきたのか？』と尋ねるとしたら、化作されたその人は何と説明するであろうか？」

　シャーリプトラが言った。

「良家の息子よ、化作されたものには、死ぬこともなければ、生まれることもありません。化作されたその人が、どうして説明することがありましょうか？」

　ヴィマラキールティが言った。

「尊者シャーリプトラよ、あらゆるものごと（一切諸法《いっさいしょほう》）は、化作されたものという固有の本性をもつものだと、如来は、説かれたのではないか」

　シャーリプトラが言った。

「良家の息子よ、それはその通りです」

　ヴィマラキールティが言った。

「尊者シャーリプトラよ、あらゆるものごとは、化作されたものという固有の本性をもつものであるのに、『あなたは、死して後に、どこからここに生まれ変わってきたのか？』とどうして考えるのか？　尊者シャーリプトラよ、死ということは、形成された個人存在が崩壊するものという属性に陥ることである。生まれるということは、形成された個人存在が存続することである。その場合に、菩薩《ぼさつ》は死ぬが、善い果報をもたらす立派な行ない（善根）の形成を滅ぼすことはない。〔菩薩は〕生まれても、不善（悪）と結びつくことはないのだ」

§3　そこで、世尊は、尊者シャーリプトラにおっしゃられた。

「シャーリプトラよ、この良家の息子は、〝極めて楽しいところ〟（妙喜《みょうき》）という世界の〝不動であるもの〟（阿閦《あしゅく》）という如来のもとから〔生まれ変わって〕やって来たのだ」

シャーリプトラが言った。

「世尊よ、この善き人が、それほどに完全に清められたブッダの国土から〔生まれ変わって〕やって来て、このように多くの欠点で汚されているこのブッダの国土を喜んでいるということは、希有《けう》なことです」

ヴィマラキールティが言った。

「そこで、尊者シャーリプトラよ、あなたは、それをどう考えるか？　太陽の光が、暗黒と一緒にあることを好むであろうか？」

シャーリプトラが言った。

「良家の息子よ、これは実にそうではありません。その二つには、結合することはありません。実に日輪《にちりん》が昇った後、即座にあらゆる闇が消え去ります」

ヴィマラキールティが言った。

「では、太陽は、どういう理由でジャンブー洲（閻浮提《えんぶだい》）の上空に昇るのか？」

シャーリプトラが言った。

「光を生じるためであり、闇を駆逐するためです」

ヴィマラキールティが言った。

「シャーリプトラよ、〔日輪が闇を駆逐する。〕まさにそのように、菩薩たちは、衆生を完全に清めるために、意のままに〔敢《あ》えて〕汚れたブッダの国土に生まれるのだ。けれども、煩悩と一緒にあることはなく、あらゆる衆生の煩悩の闇を吹き払うのだ」

〝極めて楽しいところ〟という世界の示現

§4　その時、そのすべての聴衆は、渇望した。

「私たちは、その〝極めて楽しいところ〟という世界や、その〝不動であるもの〟という如来、それらの菩薩たち、それらの偉大なる声聞たちにお会いしたいものだ」と。

すると、世尊は、その聴衆のすべての心の思いを心で知って、リッチャヴィ族のヴィマラキールティに次のようにおっしゃられた。

「良家の息子よ、この聴衆に、その〝極めて楽しいところ〟（妙喜《みょうき》）という世界と、その〝不動であるもの〟（阿閦《あしゅく》）という如来を見せてやるがよい。この聴衆は、それらを見たいと思っている」

すると、リッチャヴィ族のヴィマラキールティに次の思いが生じた。

「そういうわけで、今、私は、この座席から立ち上がることなく、その〝極めて楽しいところ〟という世界〔を持ってくることにしよう。その世界には〕、幾百・千もの多くの菩薩たちがいて、神々・龍・ヤクシャ・ガンダルヴァ・アスラが居住し、チャクラヴァーダ山に囲まれた堀に伴われ、河・池・泉・湖・海などの堀に伴われ、スメール山などの山岳・峰・山に伴われ、月・太陽・星辰《せいしん》に伴われ、神々・龍・ヤクシャ・ガンダルヴァの宮殿に伴われ、ブラフマー神の宮殿と〔その〕参列者に伴われ、村や、町、城市、国、王国、男性に伴われ、女性と住居に伴われ、菩薩と声聞《しょうもん》からなる聴衆に伴われている。

〝不動であるもの〟という如来の菩提樹《ぼだいじゅ》があり、〝不動であるもの〟という如来が大海のような大いなる聴衆の中に坐《すわ》って、法を説いておられる。十方にいる衆生のためにブッダのなすべきことをなすそれらの紅蓮華《ぐれんげ》がある。ジャンブー洲から三十三天

（切利《とうり》天《てん》）の宮殿に昇る宝石でできた三つの階段*があって、その階段によって、三十三天の神々が、〝不動であるもの〟という如来に会って、敬礼し、親近《しんごん》し、法を聞くためにジャンブー洲に下りてくるし、またジャンブー洲に住む人々が三十三天の神々に会うために三十三天の宮殿に昇っていく。

以上のように無量の徳を具えているその〝極めて楽しいところ〟という世界を、〔下は、大地を支える〕水の領域〔である水輪際《すいりんさい》*〕から、〔上は〕アカニシュタ天（色《しき》究竟天《くきょうてん》*）の宮殿に至るまで、陶工の轆轤《ろくろ》のように切り取った後、それが花環《はなわ》（華鬘《けまん》）であるかのように〔軽々と〕右の手で抱えて、このサハー世界に持ってくることにしよう。持ってきてから、このすべての聴衆に見せてやろう」

§5　すると、リッチャヴィ族のヴィマラキールティは、三昧《さんまい》に入り、神通力の発現をなして、即座にその〝極めて楽しいところ〟という世界を切り取り、右の手でつかんで、このサハー世界に持ってきた。

§6　神通を得た眼（天眼《てんげん》）を持ち、神通を獲得している声聞たちや、菩薩たち、神々と人間たちは、そこにいて大きな叫び声を上げた。

「世尊よ、私たちは連れ去られています。人格を完成された人（善逝《ぜんぜい》）よ、私たちは連れ去られています。如来よ、助けてください」と。

〝不動であるもの〟という世尊は、教化《きょうけ》のためにそれらの人たちに次のようにおっしゃられた。

「この場合、私の威神力《いじんりき》ではなく、ヴィマラキールティ菩薩によってなされている威神力である」

しかしながら、そこにいた〔神通を獲得していない〕そのほかの神々と人間たちは、「われわれは、どこへ連れ去られているのか？」ということを知ることもなく、考えることもなかった。〝極めて楽しいところ〟という世界がこのサハー世界に置かれても、〔サハー世界は〕不足することもなく、満ち足りることもなかった。

けれども、このサハー世界には、圧迫されることもなく、窮屈であることもない。さらに、〝極めて楽しいところ〟という世界には、小さくなることもない。かつてのように、そのようにその後も観察された。

§7　その時、シャーキャムニ世尊は、そのすべての聴衆におっしゃられた。

「友たちよ、〝極めて楽しいところ〟という世界や、〝不動であるもの〟という如来、そしてこれらの国土の荘厳《しょうごん》、声聞《しょうもん》たちの荘厳、菩薩たちの荘厳を見るがよい」

それらの人たちが言った。

「世尊よ、私たちは見ております」と。

シャーキャムニ世尊がおっしゃられた。

「友たちよ、このようなブッダの国土を得たいと思う菩薩は、〝不動であるもの〟という如来の〔かつての〕菩薩としての修行（菩薩行《ぼさつぎょう》）を学ぶべきである」

しかしながら、この〝極めて楽しいところ〟という世界を示現し、〝不動であるもの〟という如来を示現する神通による奇跡で、このサハー世界における十四・アユタもの多くの神々や人間、生きとし生けるものたちが、この上ない正しく完全な覚り（阿耨多羅三藐三菩提《あのくたらさんみやくさんぼだい》）に向けて心を発《おこ》した。そして、すべてのものたちは、〝極めて楽しいところ〟という世界に誕生するための誓願を発《おこ》した。世尊は、それらのすべてのものたちに〝極めて楽しいところ〟という世界に誕生するための予言をなされた。

まさに以上のように、リッチャヴィ族のヴィマラキールティは、このサハー世界において衆生を〔覚りへ向けて〕成熟させることのすべてをなし終わって後、再びその〝極めて楽しいところ〟という世界を〔元の〕適切な場所に据えた。

〝不動であるもの〟という如来を見ての讃嘆

§8　その時、世尊は、尊者シャーリプトラにおっしゃられた。

「シャーリプトラよ、あなたは〝極めて楽しいところ〟という世界と、その〝不動であるもの〟という如来を見たであろう」

シャーリプトラが言った。

「世尊よ、私は見ました。このようなブッダの国土に具わる徳による荘厳が、一切衆生に具わることになりますように。良家の息子であるリッチャヴィ族のヴィマラキールティの具えているような、そのような神力を一切衆生が具えることになりますように。このような善き人に会うことのできた私たちもまた、大いに利益を得ました。

今、如来がいらっしゃる時であれ、完全なる滅度に入られた後であれ、この法門を聞く衆生でさえもまた大きな利益を得るでありましょう。ましてや、それを聞いて後、〔自分のために〕信順の志を抱き、信受し、会得し、受持し、読誦し、完全に理解し、〔他者のために〕信順の志を抱き、人に勧め、そして他者に詳細に説き明かし、また観想の修行に専念するであろう人たち〔が、大きな利益を得ること〕はなおさらのことであります。

§9　この法門を手中にするならば、それらの人たちは、法の宝の蔵を獲得するでありましょう。この法門を独りで暗誦する人たちは、如来の同伴者となるでありましょう。この法に対して信順の志を抱いている人に親近し、恭敬をなす人たちは、法を守護するものとなるでありましょう。

この法門を上手に書写して、受持し、崇敬する人たちの家の中には如来がいるようになるでありましょう。この法門を喜ぶ人たちは、あらゆる福徳に包まれたものとなるでありましょう。この法門の中から、四つの句からなる詩の一つでさえも、〔悪を防ぎ善に導く行ないを定めた〕律儀《りつぎ》戒《かい》の一つでさえも、他の人たちのために詳細に示す人たちは、大いなる法を施す催し*を執り行なったことになります。
まさにそれ故に、世尊よ、この法門において、忍耐、願望、知性、理解、〔正しく〕見ること、信順の志、〔束縛からの〕解放を具える人たちには〔未来における成仏の〕予言（授記）があるでしょう」

《三明》元々は、バラモン教の聖典である『リグ・ヴェーダ』『サーマ・ヴェーダ』『ヤジュル・ヴェーダ』の三ヴェーダのことで、その三つを体得することがバラモン教における覚りを意味していた。釈尊は、「覚りに到った」ということを表現するのに、その表現を借りて「三つの明知《みょうち》を得た」と表現していた。その際、「三つの明知」の具体的内容は問題外であった。ところが、後世になり、その「三つ」の中身が問われるようになり、①宿命明《しゅくみょうみょう》（自他の身の宿世の因縁を知る智慧）、②天眼明《てんげんみょう》（自他の身の未来の果報を知る智慧）、③漏尽明《ろじんみょう》（煩悩が尽きて得た智慧）とこじつけられた。**《〔人生に襲ってくる飢・渇・寒・暑・貧・迷の六つの苦悩の〕波もなく》**貝葉写本では nirūrmikaḥ となっているが、意味が通じないので、nirūrmikaḥ に筆者は改めた。nir（＜nis）は「〜がない」「〜を欠いた」を意味する接頭辞で、ūrmika は ūrmi に特別の意味のない虚辞としての接尾辞 -ka をつけたものである。ūrmi は「波」「大濤《おおなみ》」という意味だが、「〔人生に襲ってくる飢・渇・寒・暑・貧・迷の六つの苦悩の〕波」という意味を持つ（第三章§6に既出）。**《三十三天（忉利天）の宮殿に昇る宝石で**

できた三つの階段》釈尊が亡き母に説法するために忉利天《とうりてん》へ行き、帰りは黄金の階段で釈尊、銀と水晶の階段で梵天と帝釈天が地上に降りてきたという説話（三道宝階降下《さんどうほうかいこうげ》）が作られた。ここは、その話をもとにしたのであろう。《水輪際》大地の下にあるとされる三つの層（三輪）の第二の層である水輪の底のこと。下から風輪《ふうりん》、水輪、金輪《こんりん》があり、その上に世界の大地や山々や江海があると考えられていた。風輪の下に空輪を考える四輪の説もある。《アカニシュタ天（色究竟天）》欲界《よっかい》の上にある色界《しきかい》の十八天のうちで最も上にある天で有頂天《うちょうてん》ともいう。《法を施す催し》これは、第三章後半で詳しく論じられている。

【解説】

大乗仏教において三世十方に多くのブッダが存在するという考えが徐々に形成され、まず東方の〝極めて楽しいところ〟（妙喜《みょうき》）という世界に〝不動であるもの〟（阿閦《あしゅく》）という如来の観念が成立した。続いて西方・極楽世界に阿弥陀仏、さらに南方・歓喜世界に宝相仏、北方・蓮華荘厳《れんげしょうごん》世界に微妙声仏《みみょうしょうぶつ》という四方四仏の観念が形成され、さらにその数が増えていった。『無量寿経』では、阿弥陀仏の極楽浄土（sukhāvatī）には女性が一人もいないとされるが、東方の〝極めて楽しいところ〟（妙喜《みょうき》、abhirati）には、女性が生き生きとして活躍しているという。

本章では、その東方の〝極めて楽しいところ〟という世界の〝不動であるもの〟という如来のことが話題となる。

初めに釈尊は、ヴィマラキールティに「どのように如来を見るのか?」と尋ねる。ヴィマラキールティは、「見ないことによって如来を見る」と答えた。さらに、そのことを具体的に語っている。人間存在を色《しき》(肉体)・受《じゅ》(感受作用)・想《そう》(表象作用)・行《ぎょう》(意志作用)・識《しき》(認識作用)の五陰(五蘊《ごうん》)が仮に和合したものと見なす見方で言えば、五つのそれぞれがあるがままであることを如来の本性として見るけれども、そのいずれかにとらわれて如来を見ることはないと語った。

さらに続けて、布施、持戒、破戒、忍耐、悪意、努力精進、怠惰、禅定、心の散乱、智慧、悪しき智慧、真理、虚偽などの項目を列挙し、そのいずれの面からも如来を語ることができないと否定する。ここには、たくさんの「〜でない」という表現が羅列される。

これは、我々の認識の仕方が、枠組みや型に当てはめることで分かった気になるというものの見方を打ち破っていると言えよう。人を知るのに、氏名、性別、身長、体重、趣味、特技、容姿……という項目、枠組みを埋めることでなしがちだが、果たしてそれでその人の本質、全体を理解できるかというと、そうではない。「如来はAである」「如来はBである」という表現をしたら、AやBにとらわれてしまい、他の側面を見ようとしなくなるということもある。我々は、先入観や思い込みによって見ているのである。

　型にはめたり、先入観や、思い込みで見ることをしないで、ありのままに見る（如《によ》実知見《じっちけん》）ことを「見ないことによって見る」と言ったのであり、「如来をこのように見る人たちは、如来を正しく見ている」ことになり、「如来を他の方法で見る人たちは、誤って見ている」ことになるというのだ。

　次にシャーリプトラが、ヴィマラキールティは、どのブッダの国土で死して後にこのサハー世界に生まれ変わってきたのかと問う。その質問自体をヴィマラキールティにからかわれる。代わりに釈尊が、〝極めて楽しいところ〟という世界の〝不動であるもの〟という如来のもとから生まれ変わってきたのだと答えた。

　そこでシャーリプトラは、極めて完全に清められたブッダの国土から、あえて欠点だらけのサハー世界に生まれ変わって来て、ヴィマラキールティが喜んでいるのは、希有《けう》なことだと讃嘆する。ヴィマラキールティは、「太陽がジャンブー洲に出現すれば闇が駆逐されるが、太陽と闇が一緒になることがない。そのように、菩薩がサハー世界に生まれれば、煩悩という闇が吹き払われるが、煩悩に染まることがないのと同じだ」と説明した。

　〝極めて楽しいところ〟という世界と〝不動であるもの〟という如来の話を聞いて、聴衆はその如来に会いたいという思いを起こす。それに応《こた》えて、ヴィマラキールティは三昧に入って、神通力を発揮してそのブッダの国土を持ってくる。それを見た聴衆は、そこに生まれたいという誓願を発し、釈尊は、そこに生まれるための予言をなした。その後、ヴィマラキールティは、そのブッダの国土をもとの所に戻した。

それを見たシャーリプトラに釈尊が意見を求めた。シャーリプトラは、この法門を聞く衆生や、この法門を上手に書写して、受持し、崇敬する人たち、この法門を喜ぶ人たちの得る利益を語り、「この法門において、忍耐、願望、知性、理解、〔正しく〕見ること、信順の志、〔束縛からの〕解放を具える人たちには〔未来における成仏の〕予言（授記）があるでしょう」と語った。ところが、『維摩経』においては、授記（vyākaraṇa）の場面は出てこない。シャーリプトラをはじめとする声聞たちに授記がなされるのは『法華経』においてである（拙訳『サンスクリット版縮訳　法華経　現代語訳』第三章～第九章を参照）。

第十二章前半　結論と付嘱（法供養品第十三）

シャクラ神による守護の誓い

§1　その時、神々の帝王であるシャクラ神（帝釈天）は、世尊に次のように申し上げた。

「世尊よ、私は、如来のそばで、またマンジュシリー法王子のそばで、幾百・千もの多くの法門を聞きました。けれども、私は、この法門において説かれたような、このように〝不可思議《ふかしぎ》〟という解脱《げだつ》（不可思議解脱）による神通の法門への悟入についてかつて聞いたことは、決してありません。

§2　この法門を会得《えとく》し、受持《じゅじ》し、読誦《どくじゅ》し、完全に理解する衆生は、このように確実に法を受け容《い》れる器となるでありましょう。ましてや、瞑想《めいそう》の修行に専念する人たちのすべての悪道は閉ざされ、それらの人たちのすべてに安寧への道が開かれるでありましょう。

［そして、］それらの人たちはすべてのブッダたちによって承認され、あらゆる反対論者たちを打ち負かし、すべての悪魔を打ち破り、覚りへの道を清め、覚り（菩提《ぼだい》）

の座に坐《ざ》し、如来の赴くところに入るでありましょう。

§3　この法門を受持するそれらの良家の息子たちのために、世尊よ、私もまたすべての侍者と一緒に親近《しんごん》し、給仕をなしましょう。村や、町、城市、王国、王城のどこであれ、未来にこの法門が行なわれ、説かれ、示されるならば、私はそこに侍者たちを伴って法を聴聞《ちょうもん》するために近づくでありましょう。未《いま》だ信を生じていない良家の息子たちのためには、私は浄信を生じさせ、既に信を生じている良家の息子たちのためには、法に従って守護と保護と防護をなしましょう」

“不可思議”という解脱の福徳

§4　シャクラ神からこのように言われて、世尊は、神々の帝王であるシャクラ神に対して、次のようにおっしゃられた。

「素晴らしいことである。素晴らしいことである。神々の帝王よ、あなたは、巧みに語った。如来〔の私〕は喜んでいる。神々の帝王よ、過去・未来・現在の世尊であるブッダたちの覚りは、この法門の中に説かれているのだ。それ故に、神々の帝王よ、この法門を会得し、さらに写本として書写することでさえもなし、読誦し、書写し、完全に理解する良家の息子（善男子《ぜんなんし》）、あるいは良家の娘（善女人《ぜんにょにん》）は、この世においいて過去・未来・現在の世尊であるブッダたちに供養をなしたことになるであろう。

§5　しかしながら、神々の帝王よ、あたかも甘蔗《かんしょ》の繁み、あるいは葦《あし》の繁み、あるいは竹の林、あるいは胡麻《ごま》の繁み、あるいは稲の繁みが、〔それぞれ甘蔗や竹、胡麻、稲で〕満たされているように、この三千大千世《さんぜんだいせんせ》界《かい》が如来によって満たされていて、それらの如来たちに対して、良家の息子、あるいは良家の娘が、あらゆる供養〔の品々〕や、あらゆる快適な生活用具をもって一劫《いっこう》、あるいは一劫以上にわたって尊重をなし、恭敬をなし、讃歎をなし、供養をなすならば、また、それらの如来たちが完全なる滅度に入られた後に、一人ひとりの如来への供養をなすために、あらゆる宝石で造られ、四つの大陸に属する世界の広さを持ち、高さがブラフマー神の世界にまで至り、旗ざお・日傘（傘蓋《さんがい》）・幟《のぼり》によって高く飾り立てられた、壊れることなく一揃いの全体をなす〔如来の〕身体の〔ための〕ストゥーパを建てるとしよう。

このように、すべての如来のために各々一つのストゥーパを造らせ、そのストゥーパに対してその良家の息子、あるいは良家の娘が、一劫、あるいは一劫以上にわたって供養をなし、あらゆる花によって、あらゆる香によって、あらゆる旗と幟によって、あらゆる楽器や打楽器の合奏によって供養をなすならば、神々の帝王よ、あなたはそれをどう考えるか？　その良家の息子、あるいは良家の娘は、今、そこにおいて多くの福徳の原因を生み出すであろうか？」

神々の帝王であるシャクラ神が言った。
「世尊よ、それは多くでありましょう。人格を完成された人よ、それは多くでありましょう。だから幾百・千・コーティ劫かかっても、この福徳の集まりの終わりに達することは、できないでありましょう」

§6　世尊がおっしゃられた。
「神々の帝王よ、私は、あなたに告げよう。あなたは理解するがよい。〝不可思議〟という解脱（不可思議解脱《ふかしぎげだつ》）を説くこの法門を是認し、受持し、読誦し、完全に理解する良家の息子、あるいは良家の娘は、それよりもっと多くの福徳を生ずるであろう。それは、どんな理由からか？　神々の帝王よ、世尊であるブッダたちの覚りは、実に法から生じたものであり、その覚りを供養するのは法によってこそできるのであり、財物によってではないのだ。従って、神々の帝王よ、この道理によって、あなたは次のように知るべきである。

〝月の傘蓋〟という王子の〝薬の王〟という如来への問い

§7　神々の帝王よ、それは昔、数えることのできない、さらに数えることのできない、広大で、無量の、考えることもできない劫ほどの過去の世における時のことであった。その時その情況で、〝薬の王〟という名前の正しく完全に覚った如来で、尊敬されるべき人（阿羅漢《あらかん》）で、学識と行ないを完成された人（明行足《みようぎようそく》）で、人格を完成された人（善逝《ぜんぜい》）で、世間をよく知る人（世間解《せけんげ》）で、人間として最高の人（無上《むじよう》士《じ》）で、調練されるべき人の御者《ぎよしや》（調御丈夫《じようごじようぶ》）で、神々と人間の教師（天人師《てんにんし》）で、目覚めた人（仏陀《ぶつだ》）で、世に尊敬されるべき人（世尊《せそん》）が、〝大いなる荘厳《しようごん》〟（大荘厳）という世界に、〝清めること〟（荘厳）という劫《こう》にいらっしゃった。

　しかもなお、神々の帝王よ、その〝薬の王〟という正しく完全に覚った尊敬されるべき如来には、二十中劫の寿命があった。その〝薬の王〟という如来には、声聞《しようもん》たちの集団（声聞僧伽《そうぎや》）が三十六・コーティ・ニュタあった。菩薩《ぼさつ》たちの集団（菩薩僧伽）は、十二・コーティあった。

　神々の帝王よ、その時その情況で、〔金輪・白象・白馬・宝珠・大臣・妃・将軍からなる〕七つの宝を具《そな》え、四つの大陸を支配する〝宝石造りの傘蓋《さんがい》〟（宝蓋《ほうがい》）という名前の転輪聖王《てんりんじようおう》がいた。そして、この転輪聖王には、勇敢で最も勝《すぐ》れた身体を持ち、敵の軍隊を粉砕するまるまる千人の息子たちがいた。

　§8　しかも、その時、〝宝石造りの傘蓋〟という王は、侍者たちに取り囲まれたその〝薬の王〟という世尊である如来を、五中劫《こう》にわたって、あらゆる快適な生活用具をもって恭敬した。神々の帝王よ、その五中劫の経過の後、その〝宝石造りの傘蓋〟という王は、その千人の息子たちに言った。

『息子たちよ、何とか知るがよい。私は如来に供養をなした。今度は、あなたたちが如来に供養をなすがよい』

神々の帝王よ、父である〝宝石造りの傘蓋〟という王のそれらの王子たちは、『かしこまりました』と言って、父王の言葉に耳を傾け、すべて〔の王子たち〕が全く一丸となって、次の五中劫にわたってあらゆる快適な生活用具をもって、その世尊である〝薬の王〟という如来に対して恭敬した。

§9　その中に、〝月の傘蓋〟（月蓋《がつがい》）という名前の一人の王子がいた。ただ一人、静かなところへ行くと、その〝月の傘蓋〟という王子に、次の思いが生じた。

『しかしながら、〔私たちがなしている〕この供養よりも、もっと勝れている広大な供養がほかにあるのだろうか？』

そのことについて、ブッダの神力によって空中から天（神）が次のように言った。

『善き人よ、法の供養は、あらゆる供養よりも秀でています』

その王子が次のように言った。

『では、その法の供養とは、何でしょうか？』

天が言った。

『善き人よ、あなたは、まさにこの〝薬の王〟という如来に近づいてから、質問するがよい。〈その法の供養とは、何でしょうか？〉と。その世尊は、あなたのために説明してくださるでしょう』
そこで、神々の帝王よ、その〝月の傘蓋〟という王子は、世尊であり〝薬の王〟という正しく完全に覚られた尊敬されるべき如来のおられるところへと近づいた。そして、その世尊の両足を頭におしいただくことによって敬意を表して後、一隅に立った。〝月の傘蓋〟という王子は、一隅に立って、その世尊であり〝薬の王〟という如来に次のように申し上げた。
『世尊よ、法の供養、法の供養と言われます。その法の供養とはいかなるものでしょうか？』

法の供養とは何か

§10　その世尊がおっしゃられた。

『良家の息子よ、法の供養とは、如来によって語られた深遠な経〔を教示し、開示し、受持し、観察するものであり、正しい教え（正法《しょうほう》）を保護すること〕である。

その経は深遠さを顕示し、あらゆる世間の考え方とは逆行するもので、了解しがたく、見がたく、難解で、微妙《みみょう》で、完全であり、到達することがなく、菩薩蔵に含まれていて、ダーラニーと経の王であるという刻印が押されていて、不退転の〔真理の〕車輪（法輪《ほうりん》）を教示し、〔布施《ふせ》・持戒《じかい》・忍辱《にんにく》・精進《しょうじん》・禅定《ぜんじょう》・智慧《ちえ》の〕六つの完成（六《ろく》波羅蜜《はらみつ》）から生じ、執着を抑制し、覚りを助ける〔三十七の修行〕法（三十七助道法《さんじゅうしちじょどうほう》）に従っていて、覚りに導く〔七つの〕要素（七覚支《しちかくし》）を得させ、衆生を大いなる憐《あわ》れみの心に入らせ、大いなる慈しみの心を説くものであり、悪魔の誤った考えを離れていて、縁によって生ずること（縁起《えんぎ》）が説かれているのだ。

§11〔その経は、〕我《が》もなく、衆生もなく、生命もなく、〔輪廻《りんね》の主体としての〕個我もない。空性《くうしょう》、無相《むそう》、無願《むがん》、無作《むさ》であり、覚り（菩提《ぼだい》）の座をもたらし、真理の車輪（法輪《ほうりん》）を転じている。神々や、龍、ヤクシャ、ガンダルヴァたちによって称讃《しょうさん》され、讃嘆される。正しい教えの系譜を絶やすことのないもので、法の宝蔵を保持し、〔人々を〕最高の法の供養に入らせる。

すべての聖者によって把握されていて、あらゆる菩薩の修行を教授するもので、〔人々を〕真実の法の完全な理解に入らせる。法の梗概《こうがい》である無常・苦・非我《ひが》・寂静《じゃくじょう》から生まれたものである。破戒の力を打ち破り、あらゆる反対論者や、誤った考え方、感覚に執着している人に恐怖を生じさせる。すべてのブッダに称讃されていて、生存領域を循環する輪廻を否定する陳述であり、涅槃《ねはん》の楽しみを教示するものである。このような経を教示し、開示し、受持し、観察すること、そして正しい教えを保護すること――これが法の供養と言われるのだ。

§12 そのほかさらに、良家の息子よ、法の供養とは法において法を洞察すること、法を会得すること、縁起の理法に随順していることであり、あらゆる両極端の考えを離れている。何ものも生ずることもなく、生起することもないという真理を認めること（無生法忍《むしょうぼうにん》）であり、我《が》もなく、衆生もないことに入らせる。因と縁の関係に反しない。争うことがなく、論争することもない。我がものもなく、我がものとなすことも離れている。

①意味（義《ぎ》）を拠《よ》りどころとして、象徴的表現である文字（文《もん》）を拠りどころとすることがない（依義不依文《えぎふえもん》）。②智慧（智《ち》）を拠りどころとして、分析的に識《し》ることを（識《しき》）を拠りどころとすることがない（依智不依識《えちふえしき》）。③意味が明確にされた経（了義《りょうぎ》経《きょう》）を拠りどころとして、意味が明確にされていない世俗のことに執着することがない。④法の本性（法性《ほっしょう》）を拠りどころとして、実体として個人が存在するという見解にとらわれることがない。

感知されるものに執着することもない。あるがままの法に随順し、〔自己の根底に執着すべき〕拠り所（アーラヤ）がないことに悟入していて、〔自己の根底の執着すべき〕拠り所を根絶している。無知（無明《むみょう》）の断滅から、老いること・死ぬこと・憂い・悲嘆・苦しみ・悲哀・憂悩の断滅に至るまで、このように、十二項目からなる縁起（十二支縁起《じゅうにしえんぎ》）を観察する。想念は尽きることなき生起をもって生起するけれども、衆生を観察することによって、誤った見解を志すことがない。良家の息子よ、これがまた、この上ない法の供養と言われるのだ』

バドラ劫に出現する千仏の由来

§13　実に以上のように、神々の帝王よ、その〝月の傘蓋〟という王子は、その世尊である〝薬の王〟という如来のそばから、この法の供養についての教えを聞いて、随順して真理を認める知（随順忍《ずいじゅんにん》）を得たのだ。そして、身に着けていた衣服と装身具をその世尊に捧《ささ》げるやいなや、次のような言葉を告げた。

『世尊よ、如来の正しい教えを把握するために、また正しい教えへの供養をなすために、私は、正しい教えを保護することに耐えましょう。世尊は、私が魔という怨敵《おんてき》を打ち破り、世尊の正しい教えを把握することができるように、その私にご加護をなしてください』

その如来は、その〝月の傘蓋〟という王子の高潔なる心を知って、〔恐るべき〕後の時代において、その〝月の傘蓋〟という王子が正しい教えという都城の守護者としての保護をなすための予言をなされた。

§14　すると、神々の帝王よ、まさにその如来が存在し続けている間、その〝月の傘蓋〟という王子は、浄信によって家から出て家なき状態に入って、努力精進に専念し、善き法に住している。努力精進に専念し、善き法に立っていたその王子は、久しからずして五つの神通力（五通《ごつう》）を生じた。諸々《もろもろ》のダーラニーに通達したものとなり、絶えることのない弁舌を持つものとなった。

その世尊が完全なる滅度に入られた後、その王子は神力とダーラニーの力で満たされた十中劫《こう》の間、その世尊である〝薬の王〟という如来によって転じられた真理の車輪を転じた。

しかも、神々の帝王よ、その〝月の傘蓋〟という男性出家者は、正しい教えの把握に専心することによって、幾千・コーティもの衆生をこの上ない正しく完全な覚り（阿耨多羅三藐三菩提《あのくたらさんみゃくさんぼだい》）に向けて不退転のものとなし、十四・ニユタもの〔多くの〕生命あるものたちを声聞《しょうもん》のための乗り物と、独覚果《どっかくか》に到る乗り物に属するものとなし、無量の衆生を天上界に属するものとなした。

§15　さて、神々の帝王よ、おそらく、その時その情況で、その〝宝石造りの傘蓋〟という名前の転輪聖王《てんりんじょうおう》はだれか他の人であったという思いがあなたに生じたかもしれない。しかしながら、神々の帝王よ、あなたはそのように見なすべきではない。それは、どんな理由からか？

その〝宝石の輝き〟（宝炎《ほうえん》）という如来こそが、その時その情況で〝宝石造りの傘蓋〟という名前の転輪聖王であったのだ。しかも、〝宝石造りの傘蓋〟という王にいたその千人の息子たちは、〔今後、順を追って仏として出現することになる、現在の〕

バドラ劫（賢劫《げんごう》）*に属する菩薩たちであったのだ。〔現在の〕このバドラ劫において、出現するであろうまるまる千人のブッダ（千仏）たち、そのうちの四人は既に出現しているが、残り〔の九百九十六人〕も未来に出現するであろう。すなわち、クラクッチャンダ（迦羅鳩孫駄《からくそんだ》）を最初として、ローチャ（楼至《るし》）を最後とするまで〔の千人で〕、ローチャという名前の如来が最後に出現するであろう。*

さて、神々の帝王よ、おそらく、その時その情況で、その世尊である〝薬の王〟という如来の正しい教え（正法《しょうほう》）を把握したその〝月の傘蓋〟という名前の王子は、このようにだれか他の人であったという思いがあなたに生じたかもしれない。しかしながら、あなたはそのように見るべきではない。それは、どんな理由からか？ その時その情況で、私（釈尊）が、その〝月の傘蓋〟という名前の王子であったのだ。

財物ではなく法の供養を

従って、神々の帝王よ、この道理によって、あなたは次のように知るべきである。如来に対する諸の供養の中で最善なるものは法の供養であると言われる。第一であり、最高で、最勝で、最妙で、卓越しており、より勝れていて、この上ないものと言われていると。その故に、神々の帝王よ、あなたたちは今、法の供養によって私に供養をするがよい。財物の供養によってするべきではない。法による恭敬によって私を恭敬するべきであって、財物による恭敬によってなすべきではないのだ」

《バドラ劫（賢劫）》一つの世界が、①成立して、②存続し、③崩壊し、④空無に帰するまでの四つの期間を四劫（成劫《じょうこう》・住劫《じゅうこう》・壊劫《えこう》・空劫《くうこう》）というが、現在の四劫のうちの住劫をバドラ劫という。その間には千仏が出現して衆生を救うとされ、多くの賢人が出現する劫ということで、賢劫《げんごう》と言われる。

《そのうちの四人は既に出現しているが、残り〔の九百九十六人〕も未来に出現するであろう。すなわち、クラクッチャンダ（迦羅鳩孫駄）を最初として、ローチャ（楼至）を最後とするまで〔の千人で〕、ローチャという名前の如来が最後に出現するであろう》過去の千仏の世を荘厳劫《しょうごんこう》、現在の千仏の世を賢劫《げんごう》（バドラ劫）、未来の千仏の世を星宿劫という。過去七仏のうちの初めの三人、すなわち①毘婆尸《びばし》仏（vipaśyin）、②尸棄《しき》仏（śikhin）、③毘舎浮《びしゃふ》仏（viśvabhū）は過去荘厳劫の千仏の最後の三人であり、残りの四人、④迦羅鳩孫駄《からくそんだ》（または倶留孫《くるそん》仏、krakhuccanda）、⑤倶那含牟尼《くなごんむに》仏（kanakamuni）、⑥迦葉《かしょう》仏（kāśyapa）、⑦釈迦牟尼《しゃかむに》仏（śākyamuni）が、現在賢劫（バドラ劫）の最初の四人であり、未来仏の弥勒《みろく》仏（maitreya）が五人目に当たる。最後の千人目が楼至《るし》仏（roca）である。

【解説】

最終章に入り、シャクラ神（帝釈天）が口を開いた。「これまで釈尊とマンジュシリーのそばで多くの法門を聞いてきたが、〝不可思議〟という名前の解脱を説くこのような法門は聞いたことがない」と述べ、この法門を会得し、受持《じゅじ》し、読誦《どくじゅ》し、理解する人の福徳を語って、その人たちを守護し、保護し、防護することを誓った。

それを受けて釈尊は、この法門の中に過去・未来・現在のブッダたちの覚りが説かれているのだから、この法門を会得し、受持《じゅじ》し、読誦《どくじゅ》し、書写し、理解する人は、過去・未来・現在のブッダたちを供養したことになると語った。その福徳について、無量のあらゆる財物を一劫以上にわたって如来に供養したり、如来の滅後にあらゆる宝石で造られた広大なストゥーパを建てたりして得る福徳は多大かもしれないが、〝不可思議〟という解脱の法門を説いたこの経を受持、読誦する人の福徳のほうが計り知れないのだと語る。それは、ブッダたちの覚りは法から生じたのであり、その覚りを供養するのは、財物によってではなく法によってこそできるからだと明かす。

ここからは、『般若経』や『法華経』と同様に、ストゥーパ信仰から経典重視へと転換することを意図していることが読み取れよう。

そこで釈尊は、過去の〝薬の王〟という如来の頃の話を持ち出す。転輪聖王が親子二世代にわたって財物によって〝薬の王〟という如来に供養してきたが、千人の王子のうちの〝月の傘蓋〟という王子が、「〔私たちがなしている〕この供養よりももっと勝れている広大な供養がほかにあるのだろうか？」と考えた。すると空中から「法の供養は、あらゆる供養よりも秀でています」という声が聞こえてきた。

〝月の傘蓋〟という王子は、〝薬の王〟という如来を訪ね、「法の供養とは何か」と質問した。〝薬の王〟は、「如来によって語られた深遠な経〔を教示し、開示し、受持し、観察するものであり、正しい教え（正法《しょうほう》）を保護すること〕」だと答えた。その詳細を語る中で、次の「法四依《ほうしえ》」について言及している。

①意味（義《ぎ》）を拠りどころとして、象徴的表現である文字（文《もん》）を拠りどころとすることがない（依義不依文《えぎふえもん》）。

②智慧（智《ち》）を拠りどころとして、分析的に識《し》ること（識《しき》）を拠りどころとすることがない（依智不依識《えちふえしき》）。

③意味が明確にされた経（了義経《りょうぎきょう》）を拠りどころとして、意味が明確にされていない世俗のことに執着することがない。

④法の本性（法性《ほっしょう》）を拠りどころとして、実体として個人が存在するという見解にとらわれることがない。

ここに挙げられた四項目は、チベット語訳と内容が一致している。ところが、これらの四項目は、一般的には鳩摩羅什訳の次の表現になっている。

⑤「依義不依文」（義に依りて文に依らざれ）。
⑥「依智不依識」（智に依りて識に依らざれ）。
⑦「依《え》了義経《りようぎきよう》不《ふ》依《え》不了義経《ふりようぎきよう》」（了義経に依りて不了義経に依らざれ）。
⑧「依《え》法《ほう》不《ふ》依《え》人《にん》」（法に依りて人に依らざれ）。

①と⑤、②と⑥はよく対応しているが、③と⑦、④と⑧とではうまく対応していない。③と④は、前半の依るべきものと、後半の依るべからざるものの対応がよろしくない。③の「意味が明確にされた経」に対しては、「意味が明確にされていない世俗〔のこと〕」ではなく、「意味が明確にされていない経」であるべきで、それは⑦の表現に相当する。④の「法の本性」と「実体として個人が存在するという見解」の関係よりも、⑧の「法」と「人」の関係のほうが、『大智度論』などで一般的に重視されてきた仏教独自の視点である。貝葉写本は、チベット語訳と玄奘訳に近く、支謙訳と鳩摩羅什訳のほうが一般的な内容になっている（詳細は、植木訳『梵漢和対照・現代語訳　維摩経』の第十二章の注117参照）。特に「人」と「法」の関係については、拙訳『サンスクリット版縮訳　法華経　現代語訳』第十五章の解説を参照。

〝月の傘蓋〟は出家し、〝薬の王〟が入滅した後は、その教えを十中劫にわたって説き続けた。

このような過去世物語を語って、釈尊は、その千人の王子たちが、現在の住劫（バドラ劫）に順番に出現するとされる千人のブッダ（千仏）であり、その〝月の傘蓋〟が釈尊自身であったと明かした——当時の仏教界で語られていた千仏思想がここに取り込まれている。

以上の過去世物語を踏まえて、釈尊は、如来に対する諸の供養の中で最善なるものは法の供養であり、財物によってではなく、法の供養によって如来に供養するべきだと語った。

第十二章後半　結論と付嘱（嘱累品第十四）

マイトレーヤへの無上の覚りの付嘱

§16　そこで世尊は、マイトレーヤ（弥勒《みろく》）菩薩《ぼさつ》におっしゃられた。

「マイトレーヤよ、幾コーティもの数え切れない劫《こう》をかけて達成したこの上ない正しく完全なこの覚り（阿耨多羅三藐三菩提《あのくたらさんみゃくさんぼだい》）を、私はあなたに付嘱しよう。如来が完全なる滅度に入られた後、〔恐るべき〕後の時代、後の情況において、あなたたちが神力で把握することによって、これらのこのような法門が、ジャンブー洲に流布《るふ》して、消滅することがないように。

それは、どんな理由からか？　マイトレーヤよ、未来において、良家の息子たちと良家の娘たち、および神々・龍・ヤクシャ・ガンダルヴァたち、そして善い果報をもたらす立派な行ない（善根）を積んでいるものたちが、この上ない正しく完全な覚りに向かって出《い》で立つであろう。

この法門を聞かないことで、それらのものたちが損をすることがないように。〔それらのものたちは、〕これらの経を聞いて後、甚だしく好意と浄信を獲得して、〔これらの経を〕頭におしいただくことによって受けるであろう。

マイトレーヤよ、あなたは、その時、そのような良家の息子たちや良家の娘たちを守護するために、これらの経を流布《るふ》するがよい。

菩薩の二つの特徴

§17　マイトレーヤよ、菩薩たちには二つの特徴があるのだ。二つとは何か。〔第一に、〕種々の語句や象徴的表現が明瞭《めいりょう》であるという特徴と、〔第二に、〕深遠な法への導きを恐れることなく、真実あるがままに成就《じょうじゅ》し悟入するという特徴である。マイトレーヤよ、これらが菩薩たちの二つの特徴である。

マイトレーヤよ、そこにおいて種々の語句や象徴的表現が明瞭であることを尊重する菩薩たちは、新学の菩薩たちであると知られるべきである。

さらに、マイトレーヤよ、汚れがなく、〔対立する語を並べた〕対句や、〔顚倒《てんどう》した〕逆説的なことを提示する章句の分析からなるこの深遠なる経を語り、聞き、信順し、説く菩薩たちは、長い間、純潔の行ない（梵行《ぼんぎょう》）を実践しているものたちであると知られるべきである。

菩薩が自らを傷つける原因

§18　その場合に、マイトレーヤよ、新学の菩薩たちは二つの原因によって自らを傷つけるのである。そして、深遠な法に対する洞察を得ることがないのだ。二つによってとは、何によってか？

〔第一に、〕いまだ聞いたことのない深遠な経を聞いて後に、恐怖を抱くであろう。疑いを抱いて、歓喜することがない。さらにまた、『私たちがかつて聞いたことのないこれらの経は、今、どこから来たのであろうか？』と〔言って〕あざけるのだ。〔第二に、〕深遠な法を説く経の受持者たちであり、深遠な法を受け容《い》れる器であり、深遠な法を説く人たちであるそれらの良家の息子たちに対して奉仕することもなく、尊敬することもなく、仕えることもなく、さらにはそれら〔の良家の息子たち〕を恭敬しないでいる。しかも、時々、それら〔の良家の息子たち〕に対して罵《ののし》り〔の言葉〕さえも言い放つのだ。

マイトレーヤよ、新学の菩薩たちは、これらの二つの原因によって自らを傷つけるのである。また、深遠な法に対する洞察を得ることがないのだ。

§19　また、マイトレーヤよ、深遠な信順の志を持つ菩薩は、二つの原因によって、自らを傷つけるのである。そして、何ものも生ずることはないという真理を認める知（無生法忍《むしょうぼうにん》）に達することはないのだ。二つによってとは、何によってか？

〔第一に〕修行して間もないそれらの新学の菩薩を見下し、軽蔑《けいべつ》し、受け容《い》れることもなく、熟慮することもなく、教え導くこともない。また、〔第二に〕〔菩薩の持つ〕まさにその深遠な信順の志によっても、学問を尊重することがない。世間における財物の布施によって衆生を丁重に遇するけれども、〔私欲を超越した〕法の布施《ふせ》によってではない。

マイトレーヤよ、深遠な信順の志を持つ菩薩は、これらの二つの原因によって自らを傷つけるのである。そして、何ものも生ずることはないという真理を認める知に速やかに達することはないのだ」

マイトレーヤをはじめとする菩薩たちの誓願

§20　このように言われて、マイトレーヤ菩薩は世尊に次のように申し上げた。

「世尊よ、世尊が巧みに語られたことは、驚嘆すべきことです。世尊よ、私たちはこれらの欠点を取り除くでありましょう。如来が幾百・千・コーティ・ニユタもの数え切れない劫をかけて達成されたこの上ない正しく完全なこの覚りを、私たちは守護し、受持することにいたしましょう。

未来のそれらの良家の息子たちや良家の娘たちが〔深遠な法を受け容れる〕器となるならば、私たちは、それらの良家の息子たちや良家の娘たちがこれらの経を手中にできるようにするでありましょう。そして私たちは、これらの人たちに記憶力を与えましょう。

これらの人たちはその記憶力によって、これらの経を正しいと考え、会得し、完全に理解し、受持し、語り、書写し、さらに他者のために、詳しく説き示すでありましょう。世尊よ、私たちは、それらの人たちにとっての支えになりましょう。

しかもなお世尊よ、その時、それらの人たちがこれらの経を正しいと考え、他者に対して語るならば、世尊よ、それは、マイトレーヤ菩薩の威神力によるものであると知られるべきであります」

すると、世尊は、マイトレーヤ菩薩に賛嘆の言葉を発せられた。

「素晴らしいことである。素晴らしいことである。マイトレーヤよ、あなたはこの言葉を巧みに語った。如来は、あなたが巧みに語ったことを喜び、認可しよう」

§21　すると、それらの菩薩たちは、声を一つにして言葉を告げた。

「世尊よ、如来が完全なる滅度に入られた後、私たちもまた、お互いのブッダの国土からやって来て、如来であるブッダのこの覚りを流布するでありましょう。それらの良家の息子たちのために、私たちは語るでありましょう」

§22　その時、四天王たちは世尊に次のように申し上げた。

「世尊よ、村や、町、城市、王国、王城のどこであれ、これらの法門が未来に行なわれ、説かれ、示されるならば、世尊よ、私たち四天王はそこに力強い軍勢と侍者たちを伴って法を聴聞するために近づくでありましょう。その説法者（法師《ほっし》）の欠点を探し、欠点を求めている何ものも、決してつけ入る機会を得ることがないように、その説法者の幾百ヨージャナにわたるあらゆる方向から守護を与えるでありましょう」

アーナンダへの付嘱

§23　そこで、世尊は、尊者アーナンダにおっしゃられた。

「アーナンダよ、あなたは、この法門を是認し、受持《じゅじ》し、読誦《どくじゅ》し、さらに他者たちのために詳細に説き明かすがよい」

アーナンダが申し上げた。

「世尊よ、私はこの法門を是認いたしました。世尊よ、この法門の名前は何というのでしょうか？　また、私はこの法門をどのように受持したらいいのでしょうか？」

世尊がおっしゃられた。

「それでは、アーナンダよ、あなたは今、この法門を『ヴィマラキールティの教説』であり、『〔対立する語を並べた〕対をなす章句や、〔顚倒した〕逆説的なことの提示』『考えも及ばない（不可思議《ふかしぎ》）という解脱の章』と考えて、この法門を受持するがよい」と。

世尊は、以上のようにおっしゃられた。リッチャヴィ族のヴィマラキールティと、マンジュシリー法王子、尊者アーナンダ、それらの偉大なる声聞《しょうもん》たち、さらにはそのすべての聴衆、神々や人間、アスラ、ガンダルヴァたちに伴われた世間の人々は、世尊が語られたことに狂喜し、満足した。

【解説】

ついにフィナーレを迎えた。マイトレーヤを代表とする菩薩たちと、声聞のアーナンダにこの法門を付嘱して幕を閉じる。付嘱とは、如来の後を継いで弘教《ぐきょう》する使命を付与することである。

マイトレーヤは、第三章§50から§51において、一生補処の菩薩と称されていることをやり玉に挙げてヴィマラキールティからこき下ろされていた。従って本章では、五十六億七千万年後に釈尊に代わってブッダとなるマイトレーヤとしてではなく、菩薩の一人として滅後の弘教の付嘱がなされている。その言葉が「これらのこのような法門が、ジャンブー洲に流布《るふ》して、消滅することがないように」「この上ない正しく完全な覚りに向かって出で立つ〔中略〕良家の息子たちや良家の娘たちを守護するために、これらの経を流布《るふ》するがよい」であった。

その付嘱をなすに当たり、釈尊は、菩薩の陥る落とし穴というか、欠点をマイトレーヤに語って聞かせた。

修行して間もない新学の菩薩であっても、①深遠な経を聞いて恐怖や疑いを抱いて、歓喜せずにあざけるし、②深遠な経を受持し、説く人たちに対して奉仕も、尊敬もしないで罵《ののし》る――という二つの原因によって自らを傷つける。

深遠な信順の志を持つ菩薩であっても、①修行して間もない新学の菩薩を見下し、軽蔑し、受け入れることも、教え導くこともないし、②学問を尊重することがなく、財物の布施によって衆生に丁重に遇するけれども、法の布施《ふせ》によってではない――という二つの原因によって自らを傷つける。

その結果、二種類の菩薩のいずれも、何ものも生ずることはないという真理を認める知（無生法忍《むしょうぼうにん》）に達することはない――というのだ。

それを聞いてマイトレーヤは、「私たちは、それらの欠点を取り除くでありましょう。如来が達成されたこの上ない正しく完全なこの覚りを、守護し、受持することにいたしましょう」と決意を語り、良家の息子たちや良家の娘たちが、この経を手中にできるようにするし、この経を正しいと考え、会得し、理解し、受持し、語り、書写し、さらに他者のために詳しく説き示すことができるように記憶力を与え、その人たちの支えとなることを誓った。

マイトレーヤ以外の菩薩たちも、「私たちもまた、如来の覚りを流布し、良家の息子たちのために語りましょう」と声を一つにして告げた。四天王たちも、何ものであれ、説法者（法師《ほっし》）の欠点を探し求め、つけ入る機会を決して得ることがないように、あらゆる方向から守護することを誓った。

また、多聞第一として釈尊滅後に仏典結集の中心者となるアーナンダに対しては、この法門が『ヴィマラキールティの教説』であり、『〔対立する語を並べた〕対をなす章句や、〔顚倒した〕逆説的なことの提示』であり、『考えも及ばない（不可思議《ふかしぎ》）という解脱の章』という別名を挙げて、このような特徴を持つこの経を受持するように促した。『〔対立する語を並べた〕対をなす章句や、〔顚倒した〕逆説的なことの提示』とは、「すべての悪魔たちと、すべての反対論者たちが、私の侍者たちなのです」（第四章§8）といった逆説的表現が多出する特徴をとらえた名前であろうが、三つの漢訳のいずれにもこれに相当する語は見当たらない。チベット語訳には、同趣旨の語がある。

最後にアーナンダに付嘱したところで、ヴィマラキールティと、マンジュシリー法王子、アーナンダ、声聞《しょうもん》たち、さらにはすべての聴衆、神々や人間、そしてアスラやガンダルヴァたちに伴われた世間の人々が、世尊の言葉に狂喜し、満足して『維摩経』が終了する。

あとがき

この世にもはや存在しないとされていた『維摩経』のサンスクリット写本が、チベットのポタラ宮殿で発見されたのは一九九九年七月のことだった。ターラ樹（棕櫚《しゅろ》科）の葉（貝多羅葉《ばいたらよう》、略して貝葉《ばいよう》）七十九枚に墨で書かれ、欠損のない完全な形で残っていた。それから今年でちょうど二十年になる。

写本発見の報道は二〇〇一年十二月のことで、筆者がお茶の水女子大学に博士論文を提出し、その審査が始まった頃で、サンスクリット語の『法華経』（ケルン・南条本）の現代語訳に取り組んでいる最中のことであった。そのニュースを見て、いつか『維摩経』も翻訳しようと思った。

その『法華経』の現代語訳が、岩波書店から『梵漢和対照・現代語訳　法華経』上・下巻として二〇〇八年三月に出版された。それが、毎日出版文化賞を受賞した。その新聞記事を読まれた俳優の菅原文太《すがわらぶんた》さんが、「この人をゲストに呼びたい」というので、ニッポン放送のラジオ番組「日本人の底力」（二〇〇八年十二月二十一日放送）で対談した。話は『法華経』の成立背景から、思想内容にまで及んだが、次に翻訳しているのが『維摩経』で、その戯曲的構成による展開の痛快さについて話をすると、俳優であるだけに『維摩経』に大変に興味を示され、出版を楽しみにしてくださった。

『維摩経』の現代語訳に取り組むに当たって、発見された貝葉写本を写真で複製した『「維摩経」「智光明《ちこうみょう》 荘厳経《しょうごんきょう》」梵文写本影印版《えいいんばん》』（二〇〇三年）を入手した。それは、日本で四十部、中国で六十部のみの限定版で出版されたものであった。

翻訳に当たっては、サンスクリット語のすべての単語の品詞を明らかにし、動詞であれば、時制・人称・数を、名詞、形容詞であれば、性・数・格など文法的な要件を明確にし、〝翻訳ノート〟に記録し、それをもとにして翻訳した。その〝翻訳ノート〟は三枝充悳《さいぐさみつよし》先生の〝遺言〟に従い、近く出版することになる。

その結果、貝葉写本について独自の校訂も行なうこととなった。誤字脱字などの問題解決には、第六章の注に記したように、インドで乗った列車でたまたま隣り合わせになった白髪の白ひげをたくわえた男性が手首につけていたラクシャーというお守りがヒントになったことや、『法華経』を先に現代語訳していたことが大いに役立った。筆者が、①どのような理由で、どのように校訂したのかその詳細と、現代語訳に当たっての文法的な解説、さらには②他の訳と何がどう異なるのか、なぜ筆者の訳となったのか逐一分かる注釈を綿密に記した。こうして、『梵漢和対照・現代語訳　維摩経』（岩波書店）が二〇一一年に出版された。その六百五十頁のうち約半分の頁数を注釈が占めている。

『梵漢和対照・現代語訳　維摩経』が出版されて、読者の方々から多くのご意見・ご要望をちょうだいした。最も多かった声は、「単行本は、梵漢和対照であり、注釈が充実していて、資料的価値は高いが、持ち歩くのには不便。早く文庫化してほしい」というものだった。

その声に応《こた》えて、「梵」「漢」の部分をはずし、「和」の現代語訳の部分を活《い》かして文庫化することにした。ただ、膨大な注釈のすべてを掲載するわけにもいかず、仏教用語の解説に限定し、重大な校訂について注記したところに限って残した。サンスクリット貝葉写本の校訂、文法的な解説、他の訳と何がどう異なるのか、なぜ筆者の訳となったのか――といった詳細は、『梵漢和対照・現代語訳　維摩経』を参照していただきたい。

また、『梵漢和対照・現代語訳　維摩経』は、サンスクリット語と対照させて現代語訳したものであることから、日本語として理解できるぎりぎりの範囲内でサンスクリット語のニュアンスを残して訳した。それに対して、本書は、日本語らしい文章にすることに努めて、相当に手を入れた。

とはいっても、『維摩経』は、別名として「〔対立する語を並べた〕対をなす章句や、〔顛倒《てんどう》した〕逆説的なことの提示」（第十二章§23）と称しているように、逆説的な表現が多用されていて、敢《あ》えて難解な文章を用いているところがある。何を言いたいのかを大づかみにしておかないと、「木を見て森を見ない」ということに陥りやすい。「要するに何を言いたいのか」がわかるように、この文庫本では、各章ごとに解説をつけた。各章の本文と、解説を併せて読むことで理解しやすくなると思う。

その文庫化に向けての改訂作業に取り組んでいた二〇一三年の九月に、王子製紙の関係者が設立された関《せき》記念財団から「パピルス賞」受賞決定の通知が届いた。その賞は、「制度としてのアカデミズムの外で達成された学問的業績」に対しておくられるものだった。『梵漢和対照・現代語訳　法華経』の毎日出版文化賞は、中村元先生が受賞されたのと同じ賞であることで嬉《うれ》しかったが、このパピルス賞は、偏狭なアカデミズムを最も嫌悪し、社会に開かれた学問を重視して東方学院を開設された中村先生が一番喜んで下さるはずのものだと思い、何よりも嬉しかった。

授賞式では、選考委員長である東京大学と東北大学の名誉教授・樋口陽一《ひぐちよういち》先生（日本学士院会員）が、『梵漢和対照・現代語訳　法華経』と合わせて、「訳者にとって全く妥協を許されない対照訳になっている」「注釈が充実していて、想像もつかないほどの仏教学や、インド思想史、東洋学、比較文明論等々にわたる非常に膨大な射程を持った本である」と評価された上で、「アカデミズムの外で達成された本格的な研究を対象として選考に取り組んでまいりましたが、毎回、それにぴったりする受賞作があったかどうかというと、必ずしも百パーセントではございません。しかし、今度こそまさに当初の私どもの願いに百五十パーセント、二百パーセント的中するお仕事にパピルス賞を差し上げることができたと、心から喜んでいます」と話された。

樋口先生は、作家の井上《いのうえ》ひさし氏、菅原文太さんと高校の先輩後輩の関係で、文太さんが私と対談していたことを聞かれて、「菅原文太は仙台《せんだい》一高で一年先輩の敬愛する友人。ご縁のあるべき方を彼が見逃さなかったことをうれしく感じております」とおっしゃった。不思議なご縁だと思った。

本書の出版には多くの方々に陰に陽にお世話になった。その中で特に岩波書店の元編集部長・高村幸治氏は、二〇〇八年に『維摩経』の翻訳を開始して以来ずっと、出版にあたっての難題を乗り越えるのに力を尽くし、種々のアドバイスをしてくださった。この文庫化を最も喜んでくださる一人である。

文庫化のための作業は二〇一五年初頭に『法華経』と同時進行で完了していたが、『維摩経』は『法華経』ほどポピュラーではない」という理由で出版されることはなかった。『維摩経』は、聖徳太子《しょうとくたいし》が書いたとされる注釈書『三経義疏《さんぎょうぎしょ》』の「三経」の一つであり、NHK―Eテレの「100分de名著」でも取り上げられた大乗仏典の

〝名著〟である。どこがポピュラーではないのか、首を傾げたくなる。

幸いに、角川ソフィア文庫編集長の大林哲也さんと、泉実紀子さんが、『法華経』に続いて、『維摩経』の文庫化を積極的に進めてくださり、四年来の念願がここにかなった。お二人に感謝申し上げたい。

また、本書の原稿を出版社に渡した直後、東京・銀座のエルメスジャポンの黒川靖子さんから電話があった。フランスで活動されているアーティスト湊《みなとまり》茉莉さんの日本初個展が銀座メゾンエルメス・フォーラムで開催されることになり、拙訳『梵漢和対照・現代語訳　維摩経』の一節を作品に使用したいとのことだった。もちろん承諾したが、この文庫本が出版される矢先にありがたいことであった。

二〇一九年四月十七日

故ケネス・K・イナダ先生（ニューヨーク州立大学名誉教授）の
告別式から八年目を迎えて

植木雅俊

サンスクリット版全訳《ばんぜんやく》
維摩経《ゆいまきょう》
現代語訳《げんだいごやく》

植木雅俊《うえきまさとし》＝訳・解説

令和元年 7月25日　初版発行
令和4年 11月30日　8版発行

発行者●山下直久

発行●株式会社KADOKAWA
〒102-8177　東京都千代田区富士見2-13-3
電話　0570-002-301（ナビダイヤル）

角川文庫 21737

印刷所●株式会社KADOKAWA
製本所●株式会社KADOKAWA

表紙画●和田三造

●お問い合わせ
https://www.kadokawa.co.jp/（「お問い合わせ」へお進みください）
※内容によっては、お答えできない場合があります。
※サポートは日本国内のみとさせていただきます。
※Japanese text only

ISBN 978-4-04-400487-3　C0115

◆◇◇

角川文庫発刊に際して

角　川　源　義

第二次世界大戦の敗北は、軍事力の敗北であった以上に、私たちの若い文化力の敗退であった。私たちの文化が戦争に対して如何に無力であり、単なるあだ花に過ぎなかったかを、私たちは身を以て体験し痛感した。西洋近代文化の摂取にとって、明治以後八十年の歳月は決して短かすぎたとは言えない。にもかかわらず、近代文化の伝統を確立し、自由な批判と柔軟な良識に富む文化層として自らを形成することに私たちは失敗して来た。そしてこれは、各層への文化の普及滲透を任務とする出版人の責任でもあった。

一九四五年以来、私たちは再び振出しに戻り、第一歩から踏み出すことを余儀なくされた。これは大きな不幸ではあるが、反面、これまでの混沌・未熟・歪曲の中にあった我が国の文化に秩序と確たる基礎を齎らすためには絶好の機会でもある。角川書店は、このような祖国の文化的危機にあたり、微力をも顧みず再建の礎石たるべき抱負と決意とをもって出発したが、ここに創立以来の念願を果すべく角川文庫を発刊する。これまで刊行されたあらゆる全集叢書文庫類の長所と短所とを検討し、古今東西の不朽の典籍を、良心的編集のもとに、廉価に、そして書架にふさわしい美本として、多くのひとびとに提供しようとする。しかし私たちは徒らに百科全書的な知識のジレッタントを作ることを目的とせず、あくまで祖国の文化に秩序と再建への道を示し、この文庫を角川書店の栄ある事業として、今後永久に継続発展せしめ、学芸と教養との殿堂として大成せんことを期したい。多くの読書子の愛情ある忠言と支持とによって、この希望と抱負とを完遂せしめられんことを願う。

一九四九年五月三日

角川ソフィア文庫ベストセラー

サンスクリット版縮訳　法華経
現代語訳
訳・解説／植木雅俊

法華経研究の第一人者によるサンスクリット原典からの精緻な訳、最新研究をふまえた詳細な解説と注を章ごとに収録した。全27章のストーリー展開をスムーズに現代語訳で読める法華経入門の決定版。

ブッダ伝
生涯と思想
中村　元

煩悩を滅する道をみずから歩み、人々に教え諭したブッダ。出家、悟り、初の説法など生涯の画期となった出来事をたどり、人はいかに生きるべきかを深い慈悲とともに説いたブッダの心を、忠実、平易に伝える。

仏教語源散策
編著／中村　元

上品・下品、卍字、供養、卒都婆、舎利、荼毘などの仏教語から、我慢、人間、馬鹿、利益、出世など意外な日常語まで。生活や思考、感情の深層に語源から分け入ることで、豊かな仏教的世界観が見えてくる。

仏教経典散策
編著／中村　元

仏教の膨大な経典を、どこからどう読めば、その本質を探りあてられるのか。17の主要経典を取り上げ、読み、味わい、人生に取り入れるためのエッセンスを解き明かす。第一人者らが誘う仏教世界への道案内。

続　仏教語源散策
編著／中村　元

愚痴、律儀、以心伝心——。身近な日本語であっても、仏典や教義にその語源を求めるとき、仏教語の大海へとたどりつく。大乗、真言、そして禅まで、身近なことばの奥深さに触れる仏教入門、好評続篇。

角川ソフィア文庫ベストセラー

無心ということ　鈴木大拙

無心こそ東洋精神文化の軸と捉える鈴木大拙が、仏教生活の体験を通して禅・浄土教・日本や中国の思想へと考察の輪を広げる。禅浄一致の思想を巧みに展開、宗教的考えの本質をあざやかに解き明かしていく。

正法眼蔵入門　頼住光子

固定化された自己を手放せ。そのとき私は悟り、世界が目覚める。それこそが「有時」、生きてある時の経験なのだ。『正法眼蔵』全八七巻の核心を、存在・認識・言語という哲学的視点から鮮やかに読み解く。

華厳経入門　木村清孝

仏のさとりの世界とそこにいたる道を説き示す華厳経。現代の先端科学も注目する華厳の思想は、東洋の世界観の本質を示している。その成り立ちと教えを日本人との深い関わりから説き起こす入門書の決定版。

仏教の思想　1　知恵と慈悲〈ブッダ〉　増谷文雄　梅原猛

インドに生まれ、中国を経て日本に渡ってきた仏教。多様な思想を蔵する仏教の核心を、源流ブッダに立ち返って解明。知恵と慈悲の思想が持つ現代的意義を、ギリシア哲学とキリスト教思想との対比を通じて探る。

仏教の思想　2　存在の分析〈アビダルマ〉　櫻部建　上山春平

ブッダ出現以来、千年の間にインドで展開された仏教思想。読解の鍵となる思想体系「アビダルマ」とは？　ヴァスバンドゥ（世親）の『アビダルマ・コーシャ』を取り上げ、仏教思想の哲学的側面を捉えなおす。

角川ソフィア文庫ベストセラー

角川ソフィア文庫ベストセラー

仏教の思想 8
不安と欣求〈中国浄土〉

塚本善隆
梅原　猛

日本の浄土思想の源、中国浄土教。法然、親鸞の魂を震撼し、日本に浄土教宗派を誕生させた善導の魅力、そして中国浄土教の基礎を創った曇鸞のユートピア構想とは？　浄土思想がもつ人間存在への洞察を考察。

仏教の思想 9
生命の海〈空海〉

宮坂宥勝
梅原　猛

「弘法さん」「お大師さん」と愛称され、親しまれる弘法大師、空海。生命を力強く肯定した日本を代表する宗教家の生涯と思想を見直し、真言密教の「生命の思想」「森の思想」「曼荼羅の思想」の真価を現代に問う。

仏教の思想 10
絶望と歓喜〈親鸞〉

増谷文雄
梅原　猛

親鸞思想の核心とは何か？『歎異抄』と「悪人正機説」にのみ依拠する親鸞像を排し、主著『教行信証』を軸に、親鸞が挫折と絶望の九〇年の生涯で創造した「生の浄土教」、そして「歓喜の信仰」を捉えなおす。

仏教の思想 11
古仏のまねび〈道元〉

高崎直道
梅原　猛

日本の仏教史上、稀にみる偉大な思想体系を残した禅僧、道元。その思想が余すところなく展開された正伝仏法の宝蔵『正法眼蔵』を、仏教思想全体の中で解明。大乗仏教思想の集大成者としての道元像を提示する。

仏教の思想 12
永遠のいのち〈日蓮〉

紀野一義
梅原　猛

「古代仏教へ帰れ」と価値の復興をとなえた日蓮。永遠のいのちを説く「久遠実成」、宮沢賢治に数多の童話を書かせた「山川草木悉皆成仏」の思想など、日蓮の生命論と自然観が持つ現代的な意義を解き明かす。